조선 후기의 탈중세적 징후들

- 국문시가를 중심으로 한 문학주제학적 접근 -

이수곤

서강대학교에서 「사설시조의 통속문학적 성격 연구」(2005)로 박사학위를 받았다. 가톨릭대학교, 청주교육대학교, 차의과학대학교 등에서 강의했다. 서강대학교 국어국문학과 학교발령 대우교수를 거쳐, 지금 서울과학기술대학교 기초교육학부 소속 기금조교수로 있다. '고전, 국문시가, 교양, 문장, 스토리텔링, 서사학, 시각디자인'에 관심이 있다.

서강학술총서
070

조선 후기의 탈중세적 징후들

-국문시가를 중심으로 한 문학주제학적 접근-

이수곤 지음

서강대학교출판부

서강학술총서 070

조선 후기의 탈중세적 징후들

-국문시가를 중심으로 한 문학주제학적 접근-

초판 발행 | 2014년 10월 28일
지 은 이 | 이수곤
발 행 인 | 유기풍
편 집 인 | 우찬제
발 행 처 | 서강대학교출판부
등록 번호 | 1978년 9월 28일 제313-2002-170호

주 소 | 서울특별시 마포구 백범로 35번지
전 화 | (02) 705-8212
팩 스 | (02) 705-8612

ISBN 978-89-7273-253-2 94810
ISBN 978-89-7273-139-9(세트)

값 15,000원

* '서강학술총서'는 SK SUPEX 기금의 후원으로 제작됩니다.

책머리에

학부 수업 <음운론> 시간에 정연찬 선생님은 이렇게 말씀하셨다. "읽고도, 듣고도, 보고도 몰라 괴로워하다가 문득 깨닫는 즐거움이 공부의 재미다." 20년이 흘러간 지금도 나는 괴로워만 하고 있다. 깨닫는 즐거움은 언제쯤 맛볼 수 있을까. 암담할 따름이다.

박사논문을 쓴 후, 공허함을 달래려고 현대소설, 만화, 영화, 드라마 등 닥치는 대로 읽고 보았다. 그러던 중 '노인 · 금지된 사랑, 불륜 · 바다'가 개화기 혹은 현대에 주된 테마임을 알았다. 근거는 없었고 전적으로 직감에 의해서였다. 내 전공인 국문시가에는 이 세 테마가 어떻게 그려지고 있을까? 궁금했다.

그러니깐 이 책은 국문시가로부터 비롯되지 않았다. 세 테마는 우리 삶 속에 늘 존재하고 있었는데, 국문시가에서는 어째서 환영받지 못했을까? 하는 의문을 갖고 이 책을 기획하게 되었다. 관심을 두고 자료를 모았지만, 진척이 무척이나 더뎠다.

게다가 사회학 · 심리학 등을 참조하고, 조선 후기와 개화기 등의 시대 성격을 입체적으로 파악해야 문학주제학적 고찰이 가능한데, 이 작업이 힘에 부쳤다. 상황이 이렇다 보니 정리되는 것은 없고, 갈수록 얽히고설켜 헤매기 일쑤여서 난감했다. 그래서 기회가 닿는 대로 틈틈이 소논문을 쓰면서 논의의 타당성을 점검하였고, 방향을 잡아 나갔다. 그러다 보니 5년의 세월이 나도 모르게 훌쩍 지나갔다.

박사논문이 여러모로 부끄러운 결과물이었기에, 이를 만회하기 위해 노력했다. 그러나 완성해 놓고 보니 또다시 볼 낯이 없게 되었다. 게으름을 탓하기도 이미 늦었고, 어쩔 수 없이 능력의 한계로 여길 수밖에 다른 도리가 없다. 그렇지만 가난하다고 하여 사랑을 모르지 않듯, 부끄럽다고 하여 감사한 마음마저 모르겠는가. 아무래도 감사한 분들께는 고마움을 전해야겠다.

출판을 허락한 서강학술총서 기획위원회 선생님들과 심사를 통해 바른 길로 인도해 주신 두 분 선생님께 감사의 마음을 전한다. 박사학위 지도교수님이신 성호경 선생님과 물심양면 도움을 아끼지 않으셨던 우찬제 선생님께는 각별한 고마움을 표하고 싶다. 세상 저편에서 한심한 제자를 한숨 쉬며 보고 계실 성현경 선생님과 정요일 선생님께는 그저 송구스러울 뿐이다. "선생님, 죄송합니다."

그 외에도 고개 숙여 깊고 깊은 감사의 마음을 전하고 싶은 선생님들이 많지만, 말을 아끼려 한다. 그 은혜 잊지 않겠다는 다짐은 늘 하고 있다. 힘든 시기를 예민하게 지내고 있으면서도 무던하게 잘 견딘다고 생각했다. 이는 나의 착각이었고, 착각은 전적으로 아내 탓이다. 아내 강경희는 항상심을 갖고 웃는 얼굴로 같은 자리에 있어 주었기 때문이다. 고마울 뿐이다. 철이 안든 듯 철이 든 아들 인규에게는 힘들지만 계속 함께하자고 말하고 싶다.

점심으로 나온 곰보빵과 흰 우유를 드시지 않고 가게 한편에 고이 간직하고 나를 기다리시곤 했던 아버지, 머리가 어지러울 정도로 호호 불며 먹는 어린 내 모습이 갸륵했던지 없는 살림에도 동태찌개를 자주 끓여 주셨던 어머니. 부모님은 교육을 받지 못한 분들이고, 이미 세상을 떠나셨다. 아마도 이름이 활자화될 기회는 없을 것이다. 아버지 '이병재' · 어머니 '정옥순' 이름 석 자를 이 책에 쓰고 싶다. 부끄럽지만, 이 책을 부모님께 바친다.

2014년 스산한 9월 어의관 319호에서

이수곤

목차

책머리에 5

제1장 조선 후기 국문시가의 성격 규정에 대한 반성적 검토

1. 조선 후기 국문시가를 '근대의식의 발아'로 보려는 시각에 대하여 15
2. 문학주제학적 시각의 유용성과 '노인 · 금지된 사랑, 불륜 · 바다'의 주제사적 의의 32
   1) 문학주제학적 시각의 유용성 32
   2) '노인 · 금지된 사랑, 불륜 · 바다'의 주제사적 의의 35

제2장 조선 후기 국문시가와 노인 – 희화화

1. 현대 노인에 대한 인식 41
2. 노인에 대한 편향된 기대치 44
3. 인간 밖 존재로서의 노인 54
   1) 초월적 존재 : <공무도하가(公無渡河歌)>와 <헌화가(獻花歌)> 54
   2) 달관한 노인 : 노년예술의 총화, 시조 63
   3) 인간 밖 존재로서의 노인 67
4. 조선 후기 국문시가에 등장하는 노인의 모습 71
   1) 노인의 추레한 모양새와 행동 71

2) 향락을 지향하는 노인 77

3) 성적 욕망을 표출하는 노인 85

4) 노인을 희화화하고 있는 조선 후기 국문시가 94

제3장 조선 후기 국문시가와 '금지된 사랑, 불륜'
– 유락적(遊樂的) 즐거움

1. 지금은 불륜 시대 103

2. 일부일처제와 불륜의 관계 : 동전의 양면 106

1) 불륜의 동인(動因) 106

2) 일부일처제와 불륜의 상관성 109

3. 사회 인식과 문학 현상이 역설적으로 상보(相補)하는 조선 후기, 그리고 <포의교집(布衣交集)> 111

1) 열녀 의식의 완성과 양반 남성들의 성적 욕망 표출 대상인 첩 111

2) 불륜담의 성행과 유교적 이데올로기의 어색한 공존 117

3) 진정한 자아 찾기로서의 불륜담, <포의교집> 123

4. 조선 후기 국문시가 속 불륜의 미적 기반, 유락(遊樂) 128

1) '남의님', '샛서방'과의 불륜 136

2) '장사치'와의 불륜 143

3) '스님'과의 불륜 150

4) 조선 후기 국문시가에 나타난 유락적 불륜담 154

제4장 조선 후기 국문시가와 바다
– 소중화주의

1. 수기(修己)의 공간, 자연 159
2. 자연 소재 국문시가의 미적 기반, 강호가도(江湖歌道) 165
3. 바다의 문학적 이미지 170
   1) 바다 의미의 두 축과 인식의 세 가지 양상 170
   2) 조선 후기 이전 국문시가의 바다 인식 178
4. 조선 후기의 바다 정책과 청・일・서양에 대한 인식 185
   1) 명・청의 바다 정책 188
   2) 조선 후기 바다 정책 190
   3) 청・일에 대한 이중 시선과 서양 출현 194
5. 조선 후기 국문시가의 바다 인식 양상 204
   1) 표류할 수밖에 없는 공간, 바다 204
   2) 문명으로 통하는 공간, 바다 219
   3) 바다 인식의 전이 : '표류 공간'에서 '문명의 통로'로 227

제5장 조선적 탈중세 징후들

1. '전통계승론 - 단절론' 논쟁이 준 교훈 232
2. 조선적 탈중세의 두 모습 238
   1) 통속성 239
   2) 소중화주의 250

참고문헌 255

찾아보기 262

제1장

조선 후기 국문시가의 성격 규정에 대한 반성적 검토

제1장
조선 후기 국문시가[1]의 성격 규정에 대한 반성적 검토

이 책은 국문시가의 소통력 강화를 염두에 두면서, 조선 후기 국문시가의 문학적 성격을 구명하고, 이를 토대로 조선 후기 국문시가와 근·현대 문학이 어떠한 양상으로 관계 맺고 있는지를 살피고자 하는 데에 목적을 두고 있다.

먼저 현재 국문시가는 일반 대중은 물론 타 장르 문학 연구자들에게도 그리 환영받는 장르는 아님을 인정해야겠다. 국문시가 연구자들이 공감하고 있는 문제의식이라 해도 지나친 말은 아니다. 국문시가의 소통력은 어느 정도 취약한가? 소통력 강화를 위해 어떻게 해야 하는가?

소통력을 말하고자 할 때, 소통의 대상 설정이 전제되어야 한다. 국문시가 전공자들 간의 소통이 문제 될 리는 없다. 고전 산문이나 근대문학 혹은 현대문학 전공자들과의 소통이, 더 나아가 대중과의 소통이 말썽이다. 소통의 궁극적 대상은 대중을 향해야 할 것이지만, 아직은 요원하다.

1 통용되고 있는 용어인 '고전시가' 대신에 '국문시가'를 사용한다. 모든 시가가 '고전'은 아니기 때문이다.

시가 전공자 간들의 원활한 소통을 기반으로 타 장르 특히 근 · 현대문학 연구자들과 소통의 길을 열 수만 있다면, 머지않아 대중과 호흡할 수 있는 날이 올 것이라 믿고 싶다. 국문시가와 근 · 현대문학과의 소통을 위한 유용한 시각이 문학주제학이라 판단했다.

국문시가가 지금의 독자와 교양인에게 울림 있는 문학으로 다가가기 위해서는, 지금과 맞닿아 있는 장르와의 소통이 우선시 되어야 한다는 단순한 생각을 하고 있었다. 출발은 단순했지만, 막상 국문시가와 근 · 현대문학이 어떠한 관계로 연결되는지를 살피려고 하니, '연속과 단절 · 갈등과 타협 · 수용과 거부'가 역동적 관계를 형성하면서, 그 양상이 상당히 복잡다단함을 깨달았다.

여기에는 오랜 논쟁인 '고전문학 – 현대문학'의 이분법적 사고의 정당성[전통단절론]과 그에 대한 반대론[전통계승론]이 버티고 있었다. 이 책의 논의가 온전히 이루어지기 위해서는 기존에 조선 후기 국문시가의 문학적 성격을 어떻게 규정하고 있으며, 이를 어떻게 근 · 현대와 연결하고 있는지를 먼저 살펴봐야 했다. 이를 "조선 후기 국문시가를 '근대의식의 발아'로 보려는 시각에 대하여"에서 다루고자 한다.

소통력 강화, 조선 후기 국문시가의 문학적 성격 규정 및 고전문학과 현대문학과의 관계 양상 등을 살피려고 할 때, 유용한 시각이 문학주제학이다. 문학주제학은 문학적 단위인 테마 · 모티프 · 이미지 등이 역사적 흐름에 따라 어떻게 반복과 변주 그리고 확장 · 전이되는지를 살피는 것을 주된 업무로 하고 있는데, 작품의 미적 요소를 파악하는 미시적인 안목과 시간의 흐름에 따른 거시적 시각을 제공해 줄 수 있기 때문이다.

그리고 본 책에서는 '노인 · 금지된 사랑, 불륜 · 바다' 등의 문학적 테마를 대상으로 고찰하고자 한다. 이 테마들이 본 책의 목적을 온전히 수행하는 데에 적절한 이유를 설명할 필요가 있다. 이를 "문학주제학적 시각의 유용성과 '노인 · 금지된 사랑, 불륜 · 바다'의 주제사적 의의"에서 논의하고자 한다.

1. 조선 후기 국문시가를 '근대의식의 발아'로 보려는 시각에 대하여

2008년 12월 30일 개봉된 영화 <쌍화점>을 봤다. 국문시가는 문화콘텐츠와는 거리가 멀다고 생각했고, 이것이 나에게는 스트레스였다. 여기저기서 문화콘텐츠만이 인문학의 새로운 길이자 살길이라고 떠들던 시기였는데, 나는 이에 대한 대안을 마련하고 있지 못했기 때문이다. 이러던 차에 떠들썩한 소문 속에서 영화 <쌍화점>이 개봉된 것이다. 내가 알고 있는 <쌍화점>은 성적(性的) 이야기를 노래한 고려속요다. 그 1연을 구음(口音)을 제거하고 현대역하여 제시하면 다음과 같다.

> 만두가게에 만두 사러 가고신댄
> 회회아비(아라비아 상인인 듯) 내 손목을 쥐여이다
>
> 이 말씀이 이 점(店) 밖에 들락날락하면
> 조그마한 새끼 광대 네 말이라 하리라
>
> 그 자리에 나도 자러 가리라
> 그 잔 데같이 지저분하고 거친 곳 없다.

만둣가게에 한 여인이 만두를 사러 갔다. 아라비아 상인인 듯 보이는 한 사내가 여인의 손목을 잡았다. 그리 야할 것도 없다고 생각할 수도 있겠지만, 어디 다 보여 줘야 야한가. 감춤이 노골보다 더 자극적일 때가 있다. 그러면서 주위에 입단속을 한다. 새끼 광대를 향해 '소문이 나면 너의 말이라 하겠다.'는 위협을 가한다. 여기서 느닷없이 새로운 화자가 등장해 그곳이 비록 '더럽고 거친 곳이지만 나도 자러 가고 싶다.'는 부러움의 독백을 토로한다.

무슨 상황인가. 만둣가게는 지금의 무도회장 같은 곳이었던가. 아라비아 상인이 만둣집 주인인가. 아라비아 상인과 화자 '나'는 예전부터 아는 사이였던가. 새끼 광대에게 위협조 말을 한 사람은 회회아비인가 '나'인가. 새로이 등장하는 화자는 도대체 누구란 말인가. '더럽고 거친 곳을 나도 가고 싶다.'는 일탈의 욕망을 가감 없이 표출할 수 있는 이 여인은 어떤 여인인가. 이러한 표현을 맘 놓고 할 수 있는 시대였던가. 야릇하고 묘한 분위기가 사뭇 농염하다 못해 퇴폐적 성향을 띠고 있지 않은가. 고려시대에 이런 상황이 벌어질 수 있었던가. 장소와 등장인물만 바꾸면 향락과 퇴폐가 만연한 현대에 옮겨 놓아도 손색없는 장면이자 말들 아닌가.

고려속요 <쌍화점>은 위 제시한 연과 동일한 형태를 유지하면서 총 4연으로 돼 있다. 여인은 그대로 이고 장소와 남성의 신분·층위가 바뀐다. 삼장사의 사주(寺主)·두레우물의 우뭇용(龍)·술집의 아비가 차례로 등장한다. 화자인 여인은 네 곳을 돌면서 남자들과 관계를 맺는다. 후렴부분에 새로이 등장하는 여인은 이 여인의 행태가 여간 부러운 것이 아니다. 고려속요 <쌍화점>은 장소를 순회하면서 쾌락을 즐기는 한 여인의 삶을 묘사한 것이고, 그것을 훔쳐보며 부러워하는 또 다른 관능을 표출한 작품이다. 이런 노래가 궁중에서 버젓이 향유되었다. 이것은 또 무엇을 의미하는가. 궁금하기만 하다.

그런데 고려속요 <쌍화점>을 성적 욕망의 가감 없는 표출로만 읽기에는 등장 남성의 신분이 다소 의심스럽다. '회회아비 · 寺主 · 우뭇龍 · 술집 아비'를 '외국인 · 종교인 · 지배자 · 평민'의 코드로 전환하면 의미가 심장해진다. 이 여인을 탐했던 남성들은 기실 사회 전 계층을 대표하는 인물로 여겨질 수 있기 때문이다. 외국인의 타락 · 종교의 타락 · 지배층의 타락 · 평민의 타락으로 읽게 되면 나라 전체가 타락 천지가 되어버린다. 지위고하를 막론하고 모두가 성적 쾌락에 잠겨 있는 나라 고려, 이를 비판하고자 하는 비수가 고려속요 <쌍화점>에는 숨겨져 있다 하겠다. 성의 노골화가 표층에 도출되어 있다면, 사회비판의식이 이면에 자리한 것이 고려속요 <쌍화점>의 주제의식이라 할 수 있겠다. 이중의 코드가 함께하고 있다.

이것이 내가 이제껏 알고 있던 고려속요 <쌍화점>의 시 세계이다. 고려속요 <쌍화점>에 포진된 이중의 주제의식이 영화 <쌍화점>에서 과연 어떤 모습을 띠고 연출되었을까. 화려한 소품, 타고난 외모와 피트니스에서 단련된 탄탄한 몸매들이 펼치는 육체의 향연, 동성애와 이성애 사이의 미묘한 대립 등 흥미진진한 영화였던 것으로 지금까지 기억하고 있다.

나는 고려속요 <쌍화점>의 창작 연대를 충렬왕으로 알고 있었다. 영화 <쌍화점>의 왕은 공민왕이었다. 만둣가게가 배경도 아니었다. 만두가 나오기는 한다. 왕비가 직접 만두를 만들어서 홍림에게 먹여 준다. 정인(情人)에게 주는 사랑의 징표가 만두라고 한다. 원나라 풍습을 따른 것이다. 대리합궁으로 인해 억지로 품게 되는 홍림, 그 후로 갖게 되는 미묘한 감정, 엇갈린 운명들 속에서 원나라 태생인 왕후는 원나라 풍습에 따라 홍림에게 만두를 준다. '쌍화'는 미묘한 감정의 표출이라는 면에서 잘 포착된 소재였다.

그러나 고려속요 <쌍화점>이 담고 있었던 고려 시대의 여러 코드는 사라지고 이른바 몸짱과 얼짱의 육체적 관능 코드만 자리하고 있다는 것이 영화 <쌍화점>을 본 후의 독후감이었다. 고전이 현재의 프리즘을 통해 새로운 빛깔을 가지고 재탄생했다기보다는 고전이 지니고 있던 의미의 재해석은 배제되고 현대적 관능미만을 남겼다는 생각이다. 고전의 현대화 작업은 고전에 새로운 숨결을 불어넣는 작업일 때 가치를 지니게 되지만, 그것이 단순 소재 차원에 머물러 고전으로의 시선 돌리기가 되지 못한다면 그만큼의 의의는 상실되기 십상이다.

영화에서 조인성과 왕후의 사랑이 애뜻하게 그려 있지 않다.

사랑하는 사람과의 교감을 육체적인 관계로만 비약시키는 듯 보여지기도 했다.

감독의 의도는 무엇이었는지 생각하지 않을 수 없다.

쌍화점이라고 제목을 달아 놨다. 영화 보기 전 난 어떤 정보도 갖지 않고 가는 편이다.

그러나 집에 와서 쌍화점을 검색해 보지 않을 수 없었다. (짜장면집 이름인 줄 알았다는;; 그러나 만두집이었다는!!)

(중략)

만두사러 갔다가 만두집 주인이 그만... 내 손목을 잡더란다. 나도 모르게 그만 혹하고 잠자리에까지 간다는...불공 드리러 절에 갔다가 스님이 그만 손목을 잡아 끌었단 말이지...

그래 그럴 수 있다 치자. 만두 사러 갔을 뿐이고!! 불공 드리러 절에 갔을 뿐이고!!

그건 진정한 사랑이 아닐 것이다. 순간 혹 해서 분별을 잃을 수 있다.

하지만 영화에선 엔딩장면까지지도...흐지부지 모호하다.[2]

네이버 블로그 『모난돌 - 조각가 김정미』에 실린 글 일부분을 그대로 옮겨놓았다. 영화 <쌍화점>이 고려속요 <쌍화점>을 대중에게 알리는 데 한몫한 것은 사실인 듯 보인다. 고려속요 <쌍화점>을 검색해 보았고, 작품의 내용도 알았고, '쌍화점'이 중국음식점이 아닌 만둣집이라는 사실도 알았다고 했으니, 성공이라면 성공이라 할 수 있겠다. 그러나 앞서 말한 대로 고려속요 <쌍화점>에 대한 재해석은 뒤로 물러난 채 이른바 꽃미남들의 잔치에 머물렀다. 고려속요 <쌍화점>과 영화 <쌍화점>은 제목의 동일함 외에는 뚜렷한 긴장관계를 형성하고 있지 못하다는 점에서 아쉬움이 남는다.

블로그 주인이 언급한 고려속요 <쌍화점>에 대한 내용이 피상적임을 탓하고 싶지 않다. 고려속요 <쌍화점>을 두고 진정한 사랑이 아님을 지적하고, 순간적으로 분별력을 잃어버린 육체적 사랑이란 평은 일반 독자 입장에서는 당연한 반응이다. 이런 반응밖에 할 수 없도록 만든 현 상황은 국문시가와 문화콘텐츠의 관계를 여실히 보여 주는 하나의 대표적 사례라 할 만하다. 국문시가가 갖고 있는 작품성과 긴장을 유지하면서 대중과 소통의 길을 열 방법은 없는가. 대중과의 소통을 위한 노력은 여러 곳에서 벌어지고 있는 것 같긴 한데, 그 성과는 만족스럽지 못하다.

시조 문학의 문화콘텐츠화에 대한 연구가 있다. 달라진 매체 환경에 발맞추어 게임 · 음반 · 모바일 등 다양한 문화콘텐츠로 재창출하자는 것이 연구의 취지다. 휴대폰으로 시조 음악을 전송하는 프로그램을 개발하고, 시조작품 암송 게임을 만들고, 배경설화가 있는 시조 작품은 5분 분량의 단편 애니메이션으로 제작하자는 것 등이 그것이다. 시조 낭송 대회를 개최하고, 영상 콘텐츠를 효율적으로 보급하여, 시조 낭송

2 http://blog.naver.com/incarnate?Redirect=Log&logNo=60982766

법에 대한 이론을 정립함으로써 시조의 전통성 해명과 미학적 특성을 밝히자는 것이다.[3]

이러한 작업은 시조 자체가 지니고 있는 전통적 요소 및 이에 따른 매력적 요인을 찾아내고, 그것을 현대화하는 작업과는 거리가 있다는 데에 문제점이 있다. 시조 본질 자체에 대한 연구를 통해 현대와 맞닿을 수 있는 요소를 찾아내는 작업이 뒷받침되지 않는 채 발현되는 현대화란 공허한 메아리가 될 공산이 크다는 말이다. 이런 의미에서 국문시가는 아직 대중들과 호흡할 수 있는 토대가 미흡하다 하겠다. 그리고 고전과 현대화한 것 사이에 긴장이 형성되지 않는 채 대중들과의 호흡만을 추구하는 것은 자본주의 논리에 휩싸이기 십상이기도 하다.

다양한 방식으로 국문시가를 문화콘텐츠화 하려는 움직임이 있지만, 이러한 작업이 힘에 겨움은 인정해야겠다. 2008년 한국고전문학교육학회 주최 학술 발표회 자리가 있었다. '디지털 시대의 고전 읽기'란 주제로 열린 발표회였다. 달라진 독서 환경을 전제로 고전이 어떠한 방식으로 읽혀야 하는가를 고민하는 자리였다. 여기서 느낀 점은 영화 <쌍화점>을 보고 난 후의 것과 다르지 않았다. 디지털 시대의 고전 산문 읽기는 다양한 스펙트럼을 가지고 펼쳐진 반면 국문시가 읽기는 그렇다 할 성과를 내지 못했다.

고전 서사물은 원전이 지니고 있는 특성을 어떠한 방식으로든 재창출하고 있다. 그것이 어떠한 방식으로 변개되든 원 텍스트를 전제로 하였다. 가령 2005년 KBS에서 방영된 드라마 <쾌걸춘향>은 원전 비틀기 식의 변개를 보이고 있다. 사랑을 목숨과 바꾸려 했던 원 춘향이를 사랑을 가벼이 여기는 춘향이로 변형함으로써 현대인의 사랑관을 비판적으로 보

3 이찬욱, 「시조문학 텍스트의 문화콘텐츠화 연구」, 『우리문학연구』 제21집, 우리문학연구, 2007.

여 준다. 그러면서도 시청자들에게 원 텍스트를 상기시키기 위해서 매회 마지막에는 원 <춘향전>을 암시하는 장면을 삽입하였다. 고전 서사물의 현대화는 대개가 원전을 어떠한 방식으로든 재해석한 결과물로서 나타나고 있다. 이러한 재해석이 또 다른 재해석을 낳아서, 영화에서 광고물까지 다양한 방식으로 재현되고 있다.

고전 서사물은 원전과 변형물을 병치시킴으로써 상호텍스트성을 갖고 향유되고 있다. 국문시가 연구자 입장에서 보면 부러운 현상임에 틀림없다. 이러한 작업이 지향하는 기대 지평과 그 평가 혹은 효과를 차치하고, 시도 자체가 부럽다. 이러한 부러움은 고전을 동화로 재탄생하는 데에도 마찬가지다.

나는 <다매체 시대의 고전 읽기>라는 과목을 강의한 적이 있었다. 이 강좌에서 <춘향전>과 관련한 학생들의 발표는 고전 산문에 대한 부러움을 증폭시켰다. <이고본 춘향전>과 동화 <춘향전>4을 비교하여 공통점을 파악하여 발표하였다. 쉽게 읽히도록 각색하면 고전과의 거리가 멀어지고, 원전을 많이 살리면 가독성이 떨어지는 진퇴양난의 문제를 슬기롭게 해결하려는 노력이 돋보였다. 즉 쉽게 읽히면서도 고전의 맛을 느낄 수 있도록 하였다. 흔히 말해지는 <춘향전>의 묘미는 민중 해학적 세계관에 있다. 동화 <춘향전>은 이러한 원전의 뜻과 느낌을 살리면서도 아동들이 부담 없이 읽을 수 있도록 꾸민 책이다.

고전 서사물은 다양한 방식으로 콘텐츠화되고 비교적 성공적으로 재탄생하여 향유되고 있다. 이는 서사물이 줄거리를 가지고 있기 때문일 것이다. 다양한 삶의 모습을 자세히 드러내는 데에는 아무래도 서사가 유리하다. 문화콘텐츠화하는 데에서 국문시가의 노력이 없다고는 할 수

4 정지아 글, 정성화 그림, 『춘향전』, 창비, 2005.

없겠지만, 다른 고전 장르와의 비교에서 상대적으로 취약성을 드러냄은 부인할 수 없는 사실 같다. 여기서 다소 길지만 국문시가의 현 상황을 여실히 지적하고 있는 글을 인용하면 다음과 같다.

> 단적으로 말해서 오늘의 고전시가 연구는 시에 관한 담론으로서의 일반적 호소력과 울림이라는 면에서 매우 후미지고 인적 드문 지대들을 답사하는 데에 치우쳐 있다. 고전시가 연구는 보통의 문학 독자들에게 낯설고 소원한 것일 뿐 아니라, 현대문학이나 고전소설 등을 다루는 인접 전공자들에게도 그다지 친근하거나 매력 있는 저작이 되지 못한다. 하기는 이런 현상이 어찌 고전시가 연구에만 국한된 것이겠는가. 고전문학 연구 일반이 그렇고, 더 넓게는 한국문학 연구의 대부분이 비슷한 사정이라 해도 지나친 말이 아닐 것이다. 그렇다 하더라도 시가 연구하는 것이 '초전도 물질'이나 '빗살무늬 토기'같은 사물의 연구와 달리 다수의 독자들의 관심・경험의 대상인 시에 관한 담론인 한 그 문학적 소통력의 약화는 심각한 성찰의 과제가 아닐 수 없다.5

국문시가의 연구와 활동은 범박하게 세 가지 방향의 소통을 상정해 볼 수 있겠다. 첫째는 국문시가 연구자들 간의 내적 소통, 둘째는 국문시가 연구자와 다른 문학 장르 연구자와의 소통 그리고 국문시가 연구자와 일반 독자의 소통이 그것이다. 윗글에서는 다른 문학 장르 연구자와 소통, 일반교양 독자와의 소통에서 국문시가는 취약함을 보이고 있음을 지적한 것이다.

소통하지 않으면 무의미해지는 것이 요즘의 경향이다. 귀에 못이 박이

5 김흥규, 「한국 고전시가 연구와 주제사적 탐구」, 『한국시가연구』 제15집, 한국시가학회, 2004, 6면.

도록 들어온 이른바 '인문학의 위기'는 인문학이 다른 대상과 소통이 부재한 데에서 오는 현상을 일컫는 말이다. 소통은 어느 시대이든 어떤 방식으로든 이루어져 왔다. 그럼에도 불구하고 소통의 문제를 거론하는 이유는 소통의 모습이 달라졌기 때문이다. 과거가 몇몇 지인들끼리의 소통만으로도 만족했던 시대였다면, 지금은 불특정 다수와 소통해야 그 효용가치를 인정받는 시대이다.

국문시가는 국문시가 연구자들끼리의 소통 외에는 이렇다 할 소통의 길을 보이고 있지 못하다. 그렇다면 이러한 국문시가의 위기를 어떠한 방식으로 극복해 나갈 것인가? 소통되지 않는 자폐적인 연구 활동과 문학 작품은 효용가치가 하락할 수밖에 없게 된 것이 지금의 상황이다. 문학적 담론의 최종 귀착점은 불특정 다수인 일반 독자들과 더불어 나누는 것이어야 하겠지만, 국문시가의 현 상황은 여러모로 불리하다.

국문시가를 '옛 시'라고 할 때, '옛'과 '시'라는 2중의 난관이 버티고 있기 때문에 고전 서사물보다 대중과 호흡하기에는 곤란한 부분이 많다. 현대를 산문의 시대라 할 때, 국문시가는 시간적으로도 · 장르적으로도 타자화 되어 있다. 새로운 길을 모색하지 않을 수 없다. 최종 귀착점으로 바로 갈 수 없다면 우회를 하더라도 길을 찾아야 한다. 일단 소통의 확대를 위한 방법을 찾아야 한다.

앞서 소통 대상을 기준으로 세 가지 경우를 언급했다. 이 셋은 단절적이지 않고, 연결되면서 확장되는 관계이다. 국문시가 연구자들의 연구가 활발해야, 그 이상의 소통이 원활해질 수 있다. 국문시가 자체에 대한 자존적인 연구 성과의 축적이 토대가 되지 않고서는 다른 장르 연구자 및 대중과의 소통도 원활하지 못함을 의미한다. 다만 국문시가 연구자 간의 소통에만 머물러서는 곤란하다는 말이다. 이를 <서경별곡>을 예로 하여 좀 더 살펴보자.

서경이 서울이지마는
닷곤 데 소성경 사랑하지마는
이별하기보다는 길쌈베 버리시고
사랑해주신다면 울면서 따르겠습니다.

구슬이 바위에 떨어진들
끈이야 끊어지겠습니까?
천년을 외로이 살아간들
믿음이야 그치겠습니까

대동강 넓은 줄 몰라서
배 내어 놓았느냐, 사공아
네 각시 음란한 줄 몰라서
가는 배에 태웠느냐 사공아
대동강 건너편 꽃을
배 타들면 꺾으리이다.

<서경별곡>

<서경별곡>을 후렴구·여음 등을 제거하여 재편성한 후 현대역한 것을 제시하였다. 사랑하는 임과의 이별을 예감한 시적 화자의 안타까움과 절실함을 노래한 <서경별곡>은 어구 해석에서부터 작품 전체의 구조에 이르기까지 논란거리이다.

<서경별곡>은 세 노래의 합성이라고 보는 견해가 있다. 『고려사』「악지」 '속악편'에 '서경곡'과 '대동강곡'이 각각 별도의 노래로 존재하고, <정석가>에 보이는 '구슬이~' 연이 삽입되어 있기 때문이다. 그러니깐 <서경별곡>은 1연은 '속악편'의 <서경>, 2연은 '구슬이~', 3연은 속악편

의 <대동강>으로 구성된 노래이다. 그런데 이렇게만 생각하기에는 석연치 않은 구석이 있다.

> 서경은 옛조선의 땅인데 여기의 백성들은 예절과 사양하는 품성을 배웠으며 임금과 어버이, 어른을 존경하는 도리를 알고 있었다. 그래서 이 노래를 지어 '인자스럽고 은혜로운 것이 충만되고 창달하여 초목에까지 미쳤으니 비록 꺾이고 넘어진 버들가지에도 또한 새싹이 날 뜻(生意)이 보인다'는 뜻을 말했다.(西京古朝鮮卽箕子所封之地 其民習於禮讓知尊君親上之義 作此歌 言仁恩充暢以及草木雖折敗之柳亦有生意也.)[6]

> 주나라 무왕이 은나라 태사(太師)를 조선에 봉하였다고 한다. 그래서 8개 조의 교화를 시행함으로써 예절 있는 풍속을 이룩하였으며 조정과 백성들은 아무런 고통이 없이 편안하게 살았다. 그래서 대동강을 황하에 비기고 영명재를 숭산에 비기면서 그들의 군왕을 칭송, 축복한 것이니 이것은 고려 조에 들어온 이후에 지은 것이다. (周武王封殷太師箕子于朝鮮施八條之教以興禮俗朝野無事 人民懽悅 以大同江比黃河永明嶺比嵩山頌禱其君 此入高麗以後所作也.)[7]

위 두 제시문은 『고려사』 「악지」 '속악편'의 <서경>과 <대동강>에 대한 설명이다. 모두 고려의 태평성대와 관련된 내용이다. 내용상 <서경별곡>의 1, 3연과는 이질적이다. 이를 두고 과연 <서경별곡>이 세 노래를 편사한 것이라 할 수 있는가.

서경과 대동강은 같은 공간을 배경으로 한 노래라는 견해가 있다. 서경

6 고전연구실 신서원 편집실, 『북역 고려사』 「악지」 '속악편' <서경>.

7 위의 책, <대동강>.

사람이 대동강에서 이별하는 상황으로 해석한다. 대동강이 이별 장소의 대표격을 지녔다고 할 때, 일견 타당한 견해라 할 수 있겠다. 이렇게 되면 <서경별곡>은 1연과 3연이 하나의 노래이고, 가운데 그 당대 유행 민요인 '구슬이~'가 합성된 노래가 된다. 그런데 의문은 여기서 그치지 않는다. 왜냐하면 1연과 3연의 여성 어조가 이질적이기 때문이다.

삶의 방편인 '질삼베'를 버리고, 사랑하는 공간인 '서경'을 떠나 임을 따라가겠다고 하는 화자의 비장한 결심이 1연의 어조이다. 그런데 3연에서는 느닷없이 사공이 등장하고, 시적 화자 · 임과는 아무런 관련이 없이 보이는 사공을 비난한다. 대동강을 건너게 되면 꽃으로 상징되는 여인[임과 사랑에 빠진 여인]을 꺾어버리겠다[8]고 하는 사랑 쟁취의 적극성을 보인다. 이러한 화자의 태도와 어조를 한 여인의 돌변으로 봐야 할지, 다른 여성 화자로 봐야 할지는 아직 결정 내리기 힘들다. 어떤 식으로든 설명할 수 있기 때문이다.

1연과 3연의 여인을 동일인으로 본다고 하여 문제 될 것은 없다. 같은 사람이라고 하여 동일한 태도를 보이고, 동일한 감정을 한결같이 지녀야 한다는 당위성은 없기 때문이다. 오히려 떠나려는 임에 대해 때로는 불안, 때로는 애절함, 때로는 과격한 감정과 태도를 보이는 것이 당연하다.

<서경별곡>은 합성된 노래라는 점, 여인의 정서가 연마다 일치하고 있지 않은 점은 많은 연구자가 동의하는 바이다. 이에 대한 견해가 분분하다. 이러한 국문시가 연구는 중요한 함의를 지니고 있다. 고려가요의 미

---

8 이 부분은 '꺾을 것입니다' 혹은 '꺾겠습니다'로 해석된다. 전자로 해석하면 주체가 '임'이 되고, 후자는 주체가 '시적 화자'가 된다. 종전에는 주체를 '임'으로 보았는데 문법적으로는 주체가 화자, 곧 제1인칭이 되어야 한다. 왜냐하면 '겄+오+리이다'에서 '오'는 주체가 1인칭임을 알리는 화자표지의 선어말어미이기 때문이다. 고영근 · 남기심 공편, 『중세어 자료 강해』, 집문당, 2002, 455면.

의식 · 창작 방식 · 향유 방식 · 전승 방식과 연관된 문제이기 때문이다. 합가는 민요에서 출발하여 궁중악으로 편입되었다는 점과 관련 있다. 정서의 불일치는 궁중악으로 편입되었음에도 불구하고 민요로서의 성격을 강하게 지니고 있음을 뜻한다. 이러한 연구와 그에 따른 결과는 소중한 것이다. 이렇게 진전되기까지는 상당한 기간과 연구자들의 노고가 필요했다.

이것은 국문시가 연구자들 사이의 소통을 전제로 한 연구이다. 작품의 구조를 살피고 이를 토대로 해당 장르의 속성을 밝히는 작업은 국문시가 전공자가 아니면 관심 두기 힘들다. 태생은 민요이면서 우리 눈앞에 놓인 작품의 실상은 궁중악인 경우, 작품 하나하나의 면모를 정치하게 살펴서 다양한 모습 속에 공통적 속성을 찾아 고려가요의 미적 기반을 살피는 작업은 매우 흥미로운 것이지만, 어디까지나 국문시가 전공자들 사이의 소통을 전제로 한 것이다. 이러한 연구가 의미 있는 작업임은 분명하다. 그런데 이 단계에 머무른다면 다소 곤란한 지경에 빠질 수 있는 시점이 지금이다.

국문시가의 연구 성과를 어떤 식으로 확장해야 다른 장르와 혹은 대중들과의 소통의 길을 열 수 있는가를 심각히 고민해야 할 시기가 되었다. 그런데 대중들과의 소통은 복잡한 역학 관계, 시대적 흐름 등 고려해야 할 요소가 많다. 나는 다른 전공자, 예를 들어 타 장르 특히, 근 · 현대문학과의 소통을 구체적으로 모색하는 것이 우선이라고 판단했다.

그런데 기존 연구에서는 조선 후기 국문시가와 근 · 현대문학과의 관계 양상을 논쟁적으로 다루고 있다. 이에 대한 나의 견해를 먼저 정리할 필요가 있다. 특히 조선 후기 국문시가의 성격에 대한 나의 입장을 분명히 해 둬야 한다고 판단했다. 그래야 근 · 현대문학과의 관계에 대한 나의 주장을 공고히 할 수 있기 때문이다. 그리고 문학주제학적 시각을 타개책으로 제시할 작정인데, 이점은 2절에서 좀 더 구체적으로 살펴보자.

1960년대 이후 식민사관에서 비롯된 '이식문화론'을 극복하기 위한 노력의 하나로, 국문학계에서는 조선 후기를 근대로 나아가는 발판 형성의 시기로 규정하였다. 조선 후기 대부분의 문학 장르에서는 이미 근대적 성향이 자발적으로 생성되고 있었다는 것이다. 즉 '내재적 발전론'이 그것인데, 특히 국문시가에서는 사설시조와 평민가사가 주목의 대상이었다. 그렇다면 여기서 '근대'는 어떻게 규정되는가? '근대'의 기준은 무엇인가?

> 우리는 18세기의 회화 · 음악 · 사설시조 · 후기가사 · 판소리사설을 훑어보면서 신흥예술의 특징과 성격을 살펴보았다. (중략) 우리의 전통예술이 추구했던 숭고미 · 비장미 · 우아미에 대체한 미의식으로 신흥예술이 추구한 것은 **희극미**일 수 있다는 것을 확인했을 줄로 안다. 그리고 현실성을 중시하여 **사실성**을 존중하였다는 것도 인정할 수 있었으리라 생각한다.[9]

> 전통문학과 신흥문학의 분수령을 18세기로 잡는다는 가설을 전제로 한다면, 근자 학계에서 논의되고 있는 한국문학사에 있어서의 **근대문학의 성립시기**에 대한 해석도 어느 정도는 그 근거를 확실히 할 수 있을 것으로 생각한다. (중략) 그러나 이러한 단정을 내리는 데는 아직은 세부적인 연구가 좀더 이루어진 다음에 가능하리라는 것을 첨기하여 둔다.[10] (굵은체, 밑줄은 필자)

---

9 정병욱, 「이조후기시가의 변이과정고」, 『창작과 비평』 31호 봄호, 1974, 162면.

10 위의 논문, 163면.

정병욱은 18세기 신흥예술을 하나하나 분석하면서 그 특징으로 "희극미"와 "사실성"을 찾아냈다. 이러한 특징이 근대문학적 속성이 아닐까 하는 조심스러운 추측을 하였다. 그러면서 단정 지을 수는 없다고 하였다. 왜냐하면 아직도 세부적인 연구물의 축적이 미흡한 상태이기 때문이다. 여기서 "근자 학계에서 논의되고 있는 한국문학사에 있어서의 근대문학의 성립시기에 대한 해석"은 무엇을 말하는가? 추측건대 1973년에 발간한 김현 · 김윤식의 『한국문학사』의 근대문학 시점에 대한 진술을 염두에 둔 언급으로 보인다.

> 문학에 한해서 말한다면, 근대문학의 기점은 자체 내의 모순을 언어로 표현하겠다는 언어 의식의 대두에서 찾지 않으면 안 된다. 그 언어 의식은 **구라파적 장르만을 문학이라고 이해하는 편협된 생각에서 벗어나게 만든다.** (중략) 우리는 이조 사회의 구조적 모순을 문자로 표현하고 그것을 극복하려 한 체계적인 노력이 싹을 보인 **영정조 시대를 근대문학의 시작**으로 잡으려 한다.[11] (굵은체, 밑줄은 필자)

근대문학의 요소로 "자체 내의 모순"을 우리만의 "언어"로 표현하여 "극복하려는 체계적인 노력"을 주목하였다. 서구적인 근대론이 아니라는 면에서 그 노력과 성과를 인정하지 않을 수 없다. 강명관의 주장과 같이 근대화 논의가 "한국사 내부에서 서구사를 찾는" 것이라는 식[12]으로 마냥 볼 것만도 아닌데, 이미 우리만의 근대론을 펼치자는 자성적 결과물이 1973년에 마련되었기 때문이다.

그런데 다소 추상적이면서 일면적이고 막연한 기준이기에 아쉽다. 근

---

11 김윤식 · 김현, 『한국문학사』, 민음사, 1973, 20면.

12 강명관, 『국문학과 민족 그리고 근대』, 소명, 2007, 104면.

대 기준으로써 "극복하려는 체계적인 노력"은 추상적이며, "언어"는 일면적이고, "자체 내의 모순"은 막연하다. 근대 논의는 총체적인 접근이어야 한다. 문학 내적 · 외적 특성의 입체적인 조망 속에서 논의되어야 할 성질이기 때문이다.[13]

당면한 문제는 사설시조나 평민가사의 성향을 근대적이라 할 수 있는가에 있다. 정병욱은 18세기 신흥예술의 분석을 통해 "희극미"와 "사실성"을 찾아내었다.

> 사설시조 전반의 미의식과 내용상 자질들이 그 자체로서 근대적 가치를 보증하는 것처럼 단순화하는 논법은 위험하다. 사설시조 가운데서 흔히 발견되는 파괴적 · 냉소적 웃음과 성의 비속화는 그릇된 가치규범의 억압에 대한 일탈적 저항으로서의 의의가 인정된다 하더라도, 그것이 곧 중세를 대신하는 새로운 삶의 형상일 수는 없기 때문이다.[14]

"희극미"와 "사실성"은 조선 후기 전에는 보기 드문 문학 현상이었다. 그렇다고 하여 근대적 속성으로 간주하는 것은 위험한 발상임을 윗글은 지적하고 있다. 정병욱도 언급하고 있듯, 단정 짓지 말고 세부적인 연구물의 축적을 기다려야 한다. 근대에 대한 우리만의 기준과 탈중세에 대한 우리만의 현상을 파악해 내는 미시적 연구물의 축적이 급선무이다. 이 책은 이러한 인식에서 비롯되었다.

다시 말해 조선 후기 국문시가의 근대성 여부를 떠나서, 조선 후기의 문학적 현상을 토대로 그 성격을 파악하는 데에 힘을 기울여야 한다. 사

13 김명호, 「근대 문학론의 기본 쟁점」, 한국고전문학연구회 편, 『근대문학의 형성과정』, 문학과지성사, 1983, 87면.

14 김흥규, 『한국문학의 이해』, 민음사, 1986, 49~50면.

설시조나 평민가사에서 현실비판정신이나 근대 지향적 의식을 찾아내고자 하는 노력에 앞서, 창작 원리나 향유 방식 등을 있는 그대로의 현상을 밝히는 방향으로 연구를 진행할 필요가 있다.[15]

이러한 취지에서 책 제목을 "조선 후기의 탈중세적 징후들"이라 하였다. 조선 후기 국문시가에 나타난 여러 현상은 그 이전과는 다르기에 중세와는 거리가 있지만, 그 방향성을 알 수는 없었다. 그래서 다소 거친 용어지만 사용하였다. 당대 사회 관념 혹은 이념과 동궤를 이루기도 하고, 때로는 이질적인 경향을 조선 후기 국문시가에서는 보였다. 가령, '바다'에 대한 인식은 시대적 인식과 같으면서도 약간은 다른 방향을 가는 듯하였고, '불륜담'은 시대의 보편적 관념인 烈의식과 모순적 공존을 하고 있었다.

'근대'를 인식하지 않는 연구가 오히려 우리만의 '근대'를 찾는 방법이 될 수도 있다. 세부적인 연구 성과물이 축적되고, 이 축적물을 통합하여 이론화하는 작업이 수행되어야만 한다. 칼리네스쿠가 서구의 모더니티를 다섯 모습으로 이론화한 것과 같이 말이다. 이럴 때가 와야만 근대론과 관련하여 소모전이 아닌 생산적 논의가 이루어지게 되고, 나아가 비로소 우리 문학의 史的 흐름을 온당하게 파악할 수 있을 것이다.

15 성호경, 『조선 시대 시가 연구』, 태학사, 2011, 295~6면.

2. 문학주제학적 시각의 유용성과 '노인 · 금지된 사랑, 불륜 · 바다'의 주제사적 의의

1) 문학주제학적 시각의 유용성

주제사적 탐구란 주제적 단위를 대상으로 하는 연구이다. 특정 주제 단위(thematic unit)인 테마 · 모티프 · 소재 · 이미지 · 상징들이 시대의 흐름에 따라 혹은 장르의 다름에 따라 변전 양상이 어떠한가를 살피는 작업이 주제사적 탐구의 주된 임무이다.

이를 온전히 수행하기 위해서는 개별 작품의 천착에서부터 시대적 흐름에 이르기까지 미시와 거시를 아울러야 한다. 즉 미시적인 미학에 기반을 두고 역사적 흐름을 거시적으로 파악할 수 있어야 한다. 이는 타 장르와 혹은 현대와 고전의 경계를 허물어 소통의 길을 열어 주는 데에 효율적이다.

문학주제학은 소재주의에서 벗어나, 모티프의 전상 · 원형을 찾아내고 이의 지속성을 찾아내는 연구 방법이다. 여기서 지속성은 유사점과 차이점을 동시에 포괄한다. 전상과 원형을 찾아내고, 시간이 흐르면서 전상과 원형이 어떠한 변화를 보이면서 계속 이어져 내려오고 있는지를 연구하는 것이 문학주제학의 소임이다.[16]

우리 문학의 연원을 찾고 이의 추이를 살펴, 체계화를 시도하려는 문학주제학은 여러 다른 방법론과 병립할 수 있다. 필요에 따라, 정신분석학 · 문학사회학 · 정신사 등을 원용하는 데에 주저함이 없지만,[17] 유의해야

16 이재선, 『한국문학 주제론』, 문학과 지성사, 2009, 23~6면.

17 위의 책, 26면.

할 점이 있다.

인문과학과 사회과학의 도움을 필요하지만, 절대시하지 말아야 한다. 문학은 사회의 거울이고 당대 이념의 표현이기도 하지만, 생각이 문학의 자족성과 창조성, 자발성을 헤쳐서는 곤란하다.[18] 하나하나의 작품을 왜곡하거나 훼손해서는 온전한 주제사적 흐름을 파악할 수 없기 때문이다.[19] 당대의 관념·인식·이념 혹은 사회문화적 현상과의 연관성을 단선적으로 연결해서는 안 된다. 가령, 작품과 작가의 傳記적인 요소를 등가관계로 파악하는 식의 연구는 문학주제학이 경계 삼아야 한다.[20] 구조의 등가성을 살피는 방향 혹은 두 항의 역동적인 관계를 조망하는 방향으로 연구가 진행되어야 마땅하다.

김흥규는, 앞선 1절에 제시하였던 국문시가의 현 상황 진단에 이어, 요청되는 시야로 주제사적 탐구를 언급하였다. 국문시가의 소통력 미약을 타개하기 위해 주제사적 탐구를 언급한 이유는 다음과 같은 장점이 있기 때문이다.

▲ 시간의 거리를 넘어서 : 동떨어진 시대 단위 혹은 일련의 시대적 흐름 속에 놓인 시들 사이에서 모티프의 반복, 변이, 전개 등을 탐구하는 연구.

▲ 개별문학의 울타리를 넘어서 : 한국문학 밖의 특정 개별문학 혹은 문화권 단위의 비교 대상까지를 포괄하여 시적 모티프의 유사성과 차이를 논하는 연구.

---

18 조남현, 「한국문학의 주제사 문제」, 김열규 외, 『<한국 문학사>의 현실과 이상』, 새문사, 1996, 193면.

19 위의 논문, 203면.

20 가스통 바슐라르, 곽광수 옮김, 『공간의 시학』, 동문선, 2003, 8면.

▲ 장르 경계를 넘어서 : 서로 다른 시가 장르 혹은 산문 서사문학까지를 포함한 범위에서 모티프의 전이, 확산, 변화를 해명하는 연구.[21]

이 책은 시가의 소통력 강화를 염두에 두면서, 조선 후기 시가의 특성을 밝혀, 근・현대문학과의 관계를 조망하는 데에 목적이 있다 하였다. 위의 진술은 이 책의 목적을 온전히 수행하는 데에 적절한 방법 혹은 시야임을 알 수 있다. 시간의 거리를 넘어, 장르 경계를 넘어 소통을 이루고자 하는 이 책의 저술 목적과 부합하기 때문이다. 문학주제학 방면에 선편을 잡은 이재선의 연구 성과를 보자.

「한국소설과 이중성의 상상력」은 '이중 자아 모티프'를 대상으로 하여 전상과 후상, 그리고 그 역사적 변전 양상을 살핀 글이다. <조신>, <구운몽>의 분석을 통해 이중 자아가 어떠한 양상을 띠고 형상화되는가를 살피고, 이 양상이 이광수의 <무정>, 이상(李箱)의 작품들과 최인훈의 <구운몽>에 와서 어떻게 변모하는가를 고찰하였다. 이 글의 결론은 다음과 같다.

> 한국 현대문학에 있어서도 자아의 이중상 내지 분신상은 김만중의 『구운몽』에서 비롯되어 현저하게 드러나는 것이 사실이다. 의식적이고 필연적인 상호 연계가 있든 없든, 한국문학에서의 분열된 자아와 제2자아의 이중상에 대해 내재적인 원형을 찾아간다면, 그것은 바로 자아를 '성진'과 '양소유'란 특유한 이름으로 달리하여 한 사람의 두 마음과 모습을 분화시키고 있는 김만중의 『구운몽』인 것이다.[22]

21 김흥규, 앞의 논문, 9면.

22 이재선, 『현대소설의 서사주제학』, 문학과 지성사, 2007, 339면.

이재선의 논의가 지닌 가치는 이 글로만 한정되지 않는다. 읽는 연구자마다 서로의 전공 장르에서 보이는 '이중 자아 모티프'에 대해 생각할 수 있는 계기를 마련해 주기 때문이다. 나는 이글을 보면서 出處觀 관련 시조와 정철의 <관동별곡>을 떠올렸다. '出로 대표되는 페르소나로서의 자아'와 '處로 상징되는 인간 본연으로서의 자아' 사이에서 갈등하는 시적 화자가 자주 등장하는 국문시가 역시 '이중 자아 모티프' 연구의 중요한 위치를 차지하고 있다는 생각을 해보았다. 이렇게 문학주제학적 고찰은 장르와 시대를 초월하여 이루어지기에 소통의 길을 여는 데에 효과적인 방법론이다.

2) '노인 · 금지된 사랑, 불륜[23] · 바다'의 주제사적 의의

이 책은 문학주제학적 관점에서 조선 후기 국문시가를 살펴 탈중세적 특징의 구체적인 모습을 밝히는 데에 목적을 두고 있다. 조선 후기는 정치 · 경제 · 사회 · 문화 등 모든 부면에서 이전과는 다른 방향으로 전개됐는데, 국문시가의 경우 어떠한 양상을 띠는지를 문학주제학적 접근을 통해 고찰하고자 한다.

조선 후기는 이른바 근대화의 자생적 조건이 싹트기 시작한 '근대적 맹아기'로 규정 · 강조됐다. 국문시가 연구 역시 이러한 자장에서 벗어나지 못했다. 실제로 1960년대를 거쳐 1990년대에 이르기까지 조선 후기 국문시가 연구는 중세적 전통에서 벗어나 현실 비판 정신이 깃든 근대

23 '불륜'은 사전적으로 도리에서 벗어남을 뜻한다. 특히 기혼자가 개입된 불건전한 사랑을 지칭하는 용어로 사용하는 경우가 대부분이다. 나는 이러한 견해에 동의하지 않기에, 다른 자리에서는 '결혼 후 찾아온 사랑'이라 하였다. 그런데 '결혼 후 찾아온 사랑'이라 하면 다소 번잡스러움을 피하기 힘들다. 하여 서술상의 편의를 도모하고자 '불륜'을 그대로 사용한다. 오해가 없길 바란다.

지향성으로 이해하려는 경향이 주류를 이루었다.

나는 조선 후기 국문시가의 내용과 형식이 근대지향적인 면을 지니고 있음과 그것을 밝히고자 하는 연구의 학문적 가치를 깊게 인정하면서도, 이것만으로는 실상을 올바로 이해할 수 없다는 것을 주장하려 한다. '근대'를 의식하지 않고서, 조선 후기 국문시가에서 보이는 다양한 미적 기반을 찾아내어 그 구체적인 양상을 실상대로 파악하고자 한다.

고찰 대상인 문학 단위는 '노인 · 금지된 사랑, 불륜 · 바다'이다. 이 셋은 살면서 누구나 직 · 간접으로 경험하기 마련이다. 시대와 공간을 초월하여 우리 삶 속에 자리하고 있었고, 문학 주제 혹은 소재로 수없이 반복되어 나타났고 나타날 것이다. 구체적인 모습은 다르지만, 선정기준은 근 · 현대문학과의 소통 여부에 있었다.

'노인'은 삶의 주체로서 현대에 와서 새로이 주목받는 존재이다. 우리나라에서는 세계 20대 주요 국가 중 인구 노령화의 속도가 빠르게 진행되고 있는 축에 들며, '노년층의 수입 충족 지수'에서 꼴찌에서 두 번째를 차지한다.[24] 노년에 대해 새로운 인식이 필요한 때이다. 이제 노인은 새로운 생산 주체가 되어 적극적으로 인생을 살아야 한다. 기존의 노년 인식은 유효기간이 만료된 것이 현재의 실정이다. 그래서 그런지 노인은 문학을 비롯한 여러 예술 분야에서 주요 테마가 되었다.

그런데 조선 후기 국문시가에서는 그리 주목받는 문학적 테마가 아니었다. 조선 후기 이전 문학에서 '노인'은 노년에 대한 보편적 인식의 단순한 반복에 불과하다가, 조선 후기에 이르러서는 다소 낯선 노인상이 형상화된다. 그런데 근대 문학에 와서 '노년' 관련 담론 자체가 거의 자취를

24 「30년 뒤 한국 '노인 빈곤국' - 미CSIS '2040 보고서' 밝혀 … 주요 20개국 중 2번째로 가난」, 『세계일보』, 2010년 10월 27일.

감춘다. 이의 구체적인 모습을 살피고자 하는 것이 제2장의 내용이다.

인간 삶의 주요 행위이자 감정인 '사랑'은 너무도 광범위하기에 '금지된 사랑, 불륜'으로 한정하였다. '금지된 사랑, 불륜'은 연원이 길뿐만 아니라, 현재는 가히 '불륜의 시대'로 명명할 정도다. '금지된 사랑, 불륜'은 과거에서 현재까지 시간의 편폭이 넓을 뿐 아니라, 양적인 면에서도 상당하다. 문학에서 불륜이 본격적으로 등장하게 된 시기는 조선 후기이다. 그 후 계속해서 테마로 등장하는데, 근대와 현대로 이어오면서 형상화 양상은 상당히 이질적으로 변모한다. 이를 제3장에서 다루고자 한다.

'바다'는 근대와 현대문학에서 빼놓을 수 없는 테마이다. 근대문학에서 '바다'의 문학적 위상은 상당하다. 최남선이 「해에게서 소년에게」를 비롯한 수많은 시편에서 바다를 소재로 삼고 있는 것으로도 확인할 수 있다. 바다는 문명으로 인도하는 공간이었기 때문이다.

한편, 현대의 삶 속에 바다는 일상적 삶의 터전이면서, 특별한 의미를 지니고 있는 공간이다. 여유를 찾고, 삶의 전환을 꿈꾸는 공간이면서, 때로는 인간의 삶을 극한으로 몰아가는 공간이기도 하다. 많은 작가에게 '바다'는 주요한 문학적 테마인 것은 물론이다.

이렇게 근·현대문학에서 '바다'는 의미 있는 공간이었는데, 조선 후기 국문시가에서는 주목받지 못하였다. '물'과 '강'에 비해 관심 정도가 현저히 떨어진다. 警戒의 의미가 강했다. 이에 '바다' 시가를 찾아보기가 쉽지 않다. 제4장에서는 '이유는 무엇인가? 간혹 보이는 바다는 어떻게 형상화되고 있는가? 유가적 사유를 비롯한 당대 이념과 어떤 관련 양상을 보이는가?' 등에 주안점을 두고 살피고자 한다.

제2장
조선 후기 국문시가와 노인 - 희화화

제2장
조선 후기 국문시가와 노인 - 희화화

1. 현대 노인에 대한 인식

노년은 대부분 사람에게 필연적이지는 않지만 숙명적으로 다가오며, 역사적 · 공간적으로 초월하여 존재한다. 그런데 노년에 대한 인식은 사회적 상황에 따라 다르다.[1] 농업 중심에서 산업화, 정보화 사회로 이동하면서 사회 구조와 상황이 변화하였고, 이러한 과정에서 노인은 점차 소외되어 디아스포라적 존재로 전락해 버렸다.

2010년 후반과 2011년 중반에 유튜브YouTube를 통해 전파되었던 이른바 "지하철 막말녀 · 막말남" 영상은 노인의 현 사회적 위치를 여실하게 보여 주었다. 자리 양보 혹은 올린 다리를 내리라는 노인들의 요구에 젊은이들은 입에 담지 못할 거친 말들을 내뱉었다.

요즘 들어 저출산 고령화 대책을 위한 회의가 열리고 노인이 많아지고

1 시몬느 드 보부아르, 홍상희 · 박혜영 옮김, 『노년』, 책세상, 2002, 18~23면.

출산율이 떨어져 큰일났다는 얘기가 공공연하게 오가고 있다. 그런 얘기가 나올 때마다 지하철 노약자석이나 공원 벤치에 나와 앉아 있는 고령자들은 "늙어서 미안하다"는 듯 가슴이 덜컥 내려앉기 마련이다. 그들이야말로 우리나라의 평균수명을 이만큼 끌어 올리는 데 일정 부분 기여했지만 지금은 마치 나라의 발전을 발목 잡는 걸림돌이나 된 듯한 자격지심에 빠져들기 때문이다.

65세 이상 인구비율이 14.3%를 넘은 충청남도가 고령사회로 분류되었다. 전남의 17.7%, 경북의 14.4%에 이어 세 번째라고 한다. 통계범위를 시·군 단위로 좁히면 65세 이상 인구가 20%를 넘는 이른바 초고령 사회도 많다. 33.8%의 전북 임실과 32.8%의 경북 의성 등이 대표적인 경우다. 고령사회를 넘어 초고령 사회가 되면 '나이가 벼슬'이라는 속담도 옛말이 된다. 고령사회의 가장 이상적인 모습은 노인인구가 늘어나면 그에 비례하여 출산율도 높아지는 것이지만 그게 뜻대로 되지 않으니 걱정이다.[2]

존경의 대상이자 지혜의 원천으로 여겨졌던 노인이 이제는 소외되고 쓸모없고, 급기야 짐스러운 존재가 되어 버렸다. 모든 것이 경제적인 가치가 우선시 되는 사회에서 노동력이 저하된 노인은 불필요하고, 부양의 대상이 전락했다. 노인은 늙어서 미안할 뿐이다. 소설가 최일남이 쓴 <늙어서 미안하다>에는 이러한 노인의 처지가 적실하게 서술되어 있다.

매번 그런 건 아니지만 지하철 창구 앞에서 갑자기 멋적은 느낌이 드는 수가 있다. 공짜 승차권을 쥐자마자 사라지기 마련인 감정으로 부질없다. 어디까지나 법에 따른 무임승차 아닌가. 굳이 입을 열 것조차 없이 만고풍상의 얼굴로 '표 주시오' 소리를 대신하면 그만인데 이따금 서먹하다.

---

2 이광훈, 「[여적] 초고령사회」, 『경향신문』, 2006. 9. 1.

대여섯 노년이 한꺼번에 몰려 손을 내밀 때는 더구나 민망하다. 창구 직원과 눈을 맞추는 순간의 기분이 영 어줍다. 불운한 차례 탓에 적자투성이 지하철의 눈치손님 노릇을 일시적으로 대표하는 꼴이기 때문이다. …(중략)…

평균 수명 연장은 생활의 질이 나아지면서 생긴 건강 제일주의 덕이지만, 그전에 이미 드셌던 조로증 타파의 사회적 공감대를 부인하기 어렵다. 이 모든 것을 통틀어 선진국형 양상으로 치거늘 그게 국가 발전의 발목을 잡아 미래를 어둡게 만든다고 야단들이다. 상대적으로 노동력이 취약하거나 아예 없는 고령자의 마음은 그만큼 어색하고 겸연쩍다. 저지른 잘못 없이 젊은 축들에게 눈치가 보여 반거들충이 신세를 한탄해야할 판이다.

노인을 우대하고자 만든 제도 '무임승차'. 그런데 표 달라는 말이 여간 서먹하고 멋쩍은 것이 아니다. 민망하기까지 하다. "저지른 잘못 없이 젊은 축들에게 눈치"를 봐야 한다는 老文人의 토로는 공연한 자격지심일까.

이제껏 여성·노동자·서민 등 디아스포라적 존재들을 주변부에서 중심부로 위치 이동시키려는 사회적 움직임이 활발히 전개되었다면, 이제부터는 노인도 그 움직임에 포함해야 한다. 우리나라는 현재 세계에서 유례가 없을 정도로 빠르게 초고령화 사회로 진입하고 있고,[3] 이에 노년 문제에 대한 적극적 대응책을 시급히 마련해야 하기 때문이다. 노인이 인간다운 삶을 누릴 수 있는 제도적 장치가 필요하다.

그런데 노년 인식에 대한 근본적 전환이 뒷받침되지 않는 제도 개선이란 허상이기 십상이며, 또 이루어진다 하더라도 한시적이고 근시안적일 가능성이 많다는 점을 감안해야 한다. 가령, 전통 사회 효 윤리인 '물질적 봉양과 뜻의 받듦'만을 강조하는 것은 시대착오적 발상일 수 있다. 현대

---

3 임헌규, 「노년문제에 대한 동양철학적 접근(1)」, 『철학연구』 제108집, 대한철학회, 2008, 184~6면.

사회에 맞는 효 윤리 정립이 필요한 것이다.[4] 밥만으로는 행복해질 수 없으며, '노인의 뜻'이란 것이 과거와는 달라졌기 때문이다. 노년 인식에 대한 전환이 필요하다. 과거 효 전통만을 강조하는 것은 젊은이와 노인 모두에게 유익하지 못하다.

2. 노인에 대한 편향된 기대치

'노년'은 여러 의미를 함축하고 있다. 양지와 음지가 엎치락뒤치락하고, 긍정과 부정 사이에서 갈팡질팡한다. 점잖음·인자함·다사로움 등의 감정을 불러일으키고 엄함이 서로 맞물려 있다. *老丈*을 비롯해서 *老實*, *老功*, *老手*, *老成*, 그리고 *長老*와 *耆老*에 이르기까지 긍정적 면이 드러난 낱말들이 있는가 하면, *老衰*, *老病*, *老朽*, *老物*, *老鈍*, *老弱* 등은 부정적인 의미를 담고 있다.[5] '*老*'의 긍정과 부정은 절대적이면서 상대적이다. 노년에 대한 인식에서 긍정·부정은 항상 공존한다는 면에서 절대적이지만, 구체적인 상황에 따라 모습을 달리한다는 점에서 상대적이다. 그런데 인식 대상이 무엇이든, 대상에 대한 인식에는 문화적 요인들이 개입한다.

전통사회에서 노년은 젊음의 대척적 존재가 아니었다. 젊은이와 노인은 상부상조의 관계였으며, 어느 면에서 노인은 사회를 원만하게 돌아가게 하는 근원적 역할을 담당하였다. 노년에 대한 긍정적 요소가 강하게 작용하였다. 그러나 시간이 흘러 현대에 오면서 노인은 천덕꾸러기가 되

4 이철우, 「노인관의 변화와 대응방안 모색」, 『한국사회』 제1집, 고려대 한국사회연구소, 1998, 156~7면.

5 김열규, 『노년의 즐거움』, 비아북, 2009, 17~29면.

었다. 사회는 미래지향성을 중시하게 되면서 노인은 비생산적인 존재로 전락하게 되었기 때문이다. 이렇듯 노년은 절대적으로도 긍정·부정의 의미를 지니고 있으면서, 시대적으로도 긍정·부정의 모습을 달리하며 인식되었다.

단어에 대한 다양하면서도 역동적인 의미를 구명하기 위해서는 문화기호학적 시각이 유용하다. 기호의 해석은 약호가 찾아질 때 가능한데, 약호는 사회적 조건과 문화적 환경에 따라 달라진다.[6] 기호들이 어떠한 법칙에 의해 기호 활동이 이루어진다고 할 때, 구체적인 모습은 대개 兩項性과 非對稱性을 지니고 나타난다. 즉 어떠한 기호든 그 기호는 활동하던 그 사회의 조건과 문화 환경에 따라 양항 대립 체계를 달리하면서 의미화된다. 그런데 양항 대립은 한쪽이 지배소로 작용하는 즉 비대칭성을 보인다. 단순한 대립에 머무르지 않고 하나가 다른 하나를 통합하려는 역동적 움직임을 보이는 것이다.[7]

'노년'에 대한 인식 역시 양항성과 비대칭성을 보이면서 역동적 의미망을 보인다. 그런데 유독 우리의 옛 고전 속에서는 '노년'을 인식하는 데 있어서 긍정적 모습이 강하게 작용한다. 다음의 예를 통해 구체적 양상을 살펴보자.

『삼국유사』는 수많은 층위가 약호로 얽혀 있는 복잡한 텍스트다. 『삼국유사』는 뮈토스와 로고스라는 두 가지 약호가 얽히고설킨 상태로 있는데,[8] 이는 '노인'의 형상화 양상에도 작용한다.

> 제 21대 비처왕 즉위 10년 무진에 왕이 천천정으로 거동하였더니 이때

6 송효섭, 『문화기호학』, 민음사, 1997, 38면.

7 송효섭, 『설화의 기호학』, 민음사, 1999, 82~4면.

8 송효섭, 『초월의 기호학』, 소나무, 2002, 20면.

에 까마귀와 쥐가 와서 울었다. 쥐가 사람의 말로 말하기를, "이 까마귀가 가는 곳으로 따라가 보소서."라고 말했다.

왕이 말탄 군사를 시켜 그 뒤를 밟아 좇아가 보게 하였다. 군사가 남쪽을 피촌에 이르러 돼지 두 마리가 싸우는 것을 머뭇거리면서 구경하다가 그만 까마귀 간 곳을 놓쳐버렸다. 길가에서 방황하고 있을 때에 마침 웬 노인이 못 가운데에서 나와 편지를 올렸다.

편지 겉봉에 쓰여 있기를, "떼어 보면 둘이 죽고 떼어 보지 않으면 한 사람이 죽는다."라고 하였다. 심부름 갔던 군사가 돌아와 편지를 바치니 왕이 말하기를, "만약에 두 사람이 죽을 바에는 편지를 떼지 않고 한 사람만 죽는 것만 같지 못하다."라고 하였다.

점치는 관리가 아뢰어 말하기를, "두 사람이라는 것은 일반 백성이요, 한 사람이라는 것은 임금님 이외다."라고 하니 왕이 그럴 성싶어 떼어 보니 편지 속에 "사금갑"이라고 쓰여 있었다.

(기이 제2, 거문고집을 쏘다)

위 이야기는 대부분 상징적이다. 쥐와 왕이 대화를 나누고, 갑자기 나타난 노인이 일종의 수수께끼를 왕에게 제시한다. 수수께끼의 해석에 따라 왕은 죽을 수도 있다. 점치는 관리가 나타나 이를 해결한다. 이 이야기는 소통을 보이다가 실패하고 또다시 소통하는 일종의 신비 담이다. "웬 노인이 못 가운데에서 나와 편지를 올렸다."는 부분에 주목해 보자.

편지를 바친 "웬 노인"은 일단 인간의 모습으로 나타난다. 하지만 끊어진 커뮤니케이션을 연결하는 중요한 메시지를 담고 있는 편지를 제시하고 있다는 면에서, 초월적 모습을 뒤에 감추고 있다 하겠다.[9] "못 가운데에서" 나왔다는 점, 편지 受信者인 왕으로 하여금 마땅히 전개되어야 할

9 위의 책, 95면.

방향으로 서사를 이끄는 결정적 역할을 하고 있다는 점이 범상하지 않기 때문이다. 그리고 전달하는 메시지가 담고 있는 의미가 모호하기에 노인의 비범성은 더더욱 두드러진다. 즉 자연적 인간으로서의 모습을 약화하고, 초월적 존재가 지녀야 할 성격을 강화하고 있다. 노인은 서사 진행의 결정적이고 핵심적인 역할을 담당하는 존재로서, 초월적 존재로서의 성격이 인간적 존재로서의 성격을 포섭하는 방향으로 형상이 그려지고 있다. 그래서 다음과 같은 도식이 가능하다.

초월적 존재 〉 인간적 존재

아래 이야기를 보자.

고명한 중 연회는 일찍이 영취산에 숨어살면서 매양 「법화경」을 읽고 보현관을 공부하였다. 뜰의 못에는 언제나 연꽃 몇 떨기가 나서 사철 시들지 않았다. 국왕인 원성왕이 그 상서로운 이적을 듣고 그를 불러 국사로 삼으려 하였더니 스님이 이 말을 듣고 그만 암자를 버리고 달아났다. 서령 바위 틈을 건너가자니 한 늙은이가 밭을 갈다가 "스님은 어디로 가시오?" 라고 물었다.

그는 답하기를, "내가 들으매 나라에서 잘못 알고 벼슬로써 나를 구속하려고 하므로 이곳을 피하는 길이요"라고 하니 늙은이가 듣고 말하기를, "여기서 팔 일이지 수고스럽게 멀리 가서 팔 것 있소? 스님이야말로 매명을 몹시 좋아하는구료!"라고 하니 연회는 자기를 조롱하는 줄로만 여기고 그 말을 듣지 않았다. 그래서 몇 리를 더 가서 냇가에서 한 노파를 만났더니 또 어디로 가느냐고 물었으므로 처음과 같이 대답하였다.

노파가 "여기 오기 전에 누구를 만났던가?"라고 하여 대답하되 "웬 늙은 첨지가 나를 매우 모욕하므로 골이 나서 왔소"라고 하였더니 노파가 말하기를, "그는 문수보살이요. 그 말씀을 왜 듣지 않았소?"라고 하였다.

연회가 놀랍고 송구스러워 늙은이가 있던 곳으로 급히 가서 이마를 조아리고 후회하여 말하기를, "보살님의 말씀을 감히 어찌 거역하오리까! 지금 되돌아왔지만 냇가의 노파는 누구이신지요?"라고 하니 늙은이가 말하기를, "변재천녀로다"라고 말을 마치자 그만 사라졌다.

연회가 도로 암자로 돌아왔더니 조금 뒤에 칙사가 조서를 받들고 와서 불렀다. 연회가 꼭 받아야 될 명임을 알고 곧 조서에 응하여 대궐로 갔더니 국사로 봉하였다. 연회가 늙은 노인에게 감동받은 곳을 문수점이라고 이름짓고 노파를 만난 곳을 아니점이라고 불렀다.

(피은, 공명을 피하던 연회와 문수점)

고명한 스님 연회가 국사가 되는 과정을 그리고 있다. 연회는 나라의 명을 피하는 도중에 서령 바위틈 한 늙은이와 냇가 노파를 만난다. 연회에게 평범한 노인으로 비쳤지만, 늙은 노인과 노파는 다름 아닌 문수보살 · 변재천녀였음을 곧 알게 된다. 두 노인 모두 인간 세계를 초월한 존재였다. 상서로운 이적을 일어나게 했던 연회도 "놀랍고 송구스러워"하게 했던 존재가 노인들이다. 노인들은 연회에게 벌어질 일들을 이미 알고 있었다. 연회가 암자로 돌아왔을 때, 곧 칙사가 도착하였기 때문이다.

노인들은 전지한 능력을 소유한 자들이었다. 전개되어야 할 서사의 방향키를 잡고 있는 노인들, 앞으로 어떻게 해야 할 것인가를 보여 주는 노인들이었다.[10] 신비스러운 존재인 노인들의 말은 인간 세계에 대한 분명한 메시지를 담고 있다. 초월적 존재로서의 전형을 보여 주는 신선은 확실히 노년을 전제[11]로 할 수밖에 없는 사정도 위 설화에 형상화된 노인

10 같은 곳.

의 모습과 무관하지 않을 것이다. 동양 고전에 등장하는 거개의 노년은 초월적이고도 신비롭다.

노인상이 항상 초월적으로 그려지지는 않는다. 신비로움을 벗고 인간적 존재로서의 성격이 강화되어 나타날 수도 있다.

옛날에 늙은 쥐가 한 마리가 있었다. 이 쥐는 먹을 것을 훔치는 데는 귀신 같았다. 그러나 늙어서 눈이 침침해지고 기력이 떨어져 나다닐 수가 없었다. 그래서 여러 쥐들이 그에게 가서 먹을 것을 훔치는 법을 배우고 그 대가로 훔쳐온 것을 그에게 나누어주곤 하였다. 이렇게 얼마간 지나자 쥐들은 마침내 늙은 쥐의 술수를 다 배웠다고 여기고 다시는 먹을 것을 나누어주지 않았다. 이에 늙은 쥐는 분을 품은 채 지냈다.

어느 날 저녁, 시골 아낙네가 밥을 지어놓고 돌로 솥뚜껑을 눌러놓은 채 이웃으로 마실을 나갔다. 여러 쥐들은 밥을 훔쳐 먹으려고 갖은 꾀를 다 부렸으나, 훔쳐낼 방도가 없었다. 어떤 쥐가 말했다.

"늙은 쥐에게 방법을 물어보자."

다른 쥐들도 모두 그게 좋겠다고 하여 일제히 늙은 쥐에게 몰려가서 방법을 물었다. 그러자 늙은 쥐는 노기를 띠면서 말했다.

"너희들은 모두 내게 방법을 배워서 항상 배부르게 먹고 지냈다. 그런데 지금 와서는 나에게 먹을 것을 나누어주지 않는다. 나는 가르쳐주고 싶지 않다."

쥐들이 모두 고개를 숙이고 절을 하면서 사정하였다.

"저희들이 참으로 잘못하였습니다. 지난 일은 어쩔 수 없지만 앞으로는 잘 모시겠으니, 부디 밥을 훔쳐낼 방도를 가르쳐 주십시오."

그러자, 늙은 쥐는 이렇게 일러주었다.

---

11 김열규, 앞의 책, 173면.

"솥에는 발이 세 개 있다. 그 중 발 하나가 놓은 곳을 파내면 조금만 파도 솥이 기울어져서 저절로 뚜껑이 열릴 것이다."

여러 쥐들은 달려가서 땅을 파냈다. 그러자 과연 늙은 쥐의 말대로 솥뚜껑이 열렸다. 쥐들은 배부르게 실컷 먹은 다음 남은 밥을 싸가지고 와서 늙은 쥐에게 바쳤다.[12]

조선 중기 학자 고상안(1553~1623)의 『태촌집』에 실린 글이다. 인간의 노년을 상징하는 늙은 쥐는 삶의 지혜를 가진 존재다. 비생산자라 여겨졌던 존재가 이윤의 원천이 됨을 보여 줌으로써 노인의 존재 가치를 깨닫게 하는 이야기이다. 늙은 쥐의 말이 상징적이지 않으며, 소통의 장애도 주지는 않는다는 면에서 신비로움을 지니고 있지는 못하다. 『삼국유사』의 노인들처럼 애매한 메시지를 제시함으로써 상황의 애매함을 형성하고 또 다른 장치에 의해 애매함을 분명함으로 유도하는 식의 양상은 보이지 않기 때문이다. 그래서 늙은 쥐는 단순한 상징에 불과하기에 초월적 존재로서의 성격은 유표화되지 않는다. 자연적이고 인간적인 존재라 하겠다.

늙은 쥐는 애초에 부정적인 이미지로 그려지고 있다. '눈이 침침하고 기력이 쇠하자' 사회의 쓸모없는 존재로 전락하게 된다. 그러나 결국 늙은 쥐는 사회에서 요구하는 미덕을 가지고 있는 자로서 변화된다. 즉 과거 경험을 통해 습득된 지혜와 지식의 소유자이자 전달자로서 해야 할 역할에 충실한 존재이다. 사회 기대치에 부응하는 존재이다.

'초월적 존재 < 인간적 존재'의 비대칭적 양항 대립 양상을 보이고 있는 것이 늙은 쥐 이야기이다. 초월적 존재로서의 성격이 약화되고 인간적 존재로서의 성격이 강화될 때 노인은 규범적으로 그려진다. 우리는 노인

12 신승운 외 옮김, 『고전읽기의 즐거움』, 솔, 1997, 144~5면.

에게 흔히 자기들의 기준에 마땅한 행위와 사고를 요구한다. 원만하고 성숙한 태도, 경험으로부터 획득된 지혜와 지식, 무한의 포용과 절제 등이 그것들이다. '초월적 존재 < 인간적 존재'일 때, 노인은 '규범적 존재 > 욕망의 존재'로 그려지길 바라며 또 그렇게 형상화된다. 다음 이야기를 살펴보자.

> 어떤 시골 할미가 젊은 며느리와 같이 들에 나가 김을 매고 있었다. 마침 소나기가 갑자기 내려 냇물을 불었다. 할미가 건너지를 못하고 물가에서 어정거리고 있었다.
>
> 그때 마침 한 소년이 지나가더니 말을 걸었다.
>
> 「날은 저물고 물은 깊어 여인의 몸으로서는 건널 수 없으리니, 제가 업어다 드리지요.」
>
> 「고맙기도 하지요. 먼저 며느리를 건네주고 나서 나를 건네주시오.」
>
> 소년이 곧바로 며느리를 업고 먼저 건너더니, 건너편 언덕에 이르자 끌어안고 정을 통했다. 할미가 쳐다보고는 큰소리로 외쳐댔다.
>
> 「얘야! 얘야! 몸을 돌려라. 몸을 돌려」
>
> 한참 뒤에 또 할미를 업고 건널 때 역시 끌어안았다. 이번에는 며느리가 입술을 삐죽거리며 말했다.
>
> 「아까 저에게는 몸을 돌리라고 하시더니, 어머님은 몸이 돌아갑디까?」

조선 후기 소화집인 『蓂葉志諧』 제34화 '姑責翻身'(할미가 몸을 돌리라고 나무라다)이다. 評을 보니, 남에게는 엄하면서도 자기에게는 관대한 세상 풍속을 풍자하기 위해 끌어온 이야기인 듯하다. 이 소화는 규범적 가치의 전달이라는 목적을 위해 일탈적 행위를 하는 노인을 등장시킨다. 며느리에게 규범적 가치를 요구하였던 노인이 정작 자신에게는 규범보다는 욕망을 앞세운다.

우선, 논평과 소화의 부조화가 눈에 띈다. 소화의 핵심은 아무래도 노인의 이율배반적인 행위이자 성적 욕구의 표출에 있는 듯한데, 논평은 도덕적 가치의 강조에 있으니 말이다. 음담을 읽고 깨달아야 하는 교훈으로는 지나치게 거창하다는 느낌이 든다.[13] 그래서 '姑責翻身' 이야기는 이중의 충돌이 일어난다. 논평과 소화 사이, 노인의 말과 행동 사이에 동일한 충돌 양상이 그것이다. '규범'과 '일탈'이 대립한다. 소화 속 노인은

규범적 존재 (지혜의 소유)	〈	일탈적 존재 (욕구의 표출)

로 규정지을 수 있으며, 풍자의 대상이 되었다. 규범적 존재를 기대한 세상에서 욕구를 분출한 노인의 모습은 웃음을 자아내는 대상으로, 풍자의 대상으로 규정된다. 이러한 평가에 대해 시몬드 드 보부아르는 다음과 같은 지적을 한다. 적확한 지적이기에 다소 길지만 실어본다.

> 노인들은 청년의 연장이며, 그렇기에 예전에 그가 가졌던 인간의 자질과 결점들을 고스란히 가지고 있다. 바로 이 점을 모르는 체하고 싶어하는 것이다. 젊은이들과 똑같은 욕망, 감정, 요구 등을 표명하는 노인은 사람들의 빈축을 하게 된다. 노인들의 사랑과 질투는 추하거나 우스꽝스럽고, 성행위는 혐오스러우며, 폭력은 가소로운 것으로 여겨진다. 노인들은 모든 미덕의 본보기를 보여 주어야 한다. 무엇보다도 먼저 사람들은 그들에게 평정함을 요구한다. 그리고 그들이 평정함을 지니고 있다고 단정한다. 이러한 사고방식 때문에 노인들의 불행에 무관심해지는 것이다. 사람들이 노인들에게 요구하는 그들 자신의 승화된 이미지, 그것은 백발

13 류정월, 『오래된 웃음의 숲을 노닐다』, 샘터, 2006, 283~90면.

의 후광에 싸인 경험이 풍부하고 존경할 만한 인간, 인간 조건을 저 높은 곳에서 굽어보는 현자이다. 그런 이미지에서 조금이라도 멀어지게 되면 노인들은 형편없이 밑바닥으로 굴러 떨어진다. 그리하여 첫 번째 이미지에 대립되는 이미지가 부여된다. 그것은 노망이 들어 같은 소리를 되풀이하거나 엉뚱한 생각을 해서 어린애들의 놀림감이 되는 실성한 노인이다. 여하튼 미덕에 의해서건 또는 타락에 의해서건, 노인들은 인간이라는 범주 밖에 위치한다.[14]

노인에 대한 결점은 인간적인 면모로 평가받지 못한다. 그 결점 이상으로 평가절하되기 일쑤다. 인간이면 누구나 보편적으로 지니고 있는 감정도 유독 노인에게서 발현되면 이상 징후로 여겨진다. 사랑과 질투, 성행위는 인간의 본성이자 행위이다. 그럼에도 불구하고 그 대상이 노인이라면 색안경을 쓰고 본다.

노인은 현명해야 한다. 외로움도 허허롭게 즐겨야 한다. 세상사 모든 것에 달관해야 한다. 보채거나 투정을 부려서는 안 된다. 탐을 내어서도 안 된다. 이 기준에서 조금만 벗어나도 늙다리 · 망년된 노인 · 노인네가 되어 버린다. 보통 사람은 있지만, 보통 노인은 없다. 노인을 향한 우리의 기대치가 편향되어 있기 때문이다.

보부아르의 표현대로 인간 밖에 위치한 노인은 있어도, 인간적인 노인은 적어도 우리의 인식 체계 속에는 자리 잡고 있지 않다. 동양 고전 속의 노인들은 하나같이 신비롭거나, 신선의 모습을 지니고 있거나, 현명한 선택을 도와주는 조력자로서의 모습만을 간직하고 형상화되어 있다고 해도 과언은 아니다.

---

14 시몬느 드 보부아르, 앞의 책, 11면.

3. 인간 밖 존재로서의 노인

1) 초월적 존재 : 〈공무도하가(公無渡河歌)〉와 〈헌화가(獻花歌)〉

(1) <공무도하가>

우리나라 시가의 태동은 죽음으로 시작된다. 한 지아비의 죽음과 뒤를 이은 아내의 죽음. 이들의 비장한 죽음으로 시가의 첫 문이 열렸다.

公無渡河 그대여 건너지 마오
公竟渡河 그대 끝내 건너는구려
墮河而死 물에 빠져 죽으니
當奈公何 그대 어이 할꺼나

<공무도하가>는 두 문헌에 실린 이야기와 함께 전해진다.

공후인은 조선진졸 곽리자고가 지은 작품이다. 곽리자고가 새벽에 배를 저으며 돌보고 있는데, 한 광부(狂夫)가 머리를 풀어 헤치고 술병을 낀 채 강을 건너고 있었다. 그 아내가 따라가 말렸지만 미치지 못하여 물에 빠져 죽고 말았다. 이에 아내가 하늘에 대고 슬피 흐느껴 울다가 공후를 치면서 "그대 강을 건너지 마오 / 그대 기어이 건너네 / 물에 빠져 죽으니 / 그대를 어이 하리" 하고 노래했다. 노래를 마치자 그녀 또한 스스로 몸을 던져 죽었다. 곽리자고가 그 노래를 듣고 슬픔에 젖어 금(琴)을 가져다 치며 공후인을 지었다. 광부 아내의 노래를 그대로 본 떴으므로 일컬어 공무도하곡이라 한다.

(蔡邕, 『琴操』)

공후인은 조선진졸 곽리자고의 아내 여옥이 지은 작품이다. 곽리자고가 새벽에 일어나 배를 저어가고 있는데, 한 백수광부가 머리를 풀어 헤치고 술병을 낀 채 거센 물결을 가로질러 건너고 있었다. 그 아내가 따라가 부르며 말렸지만 미치지 못하여 마침내 물에 빠져 죽고 말았다. 이에 아내가 공후를 가져다 치면서 공무도하 노래를 부르니 그 곡조가 심히 구슬펐다. 노래를 마치자 그녀 또한 스스로 몸을 던져 죽었다. 곽리자고가 돌아와 들은 곡을 아내 여옥에게 말하자 여옥이 상심하여 공후를 가져다가 치면서 곡조대로 재현하니 듣는 자 눈물 흘리며 훌쩍이지 않는 사람이 없었다. 여옥이 이 곡을 이웃의 여용에게 전하니 이름하여 공후인이라 한다.

(崔豹, 『古今注』)

두 문헌은 대동소이한 내용으로 되어 있다. 머리를 풀어헤치고 정신이 나간 늙은이는 술병을 지닌 채 강물에 빠져 죽는다. 아내가 따라와 말렸지만 소용없었다. 아내는 슬픔의 노래를 부르고, 따라 죽는다. 이 노래는 목격자에 의해 전해진다. 들은 자마다 적지 않은 감동을 했다. 눈물을 흘리고, 훌쩍거리지 않는 사람이 없었다 한다. <공무도하가>가 가지고 있는 전파력과 감동의 원천은 어디에 있었을까.

이 노래의 발단을 부부간의 가정불화로 보려는 시각이 있다. 까닭은 알 수 없지만, 남편은 강을 건너려 한다. 부인은 만류하지 못하였다. 부인은 왜 남편의 죽음을 막을 수가 없었을까. 남편의 죽음에는 부인의 말 못 할 이유가 있었던 것은 아닐까. 좌우지간에 부인은 자신의 탓으로 생각하고, 남편을 따라 죽는 길을 택한다. 이 비극성과 숭고함이 보는 이의 마음을 움직이는 동력이 되었다고 보는 것이다.[15]

15 정하영, 「<공무도하가>의 성격과 의미」, 백영정병욱선생10주기추모논문집 간행위원회, 『한국고전시가작품론1』, 집문당, 1992, 21면.

죽은 부부 이야기는 곽리자고와 그 아내 여옥으로 전해지고, 여옥은 이웃 여용에게 전한다. 한 부부의 이야기가 이렇게 입에서 입으로 전달되어, 중원까지 흘러들어 갔다. 이태백은 <공무도하>를 남기기까지 하였다. 죽음으로 부부애를 완성한 부인의 행위는 인간 능력의 한계를 한계로 인식한 처절한 결과였기에 뭇 사람들의 입가에 오르내리지 않을 수 없었을 것이다.[16]

그러나 이렇게 해석하고 말기에는 석연치 않은 구석이 많다. <공무도하가>와 전승된 이야기에는 뮈토스의 담론이 자리하고 있는 듯하다. 이야기되기 전의 이야기가 있다. 그 이야기는 초월적이어서 로고스로서는 담아낼 수 없다. 우리 앞에 놓은 텍스트는 로고스화 된 이야기일 수밖에 없지만, 로고스로서는 이해 불가한 이야기가 여전히 그 속에 존재하고 있다. <공무도하가>와 전해 오는 이야기는 일종의 로고스적 뮈토스의 세계관을 가지고 있는데, 이런 세계관이 선명한 해석을 방해한다고 할 수 있다.[17] 이야기의 해석을 불투명하게 만드는 일종의 커뮤니케이션 장애를 불러오는 기호들은 기호를 넘어 어떠한 상징을 지향한다.[18] 상징은 로고스로는 포괄할 수 없는 요소이기에 초월적이면서 신비하기 십상이다.

<공무도하가>는 "그는 어째서 강 이쪽에서 편안히 살기를 거부하고 왜 강을 건너려 했을까? 왜 배를 타지도 않고 물속에 그냥 뛰어들었을까? 건너지 못할 강 너머 저쪽에 무엇을 보았기에 그는 그리도 급히 강을 향해 뛰어들었을까? 아내가 부른 소리보다도 더 강한 유혹의 소리는 무엇이었는가?"[19] 하는 의문에서 벗어날 수 없다는 점, 이러한 의문들이 일

16 김열규, 『시적 체험과 그 형상』, 대방출판사, 1984, 32~3면.

17 송효섭, 『초월의 기호학』, 43면.

18 위의 책, 51면.

19 정병욱・이어령, 『고전의 바다』, 현암사, 1977, 31면.

상적 커뮤니케이션을 방해한다는 점에서 뮈토스적 성격을 지니고 있다.

이러한 뮈토스적 성격은 백수광부와 그 아내의 대립적 성격에서도 드러난다. 백수광부는 외모에서부터 보통 사람은 아니다. 하얗게 센 머리에 실성한 늙은이, 술병을 허리에 차고 다니는 등 범인의 모습과는 거리가 있어 보인다. "거센 강물"을 거침없이 막무가내로 건너는 모습은 신비로움을 자아내는데, 인간으로서라기보다는 신화적 인물로서 신비성이 진하게 드러내고 있다.[20] 이에 반해 아내는 "그야말로 어디서나 흔히 접할 수 있는 전통적인 동양적 인종의 여인상"을 보여 주고 있다.[21] 백수광부를 디오니소스 혹은 바커스 주신에 비견한 정병욱의 견해나 미숙련 巫夫로 본 김학성의 견해 역시 이와 같은 시각에서 비롯되었다고 볼 수 있다.[22]

특히 죽음을 맞이하는 모습은 확연히 보통과는 이질적이다. 백수광부는 죽음과 삶의 경계가 없는 듯 보인다. 강을 건너는 모습에서 어떠한 망설임이 없다는 점에서 그렇다. 죽음에 대한 인식이 없으니 죽음이 비극으로 여겨질 리는 만무하다. 신화적 인물의 신화적 죽음이라 할 수 있겠다. 그래서 초월적이다. 죽음을 비극으로 보고 인생의 종언으로 보는 것은 아내와 우리들의 시각일 뿐이다.

이렇게 <공무도하가>와 이야기는 인간과 신의 세계가 복합된 것인데,[23] 무엇을 중요하게 여겼는가에 따라 견해는 조금씩 달라진다. 신화시대 말기의 사회상을 반영하는 것이라 보는 조동일의 시각[24]이 뮈토스에

20 성기옥, 「<공무도하가>와 한국 서정시의 전통」, 박노준 편, 『고전시가 엮어 읽기 상』, 태학사, 2003, 29면.

21 위의 책, 30면.

22 김성기, 「공무도하가의 해석」, 장덕순 외, 『한국문학사의 쟁점』, 집문당, 1986, 94~5면.

23 성기옥, 앞의 논문, 30~1면.

방점을 두었다면, <공무도하가>의 비극성은 아내의 죽음에서 비롯되었다는 김열규의 인식[25]은 로고스에 입각한 입론이라 할 수 있겠다.

우리나라 최초의 시가 <공무도하가>에 등장한 노인은 백발에다 실성한 상태다. 게다가 술병을 허리에 차고 있어서 정상적인 삶에서 일정 정도 거리가 있어 보이기까지 하다. 적어도 일상적 삶을 누리는 일상적 인물은 아니다. 이 비범성이 신비로움에 바탕을 두고 초월로 연결되면서, 인간 범주 밖 존재로서의 의미를 지닌 채 노인이 형상화되고 있다.

고전에 등장하는 노인에게 현실적이거나 인간적인 인물로서의 기대치는 없다시피 하다. 인간적 존재란 사람이면 보편적으로 지닐 성격, 인격, 감정을 소유한 자로 규정할 수 있다. 이런 면에서 노인은 인간적인 존재를 초월하거나, 인간적인 존재로 그려지면 비인간적인 존재로 전락하고 만다는 점에서 인간 범주 밖에 존재한다고 볼 수 있다. 이에 대한 상술은 뒤로 미루고, 다만 여기서는 대개의 고전 작품 속 노인은 인간의 한계를 넘어선 초월적 존재로 그려지는 경향을 띠고 있다는 점만을 확인하고자 한다. <공무도하가>의 뒤를 이어 <헌화가>의 노인 역시 초월적 성격이 강한 존재이다.

(2) <헌화가>

『삼국유사』 권2 '수로부인'조에는 <구지가>의 변주 작인 <해가사>와 <헌화가>가 실려 전한다. 두 작품 모두 노인이 등장한다. <헌화가>는 작품 자체에, <해가사>는 함께 전승되는 산문 속에 등장한다.

---

24 김성기, 앞의 논문, 97면.

25 김열규, 앞의 책, 32면.

성덕왕 시대에 순정공이 강릉 태수로 부임해 가는 도중에 바닷가에서 점심을 먹었다. 옆에는 돌로 된 산이 병풍처럼 바다를 둘러서 있는데, 그 높이가 천야만야하고 꼭대기에는 진달래꽃[대개는 철쭉꽃으로 알려짐, 필자]이 만발해 있었다.

순정공의 부인 수로가 이것을 보고 측근자들에게 말하기를, "거기 누가 꽃을 꺾어다줄 사람이 없을까?" 하였다.

수종꾼들이 말하기를, "사람이 발붙여 올라갈 데가 못 됩니다" 하면서 모두들 못하겠다고 회피하는데 곁에 웬 노인이 새끼 밴 암소를 몰고 지나다가 부인의 말을 듣고는 그 꽃을 꺾어 바치고 또 노래까지 지어 바쳤다. 그 늙은이는 어떤 사람인지 알 수 없었다.

다시 이틀 길을 간즉 또 바닷가에 정자가 있었다. 거기서 점심을 먹던 중에 바다 용이 돌연히 부인을 차 가지고 바다로 들어갔다. 순정공은 엎어진다 자빠진다 발을 굴렀으나 아무런 계책이 없었다.

또다시 한 노인이 나타나 말하기를, "옛 사람의 말에 여러 입이 떠들면 쇠라도 녹여낸다고 하였는데 지금에 그까짓 바다 속에 있는 미물이 어찌 여러 입을 겁내지 않을 것입니까? 이 경내의 백성들을 시켜 노래를 지어 부르고 막대기로 언덕을 두드리면 부인을 볼 수 있을 것입니다"라고 하였다. 순정공이 그대로 하였더니 용이 부인을 모시고 바다에서 나와 그에게 바쳤다. …(중략)…

노인의 헌화가에는 이르기를

자줏빛 바위 가에
잡고 있는 암소 놓게 하시고
나를 아니 부끄러워하시면
꽃을 꺾어 바치오리다

라고 하였다.[26]

향가는 향찰 해독이 완전하게 이루어지지 않았기에 작품 감상이 용이하지 않은데, <헌화가>는 예외인 듯 보인다. 이야기 상황과 연결하여 읽으면 비교적 쉽게 파악할 수 있는 단순한 내용으로 되어 있기 때문이다. 수로부인은 "깊은 산이나 큰물을 지날 적마다 여러 번 귀신이나 영물들에게 붙들려" 갈 정도로 절세미인이었다. 이런 여인을 앞에 두고서 무덤덤할 남자가 어디 있을까 싶다. 따라서 <헌화가>는 너무도 자연스러운 본능의 표출이다. 적어도 표면적으로 특별할 것 없는 노래가 <헌화가>이다. 남자가 아름다운 여인을 보고 반해서 부른, 사랑을 구하는 노래가 <헌화가>인 것이다.[27] 그렇지만 <헌화가>의 해석은 그리 녹록치 않다.

"곁에 웬 노인이 새끼 밴 암소를 몰고 지나다가 부인의 말을 듣고는 그 꽃을 꺾어 바치고 또 노래까지 지어 바쳤다. 그 늙은이는 어떤 사람인지 알 수 없었다." 구절이 노래를 해석하는데 장애로 작용한다. 소를 몰고 오던 정체를 알 수 없는 노인이 젊은 사람도 오르기 쉽지 않은 천 길 높이 절벽을 올라간 것도 이해가 가지 않거니와, 욕망을 드러낸 노인이 낯설기도 하고, 노인과 수로의 신분상 차이도 이해를 쉽지 않게 하는 요소로 작용한다. 이런 해석 장애를 어떤 식으로 풀어나갈 것인가가 바로 <헌화가> 해석의 관건이다. '견우노옹'을 어떻게 규정할 것인가, 이것이 해석의 핵심 문제이다.

---

26 일연, 리상호 옮김, 『사진과 함께 읽는 삼국유사』, 까치, 1999, 161~2면.

27 성기옥, 「<헌화가>와 신라인의 미의식」, 백영정병욱선생10주기추모논문집 간행위원회, 『한국고전시가작품론1』, 집문당, 1992, 66면.

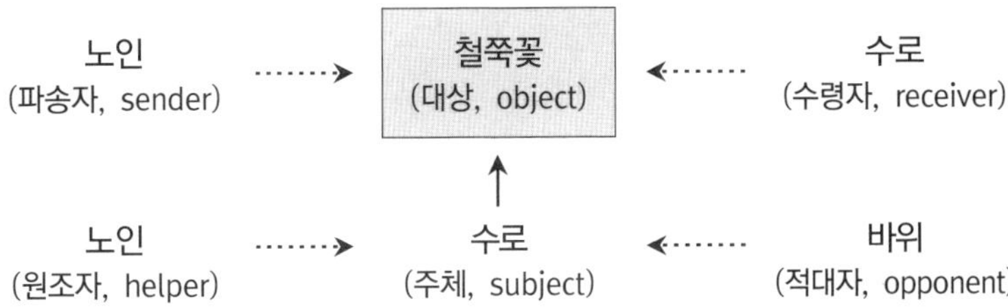

「수로부인」 설화를 일종의 탐색담으로 보고, 욕망에서 비롯된 갈등이 과업 수행을 통해 해결되는 서사구조로 이해한다면, 그레이마스의 행위항 도식을 빌어 위와 같이 나타낼 수 있다.[28] 두 가지 욕망이 겹쳐 있다. 수로부인은 철쭉꽃 얻기를 욕망한다. 그러나 꽃이 위험한 위치에 놓여 있기 때문에 얻기가 수월치 못하다. 여기에 또 하나의 욕망이 겹쳐진다. 수로부인에게 꽃을 꺾어 바치기를 원하는 견우노옹의 욕망이 그것이다.

꽃은 중의적이다. 꽃은 지시적으로 철쭉꽃이면서 수로부인을 상징할 수 있다. 수로부인이 얻고 싶었던 꽃은 지시적 의미의 '철쭉꽃'이었던 것에 반해, 견우노옹이 꺾고자 했던 그래서 바치고자 했던 꽃은 '철쭉꽃'이면서 '수로부인'일 수도 있는 것이다. 그래서 '수로부인 / 견우노옹'의 대립은 '꽃 / 견우노옹'의 대립과 동격이다.[29] <헌화가>를 육욕적인 性愛의 알레고리로 보고자 하는 시각은 이러한 '꽃'의 상징성에서 비롯된 해석이라 할 수 있겠다.

이중의 욕망과 꽃의 이중성에 비추어 보건대, 이 욕망과 욕망에서 비롯된 갈등은 두 사람 모두가 해결의 실마리를 쥐고 있는 셈이다. 견우노옹이 "사람이 발붙여 올라갈 데가 못 됩니다"라 할 정도의 회피 공간

28 송효섭, 『설화의 기호학』, 90면.

29 김열규, 「향가 탐구의 새로운 패러다임 전환을 위한 제언」, 『향가의 어문학적 재조명』(충남대 인문과학연구소 1996년 추계학술회의 발표지), 1996, 11면.

인 벼랑을 올라가 꽃을 꺾을 수 있느냐에 해결의 일차 열쇠가 있다. 다음으로는 수로부인이 꽃 바침에 대해 부끄럽게 여기지 않으면 모든 문제는 해결된다. 결국, 노인은 꽃을 꺾었으며 노래를 불러 수로부인의 의중을 물어보는 노래를 함으로써 서사는 완결된다. 욕망과 갈등의 원인자는 수로부인이고, 이것의 해결자는 견우노옹과 수로부인이다. 결론적으로 <수로부인>조 설화는 견우노옹이 꽃을 꺾어오고 <헌화가>를 부름으로, 자신과 수로부인의 욕망을 함께 채우는 행위로 요약될 수 있겠다.

그런데 문제는 욕망 해결자, 서사 완결자로서 '노인'이란 사실이 이해를 용이하게 하지 못한다는 데에 있다. 앞서 말했듯, 통상적으로 갖고 있을 것이라 예상되는 '신체적 노쇠함 · 욕망의 표출 · 신분상의 상거' 등은, 견우노옹이 아무래도 이루어지기 어려운 욕망을 품었다고 판단되기에 충분하다. 선화공주 얻기를 욕망한 서동과는 또 다른 어려움을 견우노옹은 갖고 있었다.

견우노옹은 '새끼 밴 암소'를 몰고 있었고, 어떤 사람인지 알 수가 없는 존재로만 <수로부인>조에 그려져 있다. 그래서 논자들에 따라 견우노옹의 정체는 들쑥날쑥이다. 일상의 인간적 욕망과 관련하여 세속적 인간으로 보는 견해, 무속인으로 보는 견해, 불교 선승으로 보는 견해, 신화적 인물로 보는 견해 등등 분분하다. 그런데 이러한 논의는 다소 소모적일 수 있다. <헌화가> 해석에 별다른 도움을 주지 않기 때문이다. 다만 세속적 인간으로 보는 견해는 <헌화가>를 성적 호기심이 충만한 특별한 노인네에 의해 벌어진 해프닝으로 간주할 수 있는 우려가 있어서,[30] 『삼국유사』라는 텍스트의 지향점과 괴리될 수 있다는 위험성을 다분히 지니고

30 성기옥, 「<헌화가>와 신라인의 미의식」, 63면.

있다.

노인의 신성성이 문면에 직접 서술되어 있지는 않지만, 범인들도 하지 못한 일을 쉽게 해냈다는 점에서 범상치 않은 능력의 소유자로 보고, 나아가 신성한 인물로 봄이 타당하지 않을까 한다.[31] 그리고 <수로부인>조 전체 서사에서 보면, 바다 용·귀신·영물 등 비범한 존재들이 주로 수로부인을 탐했다. 즉 견우노옹은 바다 용·귀신·영물과 동일한 선상에 놓여 있는 존재라고 여겨야 마땅하다. 수로부인의 아름다움은 인간은 물론 초자연적 존재까지도 감동을 줄 수 있었다. 그만큼 수로부인의 아름다움은 인간의 영역을 벗어났다. 인간과 초월적 세계를 넘나들 수 있는 아름다움을 수로부인은 지니고 있었다.[32] 이러한 수로부인을 탐할 정도로 <헌화가>에 등장하는 노인은 비범한 존재였으며, 나아가 신화적 인물이었다.

2) 달관한 노인 : 노년예술의 총화, 시조

청산도 절로 절로 녹수도 절로 절로
산 절로 절로 수 절로 절로 산수간에 나도 절로 절로
그 중에 절로 자란 몸이 늙기도 절로 절로 늙으리라

우암 송시열이 썼다고 알려진 시조다. 푸른 산과 물은 자연이다. 자연은 물리적 실체로서 nature가 아닌 '스스로 그러함'으로 해석되어야 마땅하다. 인위의 세계가 아닌 무위의 세계를 읊고 있다. 청산은 저절로 그렇

31 송효섭, 『설화의 기호학』, 92면.

32 성기옥, 앞의 논문, 69면.

게 늘 서 있고, 녹수는 저절로 늘 그렇게 흘러간다. 그런 자연 속에서 자연스럽게 살아가는 것, 이것이 시적 화자의 바람이다. 늙어가는 것은 어쩌면 자연스러운 시간의 추이다. 거역할 수 없는 인간 존재의 한계이기에 받아들여야 할 대상이 늙음이다. 이 모든 추이와 한계를 여실히 깨닫고 있는 시적 화자의 모습이 보여 달관한 듯 초연하다. 늙음에 대한 한탄도 아쉬움도 느끼지 못하겠다.

> 3장 12구로 이루어진 간결한 형식, 절제된 언어, 시상의 흐름을 알맞게 통제하면서도 개별적 변이를 소화해 내는 서정구조, 담백·온아한 미의식 …(중략)…
>
> 간결·담백하게 절제된 시조의 언어와 형식은 사대부층의 미의식에 부합하는 것으로서, 그들의 한시만으로는 제대로 표현할 수 없는 내면의 감흥과 정취를 이에 담아 단아한 기품으로 노래하였다. …(중략)…
>
> 그 주제의 성향은 유가의 이념·규범을 노래한 것과, 혼탁한 세속의 갈등으로부터 벗어나 강호 자연 속에서 심성을 기르며 유유자적하는 삶을 그리는 것이 주류를 이루었다. …(중략)… 그것은 세속의 名利와 갈등으로부터 초탈하여 자연의 아름다움을 즐기며 살아가는 處士的 삶의 전형이다. …(중략)…
>
> 혼탁한 현실로부터 격리된 自足的 공간의 구성물들이다.[33]
>
> (밑줄 필자)

윗글은 시조의 특징을 정확히 진술하고 있다. 그런데 시조의 특징으로 거론된 절제, 통제, 담백과 온화, 단아, 유유자적, 처사, 초탈은 노년의 특징과 맞닿아 있다. 시조는 아무래도 젊음보다는 노년의 삶에 더 적합한

33 김흥규, 『한국문학의 이해』, 민음사, 1994, 44~7면.

형식이었는지도 모를 일이다. 거개의 시조가 추구하는 생활의 이상향은 은둔적이고 安分·청빈·고적·단순·유현·한가함이다. 유유자적한 삶을 주로 노래하였다. 그래서 시조는 그 성격 자체가 여항의 문학이라기보다는 노년예술이라 보는 것이 더 적절할 듯도 하다.[34]

춘산에 눈 녹인 바람 건 듯 불고 간 데 없네
적은덧 빌어다가 머리 위에 불리고저
귀밑에 해묵은 서리를 녹여 볼가 하노라

한 손에 가시들고 또 한 손에 막대들고
늙는 길 가시로 막고 오는 백발 막대로 치려터니
백발이 제 먼저 알고 지름길로 오더라

이른바 '탄로가'로 유명한 우탁의 노래이다. 눈을 녹인 봄바람을 빌려다가 귀밑 흰 머리를 눈처럼 녹게 하고 싶다는 앞의 노래, 백발이 오는 길을 가시와 막대로 막으려는 소망을 담고 있는 뒤의 노래는 젊음의 갈구에서 비롯되었다고 하고 말기에는 석연치 않다. "발상이 치졸하다. 정말 어리석다. 늙으면 그 생각만은 어린아이로 돌아가는가?" 라는 해석은 그리 적절하게 보이지 않는다. "백발의 거부, 늙음의 한탄은 오히려 늙음을 더 재촉한다는 사실을, 또는 진리를 천명해 준 것이다."라는 평가[35] 역시 타당한 지적이라 보기 힘들다. 왜냐하면 늙음에 대한 시적 화자의 여유로움이 자리하고 있기 때문이다. 실현 가능성이 전혀 없기에 터무니없는 발상이라고 치부할 수는 없다.

---

34 이재선, 『한국문학 주제론』, 서강대출판부, 2009, 369면.

35 윤영옥, 「시조에 나타난 노인의 모습」, 『한민족어문학』 제39집, 한민족어문학회, 2001, 10면.

자연의 理法은 인간은 늙어간다는 것이다. 이 이법을 물리적인 행위로 멈출 수는 없다. 그럼에도 불구하고 봄바람으로 녹이고 가시로 막대로 막고자 한 것은 인생의 달관적 자세를 전제로 한 우스개로 볼 수 있다. 해학적 시선이 자리하고 있고, 이에는 여유로움이 전제되어 있다. '늙음'을 물리적으로 퇴치하고자 하는 소망의 표출이 아니라, 늙음에서 비롯된 허허로움을 스스로 감내하고자 하는 달관의 시선이 내재해 있는 것으로 보는 것이 적절하다. 해학을 동반한 초탈의 모습이라고 해야 옳을 것이다. 우탁의 노래가 여유로움과 초탈의 성격을 지니고 있다면, 아래 시조는 처사적 삶의 전형을 보여 주고 있다.

> 홍진에 절교하고 백운으로 위우(爲友)하여
> 녹수청산에 시름없이 늙어가니
> 이 중에 무한지락(無限至樂)을 헌사할가 두려워라

속세와 절교하고 찾아간 곳이 "녹수청산"이다. 홍진은 시빗거리가 끊이지 않는 공간임에 비해 녹수・청산은 시름없는 공간이기 때문이다. '홍진/녹수청산'의 대립은 시빗거리 있음/없음의 대립과 동격이다. 시빗거리를 저만치 두고 흰 구름과 녹수, 청산을 벗하며 시름없이 살고 싶어 하는 욕망 즉 무한지락을 소망하고 있다. 조선조 사대부는 임금과 정치로 대변되는 세상에 미련이 없을 수가 없다. 그리고 긍정이든 부정이든 "홍진"을 거론했다는 자체가 이미 세상을 어느 정도는 염두에 두고 있음을 나타낸다. 그럼에도 불구하고 처사적 삶을 지향하면서 늙어가고 싶다. 처사적 삶은 나이와 무관하게 추구할 수 있으나, 늙음과 더 친연성이 있어 보인다.

추강에 밤이 드니 물결이 차노매라
낚시 들이치니 고기 아니 무노매라
무심한 달빛만 싣고 빈 배 저어 오노라

월산대군의 노래로 알려진 위 시조는 無慾·안분지족의 모습을 여실히 보여 준다. 가을밤이 되니 물결이 차다. 일률적으로 말할 수는 없지만 가을에 활동이 많은 물고기가 있을 것이다. 맹사성의 『강호사시가』에 “강호에 가을이 드니 고기마다 살져 있다”를 보면 짐작할 수 있다. 그런데 고기가 입질을 안 한다. 싣고 오는 것은 무심한 달빛뿐이다. 고기를 못 잡은 것에 대한 미련이 없어 보인다. 아니면 애초에 고기 낚는 데에는 관심이 없었는지도 모르겠다. ‘무심’은 달빛뿐만이 아니라 시적 화자의 마음이기도 한 것이다. 그래서 욕심이 없음과 안분지족의 노래이다.

이 노래 어디에도 시적 화자가 노년임을 말해 주는 곳은 없다. 월산대군은 34살에 삶을 마감했기에 노년에 실제로 불렀다고 볼 수는 없다. 그럼에도 불구하고 노년의 느낌을 강하게 받는다. 무욕을 노년의 덕목으로 여기기 때문이다. 무욕은 욕심이 얼마나 부질없는 짓인가를 확인하고 나서야 갖게 되는 미덕이다. 질풍노도를 거치고 나서 얻게 되는 평온함이라 할 수 있겠다. 그래서 이 노래에서 노년의 그림자를 읽는 것이다. 이렇게 시조는 노년예술이라 할 수 있을 정도로 노년에게 기대하는 미덕으로 꽉 차있다. 무욕과 안분지족은 확실히 노년의 동반자다.

3) 인간 밖 존재로서의 노인

눈썹 곱게 단장한 흰 모시 적삼
마음속 충정을 재잘대며 얘기하네.
그대여 내 나이를 묻지 마오.

오십 년 전에는 스물셋이었다오.

한 여인이 진정한 마음으로 속삭이고 있다. 곱게 단장한 눈썹에, 하얀 모시 적삼을 입고 있다. 외모도 외모려니와 그 행동이 여간 사랑스러운 것이 아니다. 이런 여인의 사랑스러운 재잘거림에 시적 화자는 느닷없이 나이 타령을 늘어놓는다. 묻지 말라고 해놓고선 대답을 한다. 밀고 당기는 재치 있는 수사법을 구사한다. 나이가 차이 나니 사랑일랑은 꿈꾸지 말라는 뜻인지, 차이를 극복하자는 연서인지 헷갈린다. 노련하여 여유롭다. 젊은 아가씨의 투정 어린 표정이 연상되어 재밌기도 하다.

사실 申緯가 卞僧愛라는 젊은 여인의 사랑을 완곡하게 거절하면서 쓴 시로 알려졌다고 한다.[36] 노인의 사랑 거절이 젊은 여인을 무안하지 않게 하려는 배려가 숨어 있는 듯하여 세련되면서도 원숙한 느낌을 자아낸다. 우리가 흔히 바라는 노인에 대한 기대치를 충분히 채우고도 남는다. 그래서 아름다운 이야기로 전해지는 것은 아닐까. 만약 사랑을 받아들이고 그 기쁨을 읊조렸다면, 이 시는 늙은이의 주책 정도로 희화화되어 우스개로 전해졌으리라 짐작해본다. <공무도하가>의 영향 아래에 지어졌다고 보이는 이태백(701~762)의 <공무도하>의 부분을 제시하면 다음과 같다.

머리 흩은 저 늙은이 미치고 어리석어
맑은 새벽 강물 건너 무엇을 하려는가
구경꾼들 애석해 않아도 아내는 말리면서
그대 건너지 말라 해도 건너고야 마는구려
맨손으로 범은 잡아도 맨발로 강 건너기 어려운 법

36 김도련 · 정민, 『꽃피자 어데선가 바람불어와』, 교학사, 1993, 109면.

그대 그예 빠져 죽어 바다로 흘러가다
크디큰 고래의 설산같은 흰 잇발에
그대 그대여, 그 사이에 그만 걸렸구려
공후 가락 슬픈데 영영 가고 말았구려

<공무도하가>에 비해, 이 노래는 노인을 "미치고 어리석"다고 한다. "무엇을 하려는가" 한탄을 토로한다. 이러한 노인을 구경꾼들은 애석해 하지도 않는다. 고래의 밥이 되었을 것이라고도 한다. 백수광부의 죽음은 무모하고 행위일 뿐이다. <공무도하가>에서 풍기던 신화적 성격은 소거되어 찾을 수가 없다. 현실적인 인간으로서의 백수광부이고, 또 그런 사람의 죽음일 뿐이다. 윤리적 비판과 조소 거리가 되어 버렸다.[37] 신화적 존재로 형상화되지 못하면, 인간 이하의 존재로 비치는 것이 노년의 삶이다. 이래저래 인간은 아니다.

그런데 여기 등장하는 노인이 문제입니다. 학생들에게 <노인헌화가>를 가르치면 예외없이 「노인」이라 맥이 풀린다고 게지요(웃음). 멋있는 청년이라야 수로부인에게 꽃을 꺾어 바친다는 것이 낭만적이 아니냐는 거예요. 그리고 감히 아무도 오를 수 없어 수로부인의 청을 듣지 못하고 있을 때 용감하게 석벽을 기어오를 사람이라면 힘센 청년이라야 되지 않겠느냐는 것이지요. 그리고 또 「나를 부끄럽게 여기시지 않는다면 꽃을 꺾어 바치겠다」는 시의 내용을 보더라도 상대방이 노인이라면 이치에 안맞는다는 거구요. 노인이라면 무엇 때문에 부끄러워할 필요가 있겠는가?라는 의문이 든다는 것입니다.[38]

37 성기옥, 「<공무도하가>와 한국 서정시의 전통」, 38~9면.

38 정병욱 · 이어령, 앞의 책, 35면.

윗글에는 노년에 대한 일반적 관념이 여기저기 포진되어 있다. '청년이 하면 로맨스지만, 노인이 하면 추문이 되기 십상이다. 부끄러움은 노인이 가질 성향이 아니다.' 등이 그것이다. 견우노옹에게서 신화적 성격을 파악하지 못한 학생들에게 견우노옹은 평범한 노인으로 이해된다. 평범한 노인으로 이해되면 위에 서술한 것과 같은 편견 섞인 이해가 기다리고 있다. 노인에게 사랑이란 유효한 감정이 아니란 말인가. 노인과 부끄러움은 어울리지 않는다는 말인가. 신화적 성격이 제거된 노인은 인간적인 존재가 되지 못하고 인간답지 못한 존재로 되어 버린다. 보부아르의 지적과 같이, "노인들은 인간이라는 범주 밖에 위치한다." 그래서 노년이 노년다운 삶을 살아가는 길은

신화적 존재 〉 인간적 존재

라는 비대칭적 양항 대립 속에서나 가능한 것이다. 혹은 '신화적 존재 < 인간적 존재'로 형상화된 경우, 우리가 설정한 관념 즉 규범적 존재로 그려져야 한다. '3절 2항, 노년예술의 총화, 시조'에서 거론한 미덕을 갖춘 노인이어야 한다. 감정에 휘말리게 되면 노인은 노인 같지 않은 노인이다. 욕구를 분출하면 노인은 추한 인간이 되어버린다. 틈이 있어서는 안 되는 존재가 노인이다. 노인이 인간대접을 받으려면, 갖추어야 할 조건이 여간 까다로운 것이 아니다. 젊은이의 실수는 용인의 대상이지만, 노인의 실수는 푸대접의 대상이다. 노인은 인간다워서는 인간으로 인정받을 수 없는 역설적인 상황에 놓여 있다 하겠다. 레비 스트로스의 보고에 따르면 남비크와라 인디언은 '젊고 아름답다'는 뜻을 단 한 단어로 표현하며, 또 '늙고 추하다'는 뜻도 단 한 단어로 표현한다고 한다.[39] 노인이 아름다워지려면, 신성한 존재가 되거나 철저히 규범적 존재로

그려져야만 한다.

4. 조선 후기 국문시가에 등장하는 노인의 모습

노년의 삶이 초탈적이고 신비로운 모습으로 혹은 규범적 존재와는 달리 인간적으로 그려지게 된 것은 조선 후기 들어서 나타난 문학 현상이라 할 수 있다. 일상적이고 인간적인 노년의 삶을 그린 문학이 없지는 않았겠지만, 조선 후기에 문학적 소재로서 두드러지게 등장하기 시작했다고 짐작된다.

국문시가의 경우는 특히 그렇다. 노년 그리고 노년의 삶을 소재로 삼은 시가도 드물거니와, 있다손 치더라도 그 모습은 일상에서 벗어나기 일쑤다. 신화적 존재로 그려지기 십상이었고, 인간적인 모습을 지니고 있다 하더라도 典範的이었다. 노년은 초탈적이어야 했다. 초탈적 존재가 아니면 적어도 지혜를 지닌 해결자로서의 위상을 가지고 있어야 했다. 도덕적으로 원숙한 존재여야 했다. 여유로워야 했으며 스스로 만족스러워야 했다. 이러한 노인에 대한 관념과 거리가 있는 노인 혹은 노인의 삶이 문학적 소재로 등장하게 된 시기가 조선 후기였다는 것이다.

1) 노인의 추레한 모양새와 행동

노년의 얼굴은 대인적 풍모를 간직해야 옳다고 생각했다. 깊게 팬 눈은 인생의 깊이였고, 주름살은 여름 밤하늘의 은하수여야 한다. 백발은 얼음

---

39 시몬느 드 보부아르, 앞의 책, 13면.

속에 핀 매화요, 백설로 그려지기도 한다. 길게 늘어진 수염은 인자하고 우아함의 상징이었다. 거룩하고 높고 깊으며, 부드럽고 우아하고, 엄숙하면서도 인자함을 풍기는 얼굴이어야 노인답다 여겼다. 숙연함과 단아함, 은은한 여운을 머금은 얼굴이어야 한다. 노년의 초상은 이렇게 그려져 있다.[40]

> 머슴들아 머슴들아 점심 먹을 집에 가자
> 집이라고 돌아오니 시아버지 하는 말이
> 번개같이 뛰나오매 그게라상 일이라고 점심 찾아 벌써 오나
> 쪼바리 같은 시어마님 쪼불시가 기나오매
> 그게라상 일이라고 점심 찾어 벌써 오나[41]

경북 영천에서 전해지는 <시집살이요>다. 시집을 간 지 사흘 만에 밭을 매러 갔다. 잡초가 우거진 남산같이 넓은 밭을 매다 점심때가 되어 집으로 들어오자 시부모는 "그것도 일이라고 점심 먹으러 벌써 왔느냐"라고 다소 냉랭한 반응을 보인다.

시어머니를 "쪼바리 같"다고 하였다. 쪼바리는 지금의 조뱅이라는 잡초 이름이다. 쪼바리는 작은 가시가 있으며 번식력과 생명력이 질기다고 한다. 듣기 싫은 소리를 하면서 죽지도 않는 쪼바리에 시어머리를 비하고 있다. 물론 시집살이라는 부정적 상황에서 나온 말이겠지만, 집안 어른께 하는 말치고 고약하기 이를 데 없다. 이러한 노인상은 충남 예산에서 전해진다고 하는 <시집살이요>에서도 나온다. "시아버지는 호랑새요, 시어

40 김열규, 『노년의 즐거움』, 12~4면.

41 임형택 · 고미숙 엮음, 『한국고전시가선』, 창비, 1997, 251면.

머니는 꾸중새"라는 구절이 나오는 것으로 봐서, 경북 영천 <시집살이요>에 그려진 노인들의 모습과 별반 다르지 않다. 다음 사설시조를 보자.

시어머님 며늘아기 미워 부엌 바닥을 구르지 마오
빚에 받은 며느리인가 값에 쳐 온 며느리인가
밤나무 썩은 등걸에 휘초리 난 것같이 매서우신 시아버님
볕 쬔 쇠똥 같이 말라빠진 시어머님
삼년 결은 망태에 새 송곳부리 같이 뾰족하신 시누이님
당피 같은 밭에 돌피 난 것 같이 샛노란 외꽃 같은 피똥 누는 아들 하나 두고
건 밭에 메꽃 같은 며느리를 어디를 미워 하시는고.

『진본 청구영언』

"밤나무 썩은 등걸에 휘초리 난 것 같"은 시아버지, "볕 쬔 쇠똥 같이 말라빠진" 시어머니. <시집살이요>보다 한층 부정의 의미가 강하다. 비유적 표현을 통해 표출한 노인들의 이미지이다. 앞서 말했듯, 시집살이라는 특수한 상황 설정에서 비롯된 부정적 의미일 수도 있겠지만, 노인들에 대한 인식의 한 단면을 보여 준다는 점과 비유를 통하긴 했지만, 부정적 이미지를 노골화시켰다는 점에서 이전과는 이질적이다. 그런데 노인에 대한 고약한 묘사는 조선 후기에 들어서 흔하게 보이는 현상이기도 하다. 조선 후기 이른바 '노인가' 계열 가사에 묘사된 노인상을 보자.

곳곳히 곱던 얼골 검버섯 무삼 일꼬
玉같이 희던 살은 動土 등걸 되얏고나
삼단같이 기던 머리 不汗黨이 쳐 갔고나
봄따기 있던 살은 痲姑할미 꾸어 가고

샛별같이 밝던 눈은　　판수 거의 되야 간다
설때 같이 곧던 허리　　질마 같이 무삼 일꼬
流水같이 좋던 말은　　半벙어리 무삼일꼬
얼른 하면 듣던 귀가　　層巖絶壁 막혔고나
정강이를 걷고 보니　　匕首劍 날이 섰다
팔따시울 들고 보니　　垂楊버들 늘어졌다
毒한 感氣 들었는가　　코물도 醜卑하다[42]

『교주가곡집』에 실려 전하는 <노인가>의 한 대목이다. 노인의 넋두리로 되어 있는데, 백발을 한탄하고 인생은 일장춘몽임을 말하고 있다. 위 제시 구절은 자신의 모습을 묘사한 부분이다. 검버섯이 핀 얼굴, 地神을 노하게 하여 갈라진 등걸 같은 살, 불한당이 훔쳐간 삼단 같던 머리 등 용모 전체가 추레하다. 눈・귀・말도 예전 같지 않다고 했다. 게다가 콧물까지 추저분하게 흘리고 있다. 꼴이 말이 아니다. 모양 빠지는 모양새다. 이러한 외양 묘사는 거개의 '노인가'류 가사에 빠짐없이 서술되고 있다. 이는 노인의 외모와 행동을 구체적으로 묘사하는 부분으로서 '노인가'류 가사의 핵심이라 할 수 있을 정도이다. 그만큼 공통 요소로 자리하고 있다.[43]

門前에 一老翁이 糧食달라 求乞하네
衣服도 襤褸하고 容貌도 憔悴하여
行色도 殊常하고 模樣조차 怪異하다[44]

---

42 김성배 외 3, 『주해 가사문학전집』, 집문당, 1981, 307면.

43 서영숙, 『조선후기 가사의 동향과 모색』, 역락, 2003, 137면.

44 정재호, 『주해 초당문답가』, 박이정, 1996, 79~80면.

<백발편>에서 노인은 걸인으로 등장한다. 예전에는 양반이었고 지체도 좋고 살림도 남부럽지 않은 귀한 집 자식이었으나, 지금은 문전걸식의 신세가 되었다 한다. 그 차림새부터가 심상치 않다. 남루하고 초췌하고 수상하고 괴이하다.

정강이를 볼작시면　　匕首劒 날이서고
팔다리를 들고보니　　垂楊柯枝 흔들흔들
무르팍은 귀를 넘고　　어린 체를 하려는지
콧물조차 훌쩍 훌쩍　　뉘와 이별 하려는지
雙眼 눈물 무슨 일고　　등짐장수 하려는지
지팡이는 어인일고　　떡가루를 치려는지
체머리는 무슨일고

“정강이”는 “비수검” 같이 뼈만 앙상하게 남아 있고, “팔다리”는 축 늘어진 수양버들 같다는 서술은 <노인가>의 변주곡 같다. 그 뒤에 묘사된 노인은 한층 불쌍하다. 노인은 흉물스럽게 양 무릎 사이로 얼굴을 묻고 쪼그려 앉아있다. 콧물을 연신 훌쩍거리고, 눈물까지 흘린다. 게다가 고개는 저절로 흔들린다. 존경과 예의를 갖출 대상이 더는 아니다. <노부인가라>에서는 젊은이의 시선으로 본 노년상이 나오는데, ‘노인가’류 가사와 같이 흉해진 신체 모양이 나열되어 있다.

도홍갓탄 살작이마　　잔쥬럼도 슈다ᄒᆞ다
감ᄐᆡ갓치 그문머리　　은슈가ᄅᆡ 흔턴덧고
잉도갓탄 입슈구리　　목쌴입피 ᄃᆡ야구나
귀밋튼 슬픗ᄒᆞ고　　목고ᄀᆡ도 터러젓다
감졉갓치 곱던허리　　삼동갓치 그윈닐고

분빌갓탄 두손질은 　　문어갓틔 발윤ᄒᆞᆫ다
두달셕달 흔튼머리 　　쑤ᄉᆡ갓치 지며은고
누리츙츙 ᄭᆞᆺ문냣튼 　　사흘그리 시슈하고

복숭아 같던 이마는 주름이 많아지고, 검은 머리는 백발이 되었다. 세월이 지남에 따라 모양이 변화하는 것은 어쩔 수 없다 하더라도, 몸가짐까지 게을러진 안노인의 꼴사나운 모습을 보여 주기까지 한다. 머리는 두 달이고 석 달이고 감질 않았고, 얼굴도 사흘 정도 씻지 않는다. 그리고 하는 행동은 모양새 못지않게 가관이다.

사랑문을 열뎌치고 　　가장불너 ᄒᆞ는말이
쳔황시야 천황시야 　　장날도 모로시고
장볼것도 안시기고 　　자난다시 들누엇소
소금도 사야뒤고 　　반찬도 뜰어젓소

사랑문을 열고 남편을 부른다. 장날도 모르고 장 볼 것도 모른다. 자는 듯이 누워 있을 뿐이다. 소금도 사야하고, 반찬도 떨어졌다. 장날 남편에게 이것저것을 사오라고 투정을 부리는 노부인의 모습이 사실적으로 그려져 있다. 모양새와 행동 어디 하나 마뜩한 곳이 없다.

ᄒᆞᆫ나둘셕 져부인ᄂᆡ 　　동단디리 ᄃᆡ경ᄉᆞ셔
벽상ᄋᆡ 거러두고 　　이역모양 ᄌᆞ시보소
뉘가거리 조화하며 　　뉘가그리 반가오리

노부인을 바라보는 젊은이의 평가가 제시된 <노부인가라>의 마지막 구절이다. 거울을 사다가 벽에 걸어두고 그대의 모양을 보라고 한다. 누가 좋아하며 누가 반기겠는가. 젊은이가 노인에게 하는 일종의 충고다. 노인의 모양과 행실이 이러니 존경의 대상일 수가 없다. 노인이라고 하여 무조건 존경받을 수는 없다는 인식의 일면을 보여 준다.

신성하지도 않고 규범적이지도 않은 노인의 등장은 조선 후기적 문학의 특징이라 할 수 있겠다. 위의 노래들은 노인을 노인 스스로 보든 젊은이가 보든 그리 환대받을 존재로 형상화되어 있지 못하다. 이를 사회문화적 현상과 곧바로 연결하거나, 혹은 보편적인 현상으로 받아들일 필요는 없다. 아니 그래서는 안 될 것이다. 그러나 이러한 노인에 대한 인식이 자리하고 있었음을 확인할 수는 있다. 조선 후기 몇몇 시가 속 일상적 모습으로 등장하는 노인은 동정과 부정 그리고 비판의 대상이었다.

2) 향락을 지향하는 노인

변화가 없는 사회에서는 나이가 일종의 특정 자격을 줄 수 있다고 한다.[45] 변화가 가시화되거나 조짐을 보이는 사회 속에서 노년은 불안할 수밖에 없는 존재라는 의미이기도 하다. 왜냐하면, 노인에게 미래는 짧고 닫혀 있기 때문이다. 그래서 노인은 어린 시절에 사로잡혀 있다. 미래는 변화를 받아들일 수 있는 자에게만 열려 있기 마련이다. 미래가 보장되지 않는 삶이란 우울하기 쉽다.

> 공도라니 ᄇᆡᆨ발이오 못 면ᄒᆞᆯ 손 죽엄이라
> 천황 디황 인황 후에 요슌 우탕 문무 쥬공
> 　셩덕 업시 봉ᄒᆞ시며

45 시몬느 드 보부아르, 앞의 책, 534면.

어지도다 진시황은
만리쟝성 굿이 쌋고 아방궁 놉히 누어실 제
이목지 소호ᄒᆞ고 궁심지지 소락ᄒᆞ여
쟝ᄉᆡᆼ불ᄉᆞ ᄒᆞ짓더니 려산에 고혼 되고
독힝쳔리 관공님도 녀몽 간계 ᄌᆞᄉᆞᄒᆞ고
화타 편작이 약명 몰나 죽어스며
왕개 셕슝 의돈이가 ᄌᆡ산 없셔 죽엇갓네
ᄒᆞ물며 쵸로 인ᄉᆡᆼ이야 말 다 ᄒᆞ여 무엇ᄒᆞ랴

『고대본 악부』

늙음은 천하의 공변된 도리이고, 죽음은 그 누구도 피해갈 수 없다. 누구든지 다 늙고 죽기 마련인 것이다. 요순우탕 등 성인에서부터 석숭, 의돈 등 돈이 많은 사람에 이르기까지 모두가 늙고 죽는다. 하물며 풀잎에 맺힌 이슬과 같은 덧없는 인생들이야 말해서 무엇하겠는가. 民草들에게 늙음이란 한탄의 대상일 수밖에 없다.

노인을 "살아온 긴 생을 뒤에 갖고 있으며, 앞으로 살아갈 삶의 희망이 매우 한정된 인간"으로 정의 내리게 되면,[46] 노인이 과거지향적일 수밖에 없는 이유가 분명해진다. 바란다고 성취되는 것은 아니겠지만, 넋두리 삼아 젊기를 바란다.

각시임 엣ᄲᅮ든 얼골
져 건너 ᄂᆡᄭᅡ에 홀노 옷ᄯᅩᆨ 션ᄂᆞᆫ
슈양버드나무 고목 다 도야
셕어 스러진 광ᄃᆡ등거리 다 되단 말가

46 위의 책, 505면.

졀머ᄭᅩ자 졀머ᄭᅩ자 셰 다섯만 졀머ᄭᅩ자
열ᄒᆞ고 다섯만 졀무 량이면 ᄂᆡ 원ᄃᆡ로

『남훈태평가』

예전 예뻤던 얼굴이 썩은 광대등걸이 다 되었단 말인가. 세월의 무상함을 물음의 형식을 빌려 표현하고 있다. "3, 4년만 젊었으면, 아니 15세만 젊었다면 내 마음대로 했을 것이다."라고 답변한다. 젊음에 대한 미련을 토로한다. 젊음에 대한 희구는 노년이면 가질 법한 인지상정으로 여길 수도 있으나, 늙음을 비하하고 젊음으로 돌아가기를 바라는 노인의 모습은 생경하다. 그런데 이런 내용의 사설시조가 상당수 있다.

졔 얼골 졔 보와도 더럽고도 슬뮈웨라
검버셧 구름 ᄭᅵᆫ 듯 코춤은 쟝마 진 듯
以前에 업든 쌔ᄉᆡ 바회 엉덩이에 울근불근
우리도 少年 行樂이 어졔런 듯 ᄒᆞ여라.

『육당본 청구영언』

앞항에서 살핀 노년의 모양새와 유사한 구절이다. 자기가 봐도 자기 얼굴이 더럽고 밉다. 검버섯, 코춤, 바위 같은 엉덩이 등 몰골이 사납다. 자연스럽게 젊었을 때를 회고하게 된다. 늙음에 대한 한탄 섞인 토로다. 젊음으로 돌아가고자 하는 마음이 간절하다.

져멋고쟈 져멋고쟈 열 다섯만 져멋고쟈
에엿분 얼골이 냇ᄀᆞ에 셧ᄂᆞᆫ
垂楊버드나모 광대 등걸이 되연제고

우리도 少年 行樂이 어제론 듯 ᄒᆞ여라

『진본 청구영언』

아흔 아홉곱 먹은 老丈이 濁酒 걸러 醉케 먹고
납족됴라ᄒᆞᆫ 길로 이리로 뷧독 져리로 뷧척
 빗독 뷧쳑 뷔거를 적의
 웃지 마라 져 靑春 少年 아희놈들아
우리도 少年적 ᄆᆞ음이 어제론 듯 ᄒᆞ여라

『진본 청구영언』

"우리도 少年 ~ 어제론 듯 ᄒᆞ여라."는 일종의 공식구 혹은 상투어구 formula처럼 사용되고 있음이 확인된다. 흔히 상투어구는 구술성이나 연행성을 지니고 있는 문학 장르에서 나타난다. 구술 연행의 현장에서 텍스트를 실현하는 연행자는 대본 없이 기억만으로 연행하는 경우가 대부분인데, 기억의 용이성을 위해서 상투어구는 중요한 역할을 담당한다.[47]

이에 상투어구의 출현은 유행을 전제로 한다. 유행해야 기억할 필요를 느끼기 때문이다. 유행은 그 당대 공감대를 형성할 수 있는 내용과 형식을 갖추고 있어야 한다. 따라서 상투적 어구의 내용은 그 당대 어느 정도 만연된 인식의 일면으로 보아도 그리 넘치는 이야기는 아닐 듯싶다. 이로 미루어 보건대, 조선 후기 현재의 나를 부정하며 과거의 나를 긍정하는 노인의 인식은 당대의 공감대를 얻었던 내용이라 할 수 있다.

그런데 노년의 삶에 대한 이러한 인식은 향락적인 방향으로 나아가는 경향을 보인다.

47 Ruth Finnegan, *Oral Poetry*, Cambridge University Press, 1977, p. 62.

건곤이 유의ᄒᆞ여 남ᄌᆞ를 내이시고
　세월이 쟝ᄎᆞ 여류ᄒᆞ여 우리 쟝부를 늙케나 낸다
넷날노 말ᄒᆞᆯ 지경이면
　두목지 소통파 리태ᄇᆡᆨ 강태공 동방삭 ᄀᆞᆺᄒᆞᆫ 량반은
　ᄉᆞ후 유적이 지금ᄭᆞ지라도 잇것만은
　우리 쵸로 ᄀᆞᆺᄒᆞᆫ 인ᄉᆡᆼ이야 ᄒᆞᆫ번 도라 가면
　만수천산에 분운 ᄉᆡᆼ이로구나
청춘지년을 허송치 말고 ᄆᆞ음ᄃᆡ로 노ᄌᆞ.

『고대본 악부』

歲月아 네월아 가지를 마라 가지를 마라
　靑春 紅顔이 다 늙는구나
人生 一世 生覺곳 하니
　잠든 날 病든 날 다 除ᄒᆡ 노면
　다만 단 四十 못 사는 人生
　안이 놀고서 무엇을 하리
오날이 날이오 ᄅᆡ일도 날이라
　오날도 놀고 來日도 놀고 놀고 놀고 놀아를 보세.

『고대본 악부』

人生 百年 얼마넌가 北望山이 져기로다
黃泉이 므다더니 門 박기 여라고나
　死後 滿盤珍羞 不如生前 一杯酒라
아희야 ᄉᆞᆯ 부어라 취코 놀게.

『하씨본 시조』

세 노래 모두 이유는 제각각이지만, '놀자'고 하는 이른바 '카르페 디엠

carpe diem' 모티프를 주된 내용으로 삼고 있다. 두목지, 소동파 등 양반들은 남길 흔적이 있는데, 우리 같은 평범한 인생은 뜬구름 같아 흐르고 나면 그뿐이다. 그러니 젊은 세월 그냥 보내지 말고 마음 내키는 대로 놀자는 것이다. 이것저것 제하면 남는 시간은 고작 사십 년이다. 그러니 안 놀 수 없다는 것이다. 인생 백 년도 금방이다. 죽음은 멀리 있지 않다. 죽은 후면 아무것도 소용없다. 진수성찬도 한 잔의 술만 못하다. 그러니 취하도록 먹고 놀자는 것이다.

존재의 평범함·시간의 유한성이 향락주의와 연결되어 있다 하겠다. 노년의 삶에 대한 부정적 인식이 젊은 날의 향락으로 이어진다. 그런데 이런 연결이 필연적이지는 않다. 관계의 필연성이 아니라[48] 드러난 현상이 그럴 뿐이다. 늙음의 한탄이 향락주의적 성향으로 연결되는 것은 조선 후기적 성향이다. 그렇다고 하여 조선 후기의 모든 시가가 이러한 성향을 띤다고 받아들여서는 곤란하다. 조선 후기 모든 시가가 늙음의 탄식을 젊은 날의 향락으로 연결하고 있지는 않다. 다만 이런 현상의 출현을 조선 후기적 특성으로 파악해야 할 필요는 있다. 이전에는 드문 현상이었기 때문이다.

可笑롭다 이 ᄂᆡ 몸이　　헷ᄂᆞ만 먹어스니
엇그제 지ᄂᆡᆫ 일이　　모도 다 허ᄉᆡ로다
知覺 나ᄌᆞ 늘거시니　　後悔莫及 ᄒᆞ일업다
이 貌樣 보아스니　　슬푸다 靑春네들
ᄂᆡ 景狀을 볼작시면　　그 아니 무셔운가
光陰을 虛送 말고　　늘기 젼에 操心ᄒᆞ쇼

48 강명관, 「사설시조와 여항한시의 대비적 고찰」, 『한국한문학연구』 제22집, 한국한문학회, 1998, 140~1면.

『초당문답』 <백발편> 마지막 구절이다. <백발편>은 초당에서 낮잠 자던 소년이 문전걸식하는 노인에게 비난의 시선을 보이는 것으로 시작한다. 그런 후 노인은 자조와 체념 섞인 자신의 과거를 서술하여 소년들에게 경계할 것을 말하고 결론 맺는다. 자신의 몰골을 추레하게 묘사하고, 자신의 과거 행위를 추한 것으로 보고 있는 거개의 '노인가'류 가사는 젊은이들에게 따르면 안 되는 전범을 보여 준다는 의미에서 서술하고 있다. 따라서 대개 결사는 교훈적 메시지를 담고 있다.

하는 일 없이 지냈음을 깨달으니 이미 늙었다. 모든 과거지사가 허사다. 후회해도 소용없는 일이 되어 버렸다. 청춘들은 이를 보고 헛나이 먹음을 무서워하라는 도덕적 전언이다. "嗜酒耽色好鬪牋"만으로 지냈던 젊은 나날에 대한 후회는 마땅한 관념으로 우리 뇌리 속에 깊이 자리한다. 이러한 관념은 꼭 유교적 이데올로기를 거론하지 않더라도 지당한 인식으로 받아들여지고 있다. 시대와 공간을 초월한 보편적 인식이다. 그래서 늙음에 대한 한탄이 향락으로 연결되는 가치관은 사실 낯설고 주저되는 인식이다. 시가의 史的 흐름 속에서도 낯설다. 이 낯선 인식이 하나의 군집을 이루고 출현한 시대가 조선 후기이다. 1절에서 거론한 <노인가>를 다시 보자.

> 늙을사록 忿한 마음　　定할 수 바이 없다
> 扁鵲을 불러다가　　늙는 病 고칠손가
> 不死藥 얻어다가　　衰하지 않게 하야볼까
> 晝思夜度 생각하나　　늙을 밧 할 수 없다.

노인의 볼품없는 모양새와 못난 행위를 나열한 후에, 늙음을 막을 수 없다는 내용이다. 편작이 와도 고칠 수 없고, 불사약으로도 어찌할 수 없는 것이 늙음이다. 그러니 늙을 수밖에 다른 도리가 없다. 인생항로가 늙음이란 종착지에 다다를 수밖에 없다는 당연한 사실을 깨닫는다. 깨달음의 결과는 무엇인가.

世上일 생각하니　　萬事가 虛事로다
어제 날 靑春 적에　　없던 親舊 절로 와서
朱欄畵閣 높은 집에　　白玉盤 交子床에
술맛도 좋거니와　　안주도 燦爛하다
次例로 늘어앉아　　잡거니 勸커니
몇 巡杯 돌아가니　　風月도 하야볼까

세상 모든 일이 헛된 일이다. 크고 좋은 집에서 찬란한 안주와 풍류가 곁들여진 술판이 벌어진다. 대전별감 · 포도부장 · 정원사령 · 나장 등과 노느라고 늙는 줄도 모른다. 향락에 대한 탐닉이다. 인생의 유한성을 깨닫고 인간의 도리를 떠올린 양반들의 평시조와는 사뭇 다르다. 도덕적인 전언과는 거리가 멀다.

英雄도 말을 마소　　英雄도 아니 늙나
豪傑도 자랑 마소　　豪傑은 일생 사나
아마도 먹고 쓰고　　노는 것이 豪傑인가 하노라

젊은이들에게 던지는 메시지치고는 다소 소비적이다. 향락 생활을 부추기고 있기 때문이다. 서술자인 노인은 근엄함 · 점잖음 · 인자함 · 여유로움 · 안분지족과는 거리가 멀다. 그저 본능과 찰나적인 감정에 충실할 뿐이다. 조선 후기 국문시가에 나타난 노년의 삶과 인식이 노년에 대한 통념에서 벗어났다 하여 비판의 대상으로 삼고자 하는 것은 아니다. 이러한 노인은 이전의 노인과 비교해볼 때, 낯선 존재이며, 조선 후기 들어서 본격적으로 등장하는 것이 아닌가 하는 조심스러운 추측을 가능케 함을 언급하고자 한다.

3) 성적 욕망을 표출하는 노인

엘리자베스 프란첼 Elisabeth Frenzel의 『세계 문학의 모티프』 목록에 '사랑에 빠진 노인Alte, Der verliebte 모티프'가 제시되어 있다.[49] 기실 '사랑에 빠진 노인 모티프'는 시공을 초월한 영원한 문학적 테마이다. 또 이때 사랑은 정신적인 것은 물론 육체적 사랑을 뜻하는 것이기도 하다. 흔히들 노인은 욕망의 노예에서 벗어나 평온함을 얻는다고 생각하는데 이는 진실이 아니다. 인자하고 점잖은 노인의 사랑이 하나의 전통이라면, '음탕한 노인'도 또 하나의 전통임을 시몬느 드 보부아르는 충분한 자료를 통해 증명해내고 있다.[50] 육체적 노쇠화가 본능의 소멸을 의미하지는 않는다. 노인들은 성관계 혹은 많은 변용을 통해 성적 욕구를 채우기도 한다. 에로틱한 독서, 외설적인 예술작품, 음담패설, 페티시즘 등은 노인들이 성욕의 충족을 위해 큰 가치를 부여하는 것들이다.

일본의 대표적 근대작가 다니자키 준이치로[谷崎潤一郎, 1886~1965]는 그동안 감추어져 왔던 노인의 성을 세상 밖으로 드러냈다. <미치광이 노인일기>의 우쓰기는 성적 능력은 없지만, 돈이 있다. 돈 때문에 집안 모든 일의 중심에는 우쓰기가 있다. 70대를 넘긴 우쓰기는 젊은 여인에게만 관심을 둔다. 그런데 성적 대상은 놀랍게도 며느리이다. 며느리와 성

49 이재선 엮음, 『문학주제학이란 무엇인가』, 민음사, 1996, 405면.

50 시몬느 드 보부아르, 앞의 책, 442면.

적 관계를 할 수 없는 우쓰기는 며느리의 발에 집착한다. 우쓰기는 성적 만족을 위해 며느리에게 고가의 물건을 사주고, 며느리 사쯔코는 물질적 욕망을 충족하고자 노인의 돈을 이용한다.

물론 이 소설은 노년의 성욕에 대한 풍자의 의미를 지니고 있다. 제목부터가 그러며, 돈의 힘을 빌려 욕망을 잠시간 성취했기에 결국에는 결핍의 상태로 막을 내릴 수밖에 없기 때문이다.[51] <미치광이 노인일기>는 자본주의와 노년의 관계를 여실히 보여 주는 문제작이라 할 수 있겠다. 근대화가 이루어지기 이전의 일본 사회에서 노인은 어린이와 젊은이들에게 실질적인 지혜와 인생의 교훈을 전해 주는 훌륭한 선생으로 자리매김했다.[52] 노인은 규범적 존재로 그려지고 있던 것이다. 이런 면에서 준이치로의 소설은 새로운 노인상을 진지하게 제시한 것이라 할 수 있겠다.

성욕에 깊이 뿌리를 내리고 있는, 그래서 나이가 들수록 심해지는 하나의 감정인 질투심을 소재로 한 소설 박민규의 <낮잠>이 있다. 요양원에서 만난 세 동창의 이야기이다. 치매에 걸려 요양원에 오게 된 첫사랑의 대상, 김이선. 어릴 적 개구쟁이 친구, 똥파리. 그리고 나, 한영진. 문제는 똥파리가 김이선을 웃기면서 환심을 사는 것이 못마땅하다는 데에 있다. 세 명의 노인들을 둘러싼 사랑과 질투가 잔잔한 문체로 그려지고 있는 소설이라 하겠다.

질투심은 사랑과 자리바꿈의 결과라 한다. 성욕의 감퇴는 원한과 불만을 가져오고, 그 불만과 원한은 질투로 구체화한다. 성적 불만과 질투는 뿌리가 같다. 그러기에 남녀 노인이 공존하는 양로원은 질투심으로 인해 격렬한 싸움이 일어나기 십상인 공간이다.[53] 2007년에 발표된 박민규의

51 김진아, 「<미치광이 노인일기>와 노인의 성」, 『일본학보』 제53집, 한국일본학회, 2002, 327~8면.

52 김진아, 「다니자키 준이치로[谷崎潤一郎] 문학과 노인의 성」, 동덕여대 석사논문, 2002, 13면.

<낮잠>은 노년의 삶과 사랑 그리고 질투를 낯설지 않게 풀어낸 소설이고, 독자에게 노년의 삶과 사랑에 대하여 생각해볼 기회를 주었던 소설이다.

노년의 성을 여러 시각으로 여러 장르가 다루고 있으며, 이를 토대로 긍정 내지는 인정하는 시선이 형성되고 있는 지금이다. 그런데 우리 고전문학 특히 국문시가에서는 다소 낯선 모티프다. <헌화가>에는 수로부인에게 구애의 노래를 부른 견우노옹이 나온다. 사랑에 빠진 노인이 없었던 것은 아니지만, 노인의 성을 다룬 시가는 없었다. 노년의 사랑 나아가 노년의 성은 국문시가를 통틀어서 보편적인 문학적 소재는 아니었다. 특히나 노년의 성을 소재로 한 문학은 조선 후기 이전에는 찾기 힘들다. 더더군다나 노년의 성에 긍정의 시선을 견지한 시가는 생각할 수조차 없고 존재할 수도 없다. 고전문학에서 노년의 성은 조선 후기에 이르러서야 문학적 테마로 나타난다. 주로 야담 내지는 소화, 사설시조에서 보인다.

『陳談錄』 <溺聲論, 오줌 소리 진단법>에는 늙은 과부 시어머니와 청상과부 며느리가 나온다. 평소 시어머니는 며느리에게 수절을 강조한다. 그러던 어느 날 한 사나이가 집에 묵게 되었다가 시어머니와 관계를 맺게 된다. 시간이 지나 둘은 불공을 드리러 절에 갔는데, 중과 며느리가 눈이 맞았다. 스님은 며느리를 겁간하려 하자 며느리는 싫은 척하며 욕을 한다. 욕을 거부로 오해한 스님은 도망을 간다. 시어머니는 며느리가 스님과 통한 줄 착각하고, 오줌소리가 변했다는 것을 근거로 며느리를 책망한다. 이에 며느리는 오줌소리를 가지고 성관계 여부를 아는 것은 경험에서 나온 것이 아니냐며 되려 면박을 주는 내용으로 되어 있다.

『성수패설』에는 나이가 많아 귀가 먹고 눈까지 잘 보이지 않는 늙은 재상 이야기가 있다. 이 노인은 손자며느리의 몸종에게 성욕을 느낀다.

---

53 시몬느 드 보부아르, 앞의 책, 491면.

성관계를 시도하지만, 신체가 노쇠하여 여의치 못하다. 아들과 며느리가 방 안의 이야기를 엿듣고 몰래 몸종을 불러 교합이 이루어진 것처럼 거짓말을 꾸민다. 늙은 재상은 거짓말을 듣고 기뻐하였다.

노년의 성과 관련된 야담들이다. 수절을 강조하면서 한 사나이와 정을 통하는 시어머니, 거짓말을 알아채지도 못하고 좋아하는 늙은 재상이 나온다. 비난과 동정의 대상이면서 희화화되고 있다. 이 모두 부정적 인식을 토대로 하고 있음은 물론이다. 꼭 프로이트의 리비도를 거론하지 않더라도, 성은 인간의 기본적 욕구임은 자명하다. 노인이라 하여 예외는 될 수 없다. 젊은이들과 같은 욕구를 노인들도 지니고 있다. 그런데 성적 행위를 하거나 성적 호기심을 가진 노인들은 '추잡한 노인네'로 취급해 버린다.54

위 야담의 예를 당대의 보편적 상황과 인식으로 보기는 힘들 듯하다. 야담의 성격 자체가 육담, 풍자, 희화화를 특징으로 하고 있기 때문이다. 그렇다고 하여 노년의 성에 대한 부정적 인식을 야담의 장르적 속성에 기인한 것으로만 볼 수는 없다. 어떠한 식으로든 모든 문학은 당대의 사회·문화적 자장에서 벗어날 수 없기 때문이다. 문학적 현상을 사회·문화적 현상과 동일시하는 것도 문제지만, 문학을 사회와는 무관한 진공상태로 보는 시각 역시 문제가 있기는 마찬가지이다. 적어도 조선 후기에 접어들면서, 노년의 성을 다룬 문학이 일군을 이루었고, 노년의 성에 대한 인식은 당대의 시대적 특성과 관련하여 있음을 염두에 둘 필요가 있다. 이제 주 고찰 대상인 조선 후기 국문시가를 보자.

남기라도 고목이 되면 소든 사이 아니 오고

54 이창영, 「노인과 성」, 『사목』 262, 한국천주교중앙협의회, 2000, 26면.

ᄭᅩᆺ이라도 십일홍 되면 오든 봉텹도 아니 오고
　깁든 물이라도 엿터지며녀 오든 고기도 아니 오고
　우리 인ᄉᆡᆼ이라도 늙어지면
　오시든 졍판도 에도라 가구나
춤아 가지고 긔가 만히 막혀서 나 못살갓네.

『고대본 악부』

같은 통사적 구조를 나열한 노래다. '나무와 새, 꽃과 나비, 물과 고기, 사람과 정든 임'은 동격의 대립 항들이다. 고목, 십일홍, 옅어짐, 늙음이 이들의 관계를 파괴하는 적대자라 할 수 있다. 새가 없는 나무, 나비가 없는 꽃, 고기가 없는 물, 사랑의 대상이 없는 사람은 자체의 결을 잃어버린 것이나 다름없다. 사람이 사람으로서의 가치가 상실한 상태, 이것은 사랑의 대상이 부재할 때이다. 늙음이 사람을 사랑 없이 살게 한다는 말이다. 참으로 기가 막힐 노릇이라 하였다. '노인이라고 하여 사랑을 모르겠는가'라고 항변하는 것 같다. 당연한 말이겠지만, 사랑은 누구에게나 찾아오는 감정이다. 노인이라 하여 예외일 수는 없다. 그런데도 늙어지면 정든 임도 피해간다. 사랑의 대상으로 노인은 부적절하여 제외된다.

새악시 書房 못 마자 애쓰다가 주근 靈魂
건 삼밧 쑥삼 되야 龍門山 開骨寺에
　니 ᄉᆡᆨ진 늘근 즁놈 들뵈나 되얏다가
잇다감 ᄯᆞᆷ ᄀᆞ려온 제 슬쩌겨나 볼가 ᄒᆞ노라

『진본 청구영언』

사설시조는 종래의 관습화된 미의식과 규범적 세계상과는 거리가 있는 인간의 모습, 욕망 등 추한 것과 비천한 것들까지도 적극적으로 수용하고 있다.[55] 조선 후기적 성향이라 할 수 있겠는데, 성리학적 이념의 표현물이나 교훈적 선전물로 수렴될 수 없다.[56] 위 노래는 이러한 설명에 적확한 예이다. 서방을 못 맞아 죽은 새색시의 영혼이 거친 베가 되어 땀이 나 가려울 때 가볍게 넌지시 비벼 보겠다는 대단히 농염한 이야기다. 그런데 그 대상이 수상하다. 용문산 개골사의 중인데, 이가 빠지고 늙었다. 하필 왜 중인가, 게다가 이 빠지고 늙은 중인가. 중을 성적 대상으로 한 노래가 제법 많다.

窓 밧기 어른어른 ᄒᆞᄂᆞ니 소승이올소이다
어제 저녁의 動鈴ᄒᆞ랴 왓든 듕이올ᄂᆞ니
　閣氏님 ᄌᆞ는 房 뚁도리 버셔 거ᄂᆞᆫ 말 그틔
　이 ᄂᆡ 쇼리 숑낙을 걸고 가자 왓소
져 듕아 걸기ᄂᆞᆫ 걸고 갈지라도 後ㅅ말이나 업게 ᄒᆞ여라

『악학습령』

듕놈도 사ᄅᆞᆷ이 냥ᄒᆞ여 자고 가니 그립ᄃᆞ고
듕의 숑낙나 베옵고 내 죡도리 듕놈 베고
　듕의 長衫은 나 덥습고 내 치마란 듕놈 덥고
　자다가 ᄭᆡᄃᆞ르니 둘희 ᄉᆞ랑이
　숑낙으로 ᄒᆞ나 죡도리로 ᄒᆞ나
이튼날 ᄒᆞ던 일 ᄉᆡᆼ각ᄒᆞ니 흥글항글 ᄒᆞ여라

『진본 청구영언』

55 김흥규, 『한국문학의 이해』, 50면.

56 강명관, 앞의 논문, 140면.

승려와 여염집 여인과의 성관계를 노래하였다. 신윤복의 화폭에도 담겨 있으니,[57] 어느 정도는 사실이 아닐까. 첫째 노래는 판본에 따라 어제 저녁에 동냥 왔던 중이 보러 오는 대상은 '老媤'로 되어 있기도 하다. 그러고 보면 이 중은 어제는 시어머니 오늘은 며느리와 성관계를 맺는 놀라운 일을 저지른 꼴이 된다. 중은 성적인 대상으로 꽤 선호하는 대상이었다는 조심스러운 추측을 가능케 한다. 노시와 이 빠진 늙은 중은 당연히 노년이다. 노년이 성관계의 대상이 되었다. 적어도 노래와 그림의 세계에서는 그렇다. 욕망 표출 대상으로 노년이 등장한다. 이제 노년 스스로 적극적인 성 욕구를 표출하고 있는 작품을 보자.

> 皮租놀 못 먹인 히예 물이술이도 하도 하다
> 陽德 孟山 酒湯이와 永柔 肅川 換陽이 년들
> 　저 다 타 먹은 還上를 이 늙은 내게 다 물릴쏜야
> 邊利란 네 다 물씨라도 밋츨란 내 다 擔當ᄒᆞ오리라.
>
> 『일석본 해동가요』

피 좁쌀도 못 먹을 정도로 흉년이 들면, 남의 빚을 대신 갚아 주는 일이 많았다. 평안남도 지역이 특히나 심했던 것 같다. 술 팔고 서방질하는 계집이 환상을 타 먹었다. 이유는 모르겠지만, 환상의 상환을 늙은이에게 모두 물리게 할 작정이었던 것 같다. 이에 대한 노인의 대답은 중의적이다. '밋츨란'은 밑이란 뜻으로 환상의 원금을 뜻할 수도 있지만, '아랫도리'라는 뜻으로 해석할 수 있기 때문이다.[58] 원금은 내가 할 테니 아랫도리도 내가 담당하겠다는, 즉 성적 욕망의 표출로 볼 수 있다.

---

57 강명관, 『조선 사람들, 혜원의 그림 밖으로 걸어나오다』, 푸른역사, 2001, 222~4면.

58 김흥규 역주, 『사설시조』, 고려대 민족문화연구소, 1993, 426면.

半 여든에 첫 계집을 ᄒᆞ니
　어렷두렷 우벅주벅 주글 번 살 번 ᄒᆞ다가
와당탕 드리ᄃᆞ라 이리져리 ᄒᆞ니 老都令의 ᄆᆞ음 흥글항글
眞實로 이 滋味 아돗던들 긜 적보터 ᄒᆞᆯ랏다.

『진본 청구영언』

반 여든이니 40세다. “어렷두렷 우벅주벅, 와당탕 들이달라 이리저리”는 성관계 관련 의태어이다. 첫 계집이란 성관계를 처음 맺었다는 뜻이기 때문이다. 마음이 “흥글항글”할 정도로 좋았다. 이렇게 재미난 줄 알았다면 기어 다닐 때부터 하겠다고 한다. 40에 스스로 노쇠를 토로한 글이 있고, 조선 시대의 평균 수명에 비추어 보건대, 40이면 노년 축에 든다고 할 수 있다.[59] 여자들에게 무관심하던 남자가 늙어서 성적 즐거움을 발견하기도 한다. 94세에 죽은 베런슨이란 사람은 “나는 노년이라고 불릴 시기에 와서야 여자의 육체적이고 동물적인 생활과 성욕을 알기 시작했다.”고 하였다.[60] 동서양이 비슷하다. 늙었다고 하여 성적 욕망이 감퇴하는 것은 아님에도 불구하고, 조선 후기에 와서야 비로소 노인의 성적 욕망이 표출되었다.

白髮에 환양 노ᄂᆞᆫ 년이 져믄 書房 ᄒᆞ랴 ᄒᆞ고
셴 머리에 墨漆ᄒᆞ고
　泰山 峻嶺으로 허위허위 너머 가다가
　과그른 쇠나기에

59 박혜숙, 「정약용 <노인일쾌사>와 노년의 양식」, 『민족문학사연구』 41권, 민족문학사연구소, 2009, 245면.

60 시몬느 드 보부아르, 앞의 책, 470면.

흰 동졍 거머지고 검던 머리 다 희거다
그르사 늘근의 所望이라 일락 배락 ᄒᆞ노매

『진본 청구영언』

"이 亦 前代 末期의 亂雜한 長時調의 하나"라고 하였다.[61] 노년 여성의 성적 욕망이 표출되어 있다. 보부아르는 늙은 여자들의 성욕에 대한 근거 있는 자료는 역사에도 문학에도 없다고 하였다. 나이 먹은 여인의 성욕은 금기시된다고도 하였다.[62] 이에 늙은 여인의 성욕을 표출한 위 노래는 이례적이라 할 수 있겠다. 그런데 문제 삼고 싶은 것은 이를 바라보는 시선이다. 작품 창작을 통어하는 지배적 요소를 '초점'이라고 할 때,[63] 초점은 시적 시선을 의미한다. 동일한 소재를 다루었다고 하더라도 그것을 어떤 시선으로 바라보느냐에 따라 작품의 의미 지향은 달라진다.[64] 시선에 따라 미적 기반이 달라진다. 미적 기반은 창작 원리의 토대가 된다.

위 노래는 시선은 다분히 장난스럽다. 백발노인의 욕망 자체가 과욕이었다. 희어진 머리에 흑칠을 할 수밖에 없는 노인이다. '허위허위' 가쁜 숨을 몰아쉴 수밖에 없는 노인이기도 하다. 육체적으로 쇠락해 있는 상태의 노인인 것이다. 일이 잘못되려면 이래도 안 되고 저래도 안 된다. 재수 없게 갑자기 내린 비가 산통을 다 깨버린다. 늙은이의 소망 자체가 그릇되고 틀어진 것이다. 젊은 서방과의 약속에, 흑칠을 하고 숨 가쁘게 태산 준령을 오르는 노인의 모습도 우습거니와, 갑자기 만난 비에 그만 검던

61 고정옥 저, 김용찬 교주·해설, 『교주 고장시조선주』, 보고사, 2005, 175면.

62 시몬느 드 보부아르, 앞의 책, 489면.

63 성호경, 「조선 후기 '평민가사'의 통속예술적 성격」, 『한국고전연구』 20집, 한국고전연구학회, 2009, 8면.

64 김흥규, 「사설시조의 시적 시선 유형과 그 변모」, 『한국학보』 68, 일지사, 1992, 23면.

머리는 하얗게 되고, 하얀 동정은 검게 되는 상황도 우습다. 제 나름의 절실했던 욕구의 표출이 진지한 시선으로 처리되지 못하고 있다. 주체 자신의 진지한 목소리로 진술되지 못할 때, 이 노래는 저열한 존재의 해프닝 정도로 그려지기 십상이다.[65] 노년의 목소리로 속내가 언급되면 그 사랑의 모험은 진실이 된다. 그러나 이 노래는 한 편의 코미디극으로 되어 버렸다.[66]

4) 노인을 희화화하고 있는 조선 후기 국문시가

인간적 존재로서의 노인에 대하여 우리는 지혜의 담지자로서의 문제 해결자 혹은 전범의 역할을 다하는 규범적 인물 혹은 탈속적 성향을 지닌 처사형 인물이기를 요구한다. 일상성을 수용한다는 점에서 인간적이지만, 일상성의 사상적 근거를 유학에 두고 도덕적 자각의 내면화, 우주 자연의 질서와의 일체화를 지향한다는 점에서 일반적으로 말하는 일상은 아니다.[67] 그런데 노년 소재 조선 후기 시가를 고찰한바, 조선 후기 시가에 나타난 노인은 초월적이 아닌 인간적 존재로 그려졌다. 평범한 사람들이 평범하게 살아가는 일상 속 노인의 삶을 노래한 것은 조선 후기적 징후다.

> 아흔 아홉곱 먹은 老丈이 濁酒 걸러 醉케 먹고
> 납죡됴라흔 길로 이리로 뷧독 져리로 뷧척
> 　빗독 뷧쳑 뷔거를 적의

---

65 한테로테 슐라퍼, 김선형 옮김, 『노년의 미학』, 경남대출판부, 2005, 144면.

66 위의 책, 121면.

67 신연우, 『사대부 시조와 유학적 일상성』, 이회, 2000, 11면.

웃지 마라 져 靑春 少年 아희놈들아
우리도 少年적 ᄆᆞ음이 어제론 듯 ᄒᆞ여라

『진본 청구영언』

이황의 시조가 유학적 일상성에 기초한 삶을 노래했다면, 위 노래는 말 그대로 일반적 일상성 속에서의 삶을 그리고 있다. 白壽의 노인이 술에 취해 비틀거리며 걷는 모습은 규범적이지는 않지만 인간적이다. 이러한 노인상이 조선 후기에 들어서야 비로소 출현하였다. 이는 시가사적으로, 나아가 문학주제사적으로 결코 등한시할 수 없는 현상이다. 초월적 존재에서 인간적 존재로 노인의 형상화 양상이 전이된 것이다.

조선 후기에 들어서야 노인은 초월적인 존재에서 벗어나 인간적인 존재로서의 모습이 마련되었는데, 그러한 노인을 향한 시선은 곱지 않았다. 다분히 부정과 비판의 대상으로 그려졌다. 모양새가 추레하고, 행위는 치졸하다. 늙음을 한탄하면서도 '놀자'고 한다. 자신의 성적 욕망을 가감 없이 표출한다. 노년의 모습과 삶은 전범으로서가 아닌 타산지석의 대상이었다.

또 희화화되기도 한다. 우스개의 소재거리가 된 것이다. 인간적이긴 하지만 저열하고 치졸하고 향락적이며, 우스꽝스러운 인간으로 그려지고 있다. 초월적 노인이 긍정적 의미에서 인간 밖 존재였다면, 범인다운 노인은 부정적 의미에서 인간 밖 존재였다. 초월적 노인이 중세적 관념에서 비롯된 노인에 대한 기대치에 부응하였다면, 인간적 노인은 기대치에 미치지 못한 존재로 그려지고 있다. 이래저래 노인은 인간적 존재로 여겨지지 않았다. 노년 스스로 그렇게 그리고 있으며, 타자가 바라보는 노년의 모습 역시 그렇게 그려지고 있었다.

조선 후기 일상적 삶 속에서, 노인의 모습과 행위가 비판과 희화화의 대상만이 된 것은 아니다. 즉 노년의 삶을 진지한 어조로 성찰하는 것이 있는가 하면, 긍정적인 시각으로 바라보는 시선이 존재했다.

삼십년을 공부ᄒᆞ야　　ᄉᆞ셔삼경 제ᄌᆞᄇᆡᆨ가
츈츄젼국 젼국ᄎᆡᆨ을　　거위다 셥녁ᄒᆞ고
과장에 드러가면　　거벽으로 지목ᄒᆞ되
삼십구의 소과ᄒᆞ고　　ᄉᆞ십삼의 대과ᄒᆞ야
뉵십년의 당샹ᄒᆞ니　　노흥이 엇덧턴고

구강(具康, 1757~1832)의 <기수가>다. 구강이 75세 되던 해에 지은 것으로 자전적 술회의 성격을 지니고 있다. 30년 동안 사서삼경을 비롯하여 여러 책을 섭렵했다. 과거 시험장에서는 단연 돋보이는 존재였다. 30세에 소과, 40세에 대과를 치르고, 60세에는 당상관을 지냈다. 이만하면 어떠한가. 흥겨울 뿐이다. 가히 성공한 삶이고, 태평하고 만족스러운 삶이다. 지내온 세월을 살펴보니 꿈과 같다고 하였다. 화서국(華胥國)68에서의 삶이라 착각할 정도라고도 하였다. 그런데 돌연 태도가 바뀐다.

그렁저렁 쉬운 세월　　칠십이오 오세로다
만분의 일분이나　　은을 갑핫ᄂᆞ냐
ᄉᆞ업이 업셧시니　　쥭ᄇᆡᆨ69이 붓그럽다
월월이 태창미ᄂᆞᆫ　　시위ᄌᆞ를 먹이ᄂᆞᆫ가

68 황제(黃帝)가 낮잠에 무위 자연의 나라 화서(華胥)에서 노닌 꿈을 꾼 고사에서 온 말로, 한 바탕 아름다운 꿈을 뜻한다.

69 '竹帛'은 대나무나 헝겊에 글을 써서 기록한 데서 유래한 말인데, 역사를 기록한 책을 가리킨다. 해석은 정인숙의 논문에서 가져왔다. 정인숙, 「가사 장르를 통해 본 남성의 자전적 술회와 그 의미」, 『고전문학연구』 제36집, 고전문학연구회, 2009, 85면. 다음의 해석도 이와 같다.

그러나 명쉬 궁극[70]ᄒᆞ야　　긔한이 조골[71]ᄒᆞ니
ᄇᆡᆨ슈 노물이　　무어슬 먹고 입고
쇼진의 부곽젼과　　셩조의 쳔주샹을
일국이 못둔거시　　일ᄉᆡᆼ의 한이로다
절머셔 어린 뜻이　　ᄉᆞ업을 ᄌᆞ부ᄒᆞ니
농샹의 ᄆᆞ음없셔　　일분이나 경영ᄒᆞ다
져도 못 이도 못　　ᄇᆡᆨ발이 쇼쇼ᄒᆞ다
셰샹이 괴이ᄒᆞᆫ가　　ᄊᆞᆯᄃᆡ 업다 바려두니
뉘웃분들 엇디ᄒᆞ리　　원텬우인 ᄒᆞ올소냐

75세의 나이다. 공직자로서의 자기 삶을 되돌아보니 해놓은 것이 없어 부끄럽다. 지금은 운명과 재수도 끝나, 배고픔과 추위가 뼛속까지 파고든다. 예전에 소진의 부곽전과 성조의 천주산을 못 둔 것이 한으로 남았을 뿐이다. 농업과 상업에 일찍이 뜻이 두지 못한 것이 또한 후회될 뿐이다. 공직자로 사는 삶도, 인간으로서의 삶도 제대로 이루어 놓은 것 없이 백발이 되었다. 노년에 다다라 과거의 화려한 경력과 부귀영화 못지않게, 편안하고 외롭지 않은 현재의 삶이 더 중요하다고 느낀 결과라 해석할 수 있겠다.[72] 대단히 현실적이고 실용적인 사고방식이다.

현재 소박하지만 편안한 일상을 살아가는 삶의 가치를 강조하고자 한 <기수가>는 그동안 사대부들이 추구하였던 삶의 가치와는 다소 이질적이다. 일상적 삶의 추구는 유교적 집단 이데올로기와의 동일성을 최우선의 가치로 두었던 사대부들의 보편적 지향점과 다르기 때문이다. 규범적

---

70 '命數窮極'은 주어진 운명과 재수가 끝이 났음을 가리킨다.

71 '飢寒到骨'은 배고픔과 추위가 뼈 속까지 이름을 가리킨다.

72 정인숙, 앞의 논문, 87면.

인간상은 개별화되지 않고 세계와의 관계 안에 존재한다. 공동체적 질서 속에 자연스럽게 융화된 존재가 규범적 인간이다.[73] 이와 비교하여 <기수가>의 노인은 규범적 인간으로서의 가치를 존중하면서도 일상적 삶에서 느끼는 개인적인 행복에도 가치를 둔다. 노년의 삶을 성찰하는 시각이 그 이전과는 다르면서 진지한 어조를 띠고 있다.

노년의 현재 삶에 대한 진지한 성찰이 <기수가>의 노인과 다르게 긍정으로 이어지는 시선도 조선 후기에는 마련되어 있었다. 정약용의 <老人一快事>가 그것이다. 국문시가는 아니지만, 노년에 대한 새로운 시각이어서 살펴볼 필요가 있다.

노인에게 한 가지 유쾌한 일 있으니 老人一快事
민대머리가 참으로 좋구나 髮鬜良獨喜
머리털은 본래 군더더기건만 髮也本贅疣
처리하는 법이 각각 다르네 處置各殊軌
문채 없는 자들은 땋아 내리고 無文者皆辮
번거로이 여기는 자 밀어버리네 除累者多薙
상투를 트는 것이 조금 낫지만 髻丱計差長
그 또한 폐단이 어지러이 생겨나네 弊端亦紛起
…(중략)…
평생을 풍습에 얽매이던 사람이 平生拘曲人
이제야 쾌활한 선비 되었네 乃今爲快士

진지하면서도 긍정적이어서 유쾌한 시이다. 상투가 폐단을 일으킨다

73 츠베탕 토도로프·베르나르 포크볼·로베르 르그로, 전성자 역, 『개인의 탄생』, 에크리, 2006, 113~7면.

는 사고는 조선을 버티게 했던 이념에 대한 도전적 의미가 있다고 보인다. <허생전>의 이완 대장이 허생의 청을 들을 수 없었던 이유 중 하나가 변발을 하라는 것이었다. 변발은 오랑캐의 습속으로 인식되었기에 이완은 거절할 수밖에 없었다. 그러니깐 상투는 문명의 상징이면서 중화주의적 습속이었다. 조선조를 떠받치고 있던 이념에 대한 반발이다. 그래서 진지한 목소리다.

그런데 나이가 들어 머리가 빠지고 급기야 대머리가 되면 이러한 폐단으로부터 저절로 자유로워진다. 얼마나 유쾌한 반전인가. <노인일쾌사>의 파탈과 자유는 노년에 관한 통념의 부정이면서 동시에 노년에 대한 새로운 시각을 마련하는 계기가 되기에 충분하다.[74] 제도나 관습에 대한 부정은 일상적 편견과 문화적 구속에 대한 저항으로, 개인의 내적 자유를 지향한다는 점[75]에서 근대적 성격을 지녔다고 볼 수도 있다. 개인성의 발현은 중세와 근대를 가르는 중요한 잣대이기 때문이다.

이제껏 살핀 바와 같이, 노년의 일상적 삶을 문학적 테마로 삼았다는 것은 조선 후기 이전에는 보기 힘든 현상이었다. 이에 대한 진지한 성찰과 그 긍정적 인식이 존재하고 있었다. 그러나 조선 후기 시가에서는 일상적 노년의 삶을 다소 비판적·부정적인 시각에서 바라보았으며, 회화화를 미적 기반으로 하는 경향이 자리하였다.

74 박혜숙, 앞의 논문, 252면.

75 위의 논문, 253면.

제3장

조선 후기 국문시가와 ‘금지된 사랑, 불륜’

- 유락적(遊樂的) 즐거움

제3장

조선 후기 국문시가와 '금지된 사랑, 불륜'
- 유락적(遊樂的) 즐거움

1. 지금은 불륜 시대

그대와 나의 사랑은
너무나 강렬하고도 애절했으며
그리고 위험했다.

그것은 마치 서로에게 다가설수록
상처를 입히는 선인장과도 같은……

…(중략)…

이젠 알아요. 너무 깊은 사랑은
외려 슬픈 마지막을 가져온다는 걸
그대여 빌게요. 다음번에 사랑은
우리 같지 않기를, 부디 아픔이 없이

2001년 발매한 『동감』 앨범에 수록된 도원경의 노래 <다시 사랑한다면>의 일부분이다. 대중들에게 이 가사가 어떤 식으로 읽힐까. 개인의 경험에 따라 해석의 차이는 있겠지만, 나는 왠지 불륜코드로 읽게 된다. 위험한 사랑, 선인장같이 상처를 입히는 사랑에는 무슨 사연이 있을 텐데, 깊은 사랑은 슬픈 마지막을 가져온다고 하였다. “틀림없이 불륜이다.” 라고 단정 짓더라도 무리는 아닐 것이라 스스로 판단해 본다. 왜냐하면, 지금은 불륜의 시대이기 때문이다.

지금을 불륜의 시대로 명명하는 것은 지나친 단정이라 할 수도 있지만, 많은 영화와 드라마에서 불륜이 스토리 전개의 전제가 되고 있다는 사실 정도는 인정해야 한다. 이혼과 불륜을 주된 주제로 다룬 드라마 <부부클리닉, 사랑과 전쟁> 시즌 1은 1999년에 시작하여 2009년 4월 17일 종영되기까지 무려 479회나 방영되었다.[1] 하나의 TV 프로그램이 10년이 넘게 방영하였는데, 이는 대중의 공감 없이는 불가능하다.

2006년 <아내가 결혼했다>[2]는 도발적 제목의 소설인데, 불륜을 불륜으로 다루지 않는다. 합법적 남편 덕훈과는 합법적 가정을 꾸리고, 비합법적 남편 재경과는 혼인신고 없이 살림을 차린다. 이중 결혼, 이중 가정이다. 한 사람만을 바라보는 지고지순한 사랑은 현재 유효기간이 만료된 것일까. 한 사람을 만나 검은 머리가 파뿌리가 될 때까지 산다는 것은 고리타분한 먼 옛날의 일이 되어버린 것일까.

다시 한 번 말하건대, 불륜은 이 시대의 주요한 화두다. 먼 옛날부터 지금까지 불륜은 불법적 사랑 행위이자 손가락질의 대상이었지만, 불륜이 존재하지 않았던 시대는 없었다. 다만 현재 두드러지고 있을 뿐이다.

---

1 <부부클리닉, 사랑과 전쟁>, KBS2, 1999. 10. 22. ~ 2009. 4. 17. 매주 금요일 방영.

2 박현욱, 『아내가 결혼했다』, 문이당, 2006.

어찌 보면 불륜은 인간의 본성에 기반을 둔 행위인지도 모를 일이다. 불륜이 인간 본능에 기초하고 있어서 시공을 초월하여 행해지고는 있지만, 그것의 표출 양상은 시대마다 성격을 달리한다. 사랑은 은밀한 개인적 감정의 발로이지만, 그 표출은 사회 성격에 영향을 받는다.

기실 인간의 삶을 구성하는 대부분이 보이는 때로는 보이지 않는 사회 권력에 의해 만들어진 것이다.[3] 푸코의 파워, 그람시의 헤게모니로 표현되는 사회 권력이 사회 곳곳에서 교묘하고 치밀하게 네트워크를 형성하고, 네트워크 작용으로 대부분의 사회 성향이 결정된다. 따지고 보면, 개인의 정체성도 사회화의 다른 이름일 뿐이다. 사랑 · 불륜의 동기(動機)는 개인의 순수한 자유 의지에 의한 것일 수 있어도, 그 표출은 사회 거대 담론에서 벗어나기 힘들다.

불륜은 진공상태가 아닌 사회 권력의 자장 안에서 표면에 드러난다고 하였는데, 3장은 불륜이 시대에 따라 혹은 장르에 따라 그 모습을 어떻게 달리하고 있는지를 살펴보는 데에 목적을 두고 서술하고자 한다. 조선 후기 국문시가를 주된 대상으로 하되, 조선 후기 국문시가에 나타난 불륜 모티프의 형상화 양상이 지니고 있는 특징을 더 명확히 드러내기 위해 범박한 수준에서나마 근대와 현대 문학도 분석의 대상으로 삼고자 한다.[4] 이 장은 '불륜 모티프'의 시대적 변전 양상을 고찰하여, '불륜 모티프'을 기준으로 한 문학사적 흐름을 파악하는 데에 목적이 있다.

먼저 불륜의 심리에 대해 살펴보는 것으로부터 논의를 출발하고자 한다. 불륜의 동인(動因), 사랑, 성욕, 일부일처제 등의 핵심어를 중심으로 불륜의 심리를 살펴보고자 한다. 그리고 본격적인 논의를 하기에 앞서,

3 에릭 홉스봄 외, 박지향 · 장문석 옮김, 『만들어진 전통』, 휴머니스트, 2004. 역자 서문 참조.
4 좀 더 구체적인 설명은 제5장에서 한다.

조선 후기 열녀 의식과 불륜담의 양상 등을 살펴서 전초를 삼고자 한다.

2. 일부일처제와 불륜의 관계: 동전의 양면

1) 불륜의 동인(動因)

인간은 누구나 자기애(自己愛)를 가지고 있는데, 불륜은 바로 여기에 바탕을 둔 행위라고 한다.[5] 자기 외 거의 모든 것이 배제된 행위가 불륜이기 때문이다. 적어도 불륜의 순간은 그렇다. 불륜은 기본적으로 삼각 구도를 이룬다. "그와 그녀, 그리고 그녀" 혹은 "그녀와 그, 그리고 그"가 불륜의 기본 구도다. 이는 조화를 기대하기 힘든 구도이기도 하다. 이득을 공평하게 나누기는 이론상으로나 가능하다.[6] 마지못해 배우자의 불륜을 인정하더라도 셋 중에서 적어도 한 명은 상처를 받기 마련이다.

> 내가 이 세기에 용납되지 않는 최후의 한꺼풀 막이 있다면 그것은 오직 「간음한 아내는 내어 쫓으라」는 철칙에서 영원히 헤어나지 못하는 내 곰팡내 나는 도덕성이다.[7]
>
> -「貞操」부분

누구보다 시대를 고민했고, 파천황적인 작품을 남긴 이상(李箱, 1910~1937)의 글이다. 몸 파는 아내를 두고 살아가는 이의 삶과 고민을

---

5 게르티 쟁어, 함미라 옮김, 『불륜의 심리학』, 소담출판사, 2009, 32면.

6 위의 책, 17~28면.

7 문학사상자료연구실 편, 이어령 교주, 『이상수필전작집』, 갑인출판사, 1977, 127면.

그린 소설을 쓴 이상이지만 불륜은 견디기 어려운 일이었던 듯하다. 불륜을 둘러싼 인물 중에 누군가는 용납할 수 없고, 헤어날 수도 없는 상태에 놓인다. 왜 불륜은 상처를 남길 수밖에 없는가. 공평하게 이득을 나누어 가질 수 없기 때문이다.

기혼자 간의 외도는 안정적으로 시작된다. 서로가 동일한 상황에서 출발하였기에, 원하는 것이 비슷하다. 균형적인 관계여서 여러 상황에 대해 의견일치를 볼 가능성이 크다. 그러다가 한쪽이 균형을 깨는 기대를 할 경우 극적 상황으로 치닫게 된다. 부담을 갖게 되어 급기야 헤어지기를 바란다. 이제는 공평한 관계가 아니라는 사실을 깨닫게 되면, 남는 것은 상처다.

공평한 관계에서 그 상태가 깨지는 데에 이르면, 불륜은 은밀한 사랑이 아니라 노골적인 폭력으로 변화하기도 한다. 이는 불륜이 사랑의 결과물이 아니라 소유욕의 표출일 수도 있음을 알려준다.[8] 불륜이 사랑의 하나이지만, 나누어 가질 수 없는 사랑이다. 사랑 없는 불륜은 가능해도, 소유욕 없는 불륜은 불가능하다. 소유욕이 불륜의 필요조건이라면, 사랑은 충분조건이라고 말해도 좋겠다.

그런데 소유욕은 성욕을 바탕으로 하기 십상이다. 인간의 본능은 통제의 대상이다. 본능을 그대로 표출하게 되면 질서는 어그러지기 쉽다. 이드id는 도덕심super ego에 의해 거의 항상 제재 받는다. 성욕을 종족 번식의 수단 외의 용도로 사용하는 동물은 인간뿐이다. 인간처럼 성행위에 몰두하는 존재는 없다.[9] 성욕은 막강한데, 성욕이 더욱 강력하게 된 상태에서 비롯된 사랑 행위가 불륜이라 할 수 있다.

---

8 게르티 쟁어, 앞의 책, 28~9면.

9 강명관, 「조선 시대의 성담론과 성」, 『한국한문학연구』 제42집, 한국한문학회, 2008, 19면.

정신적 차원의 교감이 전혀 없다고는 단정할 수 없지만, 기혼자는 이미 섹스를 일상의 일부로 받아들인 바 있는 존재들이다. 이들에게 섹스가 부재한 연애·교제·사랑은 미완결적이다.[10] 성욕의 표출 없는 불륜은 불가능하다. 불륜의 다른 이름이 혼외정사다.

> 혼외관계에서 남녀 간의 성별 차이가 두드러진다. 대개의 경우 여성은 남성보다 혼외관계에 관심을 보이지 않지만, 일단 혼외관계를 가지면 남성보다 정서적으로 더 몰입하고, 지속적인 관계를 생각하는 경향이 있다. 또한 기혼여성의 혼외관계는 정서적 만족감을 구하기 위한 통로로 작용하여, 결혼생활의 만족이 낮을수록, 의사소통이 안 될수록, 부부 상호간에 배려가 부족하다고 느낄수록, 그리고 남성 주도의 부부관계를 맺고 있을수록 혼외관계의 비율이 높다. …(중략)… 여성들에게 혼외관계로 인한 가장 큰 보상은 성(性)적 만족감보다는 심리적 충족감이라고 할 수 있다. 반면에 남성들은 혼외관계를 통해 성(性)적 만족감을 얻었다는 반응이 가장 많았다.[11]

불륜 행위를 하는 남녀는 성적 유희를 즐기는 정도 차이는 있지만, 배제할 수는 없음을 윗글은 보여 준다. "인간의 본능에 좌우되는 것은 거의 성욕뿐이며, 사랑이 아무리 미화되어도 최우선시 되는 것은 성욕"이라는 쇼펜하우어의 견해[12]는 다소 극단적이고 동물적이어서 받아들이기 힘들지도 모르겠다. 그러나 아무리 서로가 사랑을 확인하고 있어도 멀리 떨어

10 황혜진, 『영화로 보는 불륜의 사회학』, 살림, 2005, 4면.

11 양옥경 외 4, 「혼외관계를 사유로 하는 이혼에 관한 연구」, 『한국사회복지학』 제57권 제3호, 한국사회복지학회, 2005, 170면.

12 쇼펜하우어, 이동진 옮김, 『사랑은 없다』, 해누리, 2004, 24~35면.

져 있으면 아무런 위로가 되지 않는 것을 보면, 쇼펜하우어의 말은 어느 정도 설득력 있는 견해라 할 수 있겠다. 성욕은 강한 에너지를 가진 본능이며, 그렇기에 절제되어야 할 욕망이지만 절대 절제되지 않는 욕망이기도 하다. 불륜의 동인은 소유욕, 특히 성욕이다.

불륜이 남성에게 유독 유리하게 작용했던 이유는 여성보다 남성의 성적 욕망이 상대적으로 강하기 때문이다. 소유욕과 성욕은 아무래도 남성 쪽이 더 강하다. 따라서 불륜은 남성들에 의해 주도되고, 남성에게는 유달리 유연하게 허용되는 일종의 사랑 행위였다. 이것이 과거 우리의 통념이자, 지금도 여전히 유효한 인식이다.

2) 일부일처제와 불륜의 상관성

> 한국인 평균수명은? 남자 75.74세 여자 82.36세 (대한민국 통계청)
> 한국의 평균결혼연령은? 남자 31.1세 여자 28.1세 (대한민국 통계청)
> 대한민국의 한 사람이 한 사람을 만나 결혼하고 살아야 할 기간?
> 약 44년~54년
> 사랑의 생물학적 유효기간은? 18~30개월 (미국 코넬대 인간행동연구소)
> 2007년 부부 100쌍당 1.05쌍 이혼 (대한민국 통계청)[13]

위 자료를 보면, 일부일처제는 사회적 산물이지 생물학적 근원에 기초하지 않음을 알 수 있다.[14] 현재 185개 문화권에서 일부일처제를 문서로 밝힌 곳은 16%에 불과하다.[15] 일부일처제는 인간 본성을 무시한 제도라

---

13 영화 <아내가 결혼했다>의 제작 노트에서 부분 발췌하였다.
(http://movie.naver.com/movie/bi/mi/detail.nhn?code=45416#makingnote)

14 게르티 잿어, 앞의 책, 96면.

할 수 있겠다. 실상이 이럼에도 일부일처제는 법제화되어 있다. 사회 담론을 주도 하는 권력이 작용하고 있음을 의심하지 않을 수 없다. 사회 차원에서 일부일처제는 질서 확립의 안전망이지만, 본능 차원에서 일부일처제는 상당히 부당한 제도다.

일부일처제는 성적 욕망의 표출을 정당화시키고 있는 일종의 조치다. 사회적 측면에서 일부일처제는 정당한 성적 표출의 통로이고, 불륜은 부적절한 성욕의 분출이다. 하지만 인간의 본능 측면에서는 반대다. 성욕의 표출을 부부간의 행위로만 한정하여 허용하는 것은 인간의 본성과 대치되는 사고방식이다.

일부일처제는 인간의 본능을 외면한 제도이기에, 제도 자체가 불륜의 가능성을 내포하고 있다. "인류학적 관점에서 성공적인 진화 원칙은 은밀한 외도와 함께하는 일부일처제이다."라는 견해는 불륜과 일부일처제의 관계를 간명하게 드러낸다.[16] 일부일처제와 불륜은 바늘과 실의 관계라 할 수 있겠다. 일부일처제가 공인된 제도이고, 불륜은 은밀한 내적 욕망이다.

이 둘은 가부장제로 대표되는 남성 목소리의 앞과 뒤이다. 겉으로는 일부일처제를 인정하고 유지하고 싶어 하면서도, 첩과 기생을 통하여 은밀한 내적 성욕을 채우는 것의 주체는 조선 시대의 남성이다. 일부일처제와 불륜은 남성의 목소리의 양면성이라도 봐도 무방하겠다. 뿌리가 같다. 모두 소유욕에 기반을 두고 있기 때문이다.

---

15 위의 책, 105면.

16 같은 곳.

3. 사회 인식과 문학 현상이 역설적으로 상보(相補)하는 조선 후기, 그리고 <포의교집(布衣交集)>

조선 시대는 두말할 것도 없이 남성의 시대이다. 사회에서 울려 퍼지는 대부분의 목소리는 남성의 것이었다. 여성의 목소리가 있다손 치더라도, 남성 목소리의 또 다른 목소리에 불과할 뿐이다. 남성이 공적으로 말하지 못할 은밀한 목소리의 대변자 구실을 하였다. 결론적으로 말하자면 열녀 의식의 완성과 불륜담의 성행은 같은 자의 목소리이다. 결국, 모두 남성의 생각과 욕망을 말하고 있다.

1) 열녀 의식의 완성과 양반 남성의 성적 욕망 표출 대상인 첩

강명관은 "한 여성의 성적 욕망을 남성의 욕망 속에 가두려는 욕망이 '열'이라는 윤리적 기초를 이루었다."고 단언하였다. 조선 시대는 여성에게 편파적이고도 잔혹한 시기였다.[17]

열녀는 고려 말까지 존재하지 않았고, 여말선초의 사대부들이 발명한 것이었다. 다만 열녀는 곧 탄생하지 않았고, 2세기를 지나 17세기를 통과하면서 비로소 발생하기 시작했다. 건국 후 2백 년은 열녀를 만들기 위한 시간이었다.[18]

여성들은 이 두 전쟁에서 삼강행실도 열녀편의 가르침대로 남성에 대

17 강명관, 『열녀의 탄생』, 돌베개, 2009, 85면.

18 위의 책, 47면.

한 성적 종속성을 죽음으로 확실하게 입증해 주었다.[19]

임병양란 이후가 되면 이제 여성은 죽음이 아니면 열녀가 되기 어려웠다.[20]

19세기에 와서 여성이 가사의 창작과 유통 감상에 적극적으로 참여했다는 것이다. …(중략)… 주목할 사실은 이 규방가사 중에서 여성의 윤리적 의식화를 목적으로 창작 유통된 작품이 압도적 다수로 존재한다는 것이다.[21]

여성이 가사문학의 창작자가 되었다는 사실 그리고 계녀가의 생산자가 되었다는 사실은 여성 스스로가 가부장제 담론의 복제자, 생산자가 되었음을 의미하는 것이었다. 가부장제 남성 중심주의는 원래 여성을 대상화하여, 가부장제를 여성에게 의식화하기 위해 다양한 텍스트를 동원하여 오랜 시간 동안 기도하였던 바, 드디어 여성 스스로가 가부장제의 재생산자가 되었다는 것은, 남성 중심주의, 가부장제의 내면화의 결과가 가져온 마지막 단계였다.[22]

강면관의 855면에 달하는 방대한 저술 『열녀의 탄생』의 골자를 제시하면 위와 같다. 고려 시대에는 열녀 의식이 존재하지 않았다. 열녀가 발생하고 열녀 의식이 주입되기 시작한 시점은 조선조에 와서다. 국가에서

19 위의 책, 473면.

20 위의 책, 481면.

21 위의 책, 421면.

22 위의 책, 459면.

『삼강행실도』 <열녀편>을 제작하여 배포하였다. 남성에 대한 성적 종속성을 강요하기 시작한 것이다.

임진왜란과 병자호란을 겪으면서 여인들은 수많은 성적 수치심을 겪어야 했는데, 이의 결과 여성들은 죽음의 길을 택한다. 주입이 성공한 것이다. 이후 신체를 훼손하거나 소멸하는 길만이 열녀라는 호칭을 받을 수 있는 유일한 방법이었을 정도로 남성의 목소리는 영향력을 행사한다.

19세기에 들어서 이른바 규방 혹은 내방가사가 대량 생산된다. 이 가사의 내용은 거개가 여성의 윤리적 의식화에 있었다. 설령 남성을 비판적 목소리가 있다 하더라도 이것 역시 남성의 힘을 강조하기 위한 과정에 불과하였다. 여성 자신의 목소리로 남성의 목소리를 대변하고 나선 꼴이다. 남성 중심주의 가부장제가 여성에게 내면화된 결과였다. 여성 스스로 자처하여 남성의 목소리에 편을 들었다. 이것이 마지막 단계였고, 남성들이 그렇게 고대하였던 열녀상이 탄생하고 완성되었다.

조선 후기 특히 19세기에 여성의 남성 종속화는 완결되었다. 남성이 바랐던 열녀가 탄생하였다. 열녀 의식을 여성 스스로 내면화했기 때문이다. 그런데 열녀 담론은 남성이 복수의 여성과 성관계를 맺을 수 있는데 반해 여성은 정해진 배우자만 성관계를 가질 수 있다는 의식에 기초한다. 성적 욕망을 남성 중심으로 윤리화한 것이다.[23] 정절 의식은 철저히 사회적 산물이지[24] 절대적이지 않다. 열녀는 태어나지 않고, 사회문화적 강요에 의해 만들어진 결과물이기 때문이다. 열녀는 조선 시대 남성들에 의해 만들어진 잔혹한 역사의 증거물일 뿐이다.

---

23 위의 책, 17면.

24 게르티 쟁어, 앞의 책, 103면.

제나라 사람의 말에 "열녀는 두 사내를 섬기지 않는다." 했으니, 이는 저 『시경』의 「백주」와 같음을 이르는 말이다.

그러나 우리의 국전에는 "개가한 여자의 자손에게는 정직을 주지 마라" 하였으니, 이 법을 어찌 저 모든 평민을 위해서 설정한 것일까 보냐. 그럼에도 불구하고 우리나라 400년 이래로 백성들은 벌써 오랫동안 내려오는 교화에 젖어서 그들 여자들은 계급의 귀천도, 겨레의 높낮이도 상관없이 과부의 절개를 지키지 않는 이가 없었다.[25]

박지원의 <열녀함양박씨전>의 서두다. "개가한 여자들의 자손은 문무관 벼슬을 주지 마라"는 내용이 눈에 띈다. 벼슬은 평민과는 상관없다. 그런데 평민도 열녀 의식에 무젖어 있음도 지적한다. 그래서 절개를 지키지 않는 이가 없다고 하였다. 400년 동안 이어져 내려오는 전통이 된 것이다. 과부의 개가는 애초에 바라지 못할 행위였다. 과부는 사람이 아니던가. 성욕은 오히려 과부에게 더욱 절실한 욕망일 수 있다.

이것[동전, 필자]이야말로 네 어미가 죽음을 참은 부적이다. 내 이걸 10년 동안이나 손으로 더듬어 다 닳았구나. 대체로 사람의 혈기는 음양에 근본하고, 정욕은 혈기에 심어졌으며, 사상은 고독에서 생겨나고, 슬픔은 사상에서 생겨나는 법이 아니냐. '과부'란 고독에 살며, 슬픔 또한 지극할 것이 아니냐. 그리고 혈기는 때를 따라 왕성한 것인데 어찌 과부라 해서 정욕이 없겠느냐.[26]

혈기 왕성한 과부에게 정욕이 없을 수는 없다. 10년 동안이나 동전을

25 박지원 외, 이민수 역주, 『호질 양반전(외)』, 범우사, 1991, 84면.

26 위의 책, 86면.

굴렸기에 윤곽도 글씨도 다 지워졌다. 정욕의 정도를 가히 알 수 있지만, 참고 억누를 수밖에 없는 것이 정욕이었다. 이 정도로 조선 시대 여성에게 성욕은 억제의 대상이었다.

인간은 늘 성관계를 할 수 있다. 인간은 동물처럼 발정기도 따로 없다. 인간은 배우자 외에 다른 사람과의 관계를 갖고자 하는 욕망도 가지고 있다. 그런데 유독 여성에게 욕구는 억제해야 했고, 그 억제가 극에 달했던 시대가 조선 후기였다. 열녀 의식의 주입이 가진 잔혹성은 실로 엄청난 것이어서, 열 의식은 다른 어떠한 의식에 앞선다. 심지어 조선 시대의 윤리의 기초인 효 윤리까지도 열녀 의식 앞에서는 차선으로 물러난다.[27]

이에 반해, 양반 남성에게 정절 의식은 상당히 희박하였다. 지금도 겉으로는 정절 의식의 중요성을 역설하지만, 남성 2명 중 한 명은 바람을 욕망한다.[28] 조선 후기 양반 남성 역시 마찬가지였다. 조선 후기 양반 남성은 기생과 첩을 통해 성욕을 채웠다. 열녀가 칭찬받고 바람직한 여성상으로 확고히 자리 잡은 조선 후기, 남성은 첩을 두고 기생을 즐겼다.

> 한 선비가 첩을 들여놓으려고 먼저 그 아내에게 설득하려 했다. 아내에게 말하기를, "사람들 말이 첩을 들여놓으면 존귀해진다고 한다. 내가 첩을 들이는 것은 당신을 멀리하려는 것이 아니고, 당신을 존귀하게 하려는 것이다. 첩이 당신 하는 일을 대신하고 음식 의복도 대신 마련해줄테니, 당신은 앉아서 시키기만 하면 된다. 이 어찌 존귀해지지 않겠는가?" 했다. 처는 화를 내면서 "나는 존귀해지는 것도 싫고 편안해지는 것도 싫다. 무릇 음식에 대한 것은 남녀가 모두 같은데, 내가 음식을 먹어보니 아침밥 잘 먹은 날 저녁밥이 맛이 없었다. 쓸데없는 말 하지 마시

27 강명관, 앞의 책, 504~12면.

28 게르티 쟁어, 앞의 책, 96면.

오.” 하고 소리쳤다.

윗글은 『태평한화』 <선비복첩>이다. 선비는 첩을 들이기 위하여 거짓 설명을 늘어놓는다. 첩 들이기는 나를 위한 것이 아니라 부인을 위한 것이라는 진술은 궤변일 뿐이다. 그러기에 부인의 대답은 타당하다. 선비가 첩을 들이려는 이유는 성적 욕망에 있음을 간파하였다. 정처가 남편의 첩 두기에 대해 반대한 중요한 이유는 남편의 성을 독점할 수 없기 때문이다.[29]

첩의 역할은 성적인 면에 치우친 경향이 있기에, 첩은 욕망의 대상이면서 동시에 경계의 대상이었다. 아니 욕망의 대상이기에 경계의 대상이기도 하였다.[30] 사대부는 色을 좋아하면서도, 사회와 국가 질서를 어지럽히는 위험한 대상으로 간주하기도 하였는데, 정리하여 말하면 경계의 대상이 될 만큼 첩에 대한 성적 욕망은 컸다.

열녀 의식이 더없이 강화된 조선 후기, 남성들은 성적 욕망을 자유로이 분출하고 있었다. 여성은 열녀 의식을 가져야 하는 존재이면서, 남성들의 성적 욕망의 출구이기도 했다. 이러한 모순된 상황을 정지영은 “자연스럽지” 못하다고 표현하였다. 조선 후기 양반 남성의 성에 대한 인식은 충돌한다. 열녀와 첩은 여성에 대한 남성의 이중적 욕망의 표현이다.[31]

열녀 의식의 강화된 시대에 그 이전 시기에는 눈에 띄지 않았던 성담론이 문학 장르에서 풍부하게 나타나는데, 이는 항을 달리하여 살펴보자.

29 정지영, 「조선 후기의 첩과 가족 질서」, 『사회와 역사』 제65권, 한국사회사학회, 2004, 24면.

30 위의 논문, 6~11면.

31 강면관, 앞의 책, 553면.

2) 불륜담의 성행과 유교적 이데올로기의 어색한 공존

性을 소재로 자유로이 택할 수 있는 문학 장르는 야담이다. 구술성을 다분히 지녔기 때문이다. 구술 문학은 익명성을 전제로 하기에 욕망의 가감 없는 표출이 가능하다. 이것이 구술 서사물이 성적 욕망을 사실적으로 그릴 수 있는 이유다.

구술 서사물에는 실로 다양한 성담론이 펼쳐진다. 마스터베이션, 동성애, 동물애, 구강성교, 사디즘 등 현대 행해지고 있는 온갖 성적 행위가 구술 서사물에서 진술되고 있다.[32] '금지된 사랑, 불륜' 역시 다수 그려지고 있다. 최기숙은 야담을 대상으로 간통의 수사학을 논의하는 자리에서 몇 가지 사례를 열거하고 있다.[33] 이 중 몇 개를 재인용하면 다음과 같다.

> 삼년상을 마친 후에 집으로 돌아오니 그 아내 황씨가 失行하여 한 계집아이를 낳았다.
>
> (『청구야담』)

> 淫蕩한 아내가 그 중을 보고 탐을 내다가 드디어 그 중과 간통을 하였다.
>
> (『기문총화』)

> 공이 젊었을 때 항간의 한 여자와 서로 좋아하였다. 매일 밤 몰래 가서 그녀의 남편이 없는 틈을 엿보아 보면 몰래 여자와 정을 통하고[歡樂] 돌아왔다.
>
> (『양은천미』)

---

32 강명관, 앞의 논문, 35~7면.

33 최기숙, 「'관계성'으로서의 섹슈얼리티 : 성, 사랑, 권력」, 『여성문학연구』 제10집, 한국여성문학학회, 2003, 250~2면.

아내의 행위 혹은 상태를 부정적인 단어로 표현하고 있음이 확인된다. 失行・淫蕩・歡樂 등은 음란성과 쾌락성을 띤 단어들이다. 실수와 음란, 잘못된 즐거움의 시선은 당사자의 입장이 아니고, 서술자의 입장이다.[34] 당대 성을 즐기는 여인에 대한 곱지 않은 시선이 구술 서사물에 자리하고 있다. 도덕적 심판자인 서술자에 의해 여인의 욕망은 처벌의 대상일 뿐이다. 도덕적 심판자는 당연히 남성의 목소리다. 불륜을 행한 여인에게는 항상 유교적 이데올로기와 가부장적 시각이 뒤따르고 있다. 『海東野書』 <避雨>를 보자.

성균관에 다니고 있던 권 선비는 승보시를 보기 위해 명륜동으로 가는 도중 소나기를 만난다. 어느 초가 추녀 밑으로 비를 피하러 들어간다. 담배를 피우고 싶어 하는 선비의 혼잣말을 듣고 젊은 부인이 불을 창문 넘어도 내보낸다. 이렇게 둘의 인연은 시작되었다. 비가 오래도록 그치지 않자, 여인은 권 선비에게 집에 들어올 것을 청한다.

> 부인은 나이 이십사오 세쯤으로 소복이 정결하고 용모가 단정하며 언사나 품행이 민첩하고, 더불어 담소하는 데 조금도 부끄러운 기색이 없었다.
>
> 이윽고 날이 개어서 권생은 그만 자리에서 일어났다. 문을 나설 때, 궐녀는 권생에게
>
> "이제 응시장에 다녀오시자면 아무래도 날이 저물어 문이 닫쳐 집에 가시기 어려우실 텐데, 귀로에 들리심이 어떠하오리까?" 한다.[35]

부끄러움도 없고, 도발적인 발언도 서슴지 않는 청상과부다. 물론 서울

34 위의 논문, 252면.

35 이우성・임형택 편역, 『이조한문단편집』, 일조각, 1996, 208면.

의 시전상인인 시아버지가 개가를 종용했기에 행해진 발언이자 행동일 수 있다. 시아버지의 종용은 불륜을 정당화하기 위한 서사적 장치일 수도 있다. 불륜을 마음 놓고 행하고자 하는 일종의 안전망 역할을 하고 있다고 판단되기도 한다. 부끄러운 기색이 없음은 불륜의 조건이며, 귀로에 들리라는 도발적 발언은 불륜의 시작을 뜻한다.

> 권생은 한창 젊은이다. 밤에 젊은 미녀와 한방에서 마주 앉았는데, 주위엔 사람도 없고 風情이 동하는 바에 어찌 헛되이 보내겠는가. 자연히 동침을 하게 되었다. 그 여자는 별로 희색도 없고, 그저 쓸쓸히 한숨을 지을 뿐이었다.[36]

동침과 한숨이 대립하고 있다. 욕정과 열(효)의 대립이기도 하다. 욕정의 표출이면서, 烈과 孝의식의 固守다. 이 서사는 남성의 성적 욕망과 열의식이 내면화된 여인의 교묘한 배합으로 짜여 있다. 한숨짓는 이유를 묻자 여인은 긴 사연을 풀어놓는다. 시아버지의 개가 종용이 그 이유였다. 그러다가 노인은 병으로 죽었다. "필경 권생이 없는 틈에 자결해 죽었다."로 이야기는 종결된다.

결국 여인은 열과 효를 택했다. "시부가 돌아갔고, 권생도 홀아비로 있었으니, 두 남녀가 떳떳이 부부로 살아가는 해피엔딩이 당연한 귀결점으로 보인다."는 지적[37]은 개인적 욕망과 사회적 기대가 빚어내는 복잡다단한 상황, 그리고 서사의 지향점을 단순하게 본 견해라 할 수 있겠다.

욕정이 시대의 거대한 흐름인 열녀 담론에 파묻혀 버리고 말았다. <피

---

36 같은 곳.

37 위의 책, 208면 <해설> 참조.

우>는 이중적이다. 남성의 욕구와 여성의 내면화된 의식이 동시에 충족되고 있다. 왜냐하면 열과 효 의식의 승리는 성적 욕망 표출이 받게 될 비난의 화살을 피하고자 하는 서사적 전략에 불과하기 때문이다. <피우>는 시대적 흐름과 남성의 개인적 성적 욕망을 동시에 표출한 서사라 판단된다. 성적 욕망을 겉으로 드러내면서도, 유교적 이데올로기에서 비롯된 도덕적 교훈을 포진시켜 놓은 야담을 또 확인할 수 있는데, <龍山車夫>를 보자.

<용산차부>에서는 천민인 차부와 별감의 아내가 등장한다. 날이 저문 어느 날 차부는 집으로 돌아가는 중 수각교 근처에서 소변을 보게 된다. 그 모습을 엿본 별감 부인은 차부를 집으로 끌어들이고, 바로 동침을 요구한다. 욕정만을 가지고 있는 여인의 등장이기에 <피우>와는 전혀 다른 여인상이다.

그때 마침 꿈자리가 뒤숭숭했던 남편이 들이닥친다. 남편은 원래대로라면 당직을 서고 있어야 했다. 느닷없는 남편의 출현에 당황한 부인은 차부를 다락에 숨긴다. 그런 후 부부관계를 요구하는 남편을 설득하여 당직소로 돌려보낸다. 남편이 떠나자 차부와 처음보다 더 심한 음사를 한판 벌인다.

생면부지의 남자를 소변보는 것만을 보고 집으로 끌어들인 용감무쌍한 여인이다. 한 번의 성관계도 모자라 남편이 가고 나자 바로 새차 관계를 맺어야 하는 성욕만이 들끓는 여인이다. 얼마나 질펀했는지, 일이 끝나기가 무섭게 부인은 피곤하여 곯아떨어져 잠이 든다. 그런데 차부는 잠을 쉽게 못 이룬다. 깨달은 것이 있기 때문이다.

> 저의 본부(本夫)가 나보다 백배나 훌륭하고, 나는 한갓 지나가는 사람인데, 무단히 끌어들여 이런 음란한 짓을 하니 이는 전혀 음욕 때문이다.

아까 본부가 백방으로 달래도 안 들은 것은 내가 다락에 있어서겠지. 저의 부모가 부부로 짝지어주었거늘 추행이 이 같구나. 사람이란 누구나 혈기가 있는 법인데, 하물며 눈으로 보고서야 가만둘 수 있나.[38]

이 독백이 끝난 후 바로, 잠자고 있는 별감 아내를 칼로 죽인다. 음욕만을 가지고 있는 여인은 시대의 허락은 물론 같이 일을 벌인 차부에게마저도 용인될 수 없었나 보다. 그런데 부인을 죽인 사람으로 본래 남편인 별감이 지목된다. 왜냐하면 별감이 당직소에서 나와 집으로 들어가는 장면을 누군가 목격을 했고, 이를 증언했기 때문이다. 이 상황을 보다 못한 차부가 관가로 가 모든 것을 실토한다. 이 때문에 차부는 "한 음녀를 죽이고 한 무고한 자를 살렸"다 하여 의인으로 평가받고, 천민 신분을 벗고 양인(良人)이 된다. 포상은 여기에 그치지 않는다. 본부는 차부를 은인으로 여겨 재산의 절반을 떼어주기까지 한다.

상호 간에 이루어진 간통임에도 불구하고, 처벌의 대상은 여성으로 국한된다. 차부인 남성은 용서의 대상이다. 나아가 여성을 스스로 처벌함으로써 도덕의 심판자로 탈바꿈하여 의인으로 칭송을 받는다.[39] 이는 남성 중심의 가부장적 사회의 시각이다. 다음으로 『속어면순』의 <힐녀방마(詰女放馬)>를 보자. 줄거리는 이렇다.

남편과 말을 타고 여행하다가 여관에 든 부인이 있었다. 그녀는 길에서 우연히 만나 같은 여관에 든 선비와 사통하기 위해 꾀를 낸다. 당시 여관에는 한방에 한 팀만 투숙하는 것은 아니었다. 손님들이 온 순서대로 아랫목을 차지하며 함께 자는 것은 다반사였다. 선비가 투숙한 방에도 이미 다른

38 위의 책, 321면.

39 최기숙, 앞의 논문, 252면.

팀과 그들을 따라온 머슴들이 있었다. 이때 부인이 오줌을 눈다는 핑계로 밖으로 나간다. 그리고는 타고 온 말고삐를 모두 풀어놓는다. 남편을 비롯한 말 주인들은 각자 말을 쫓아 허둥지둥 나가고 그들이 멀리 사라진 틈을 타서 부인은 선비의 이불 속으로 들어간다. 남편이 돌아왔을 때 부인은 이미 가쁜 숨을 가누고 제자리로 돌아와 있었으니 완전범죄였다.[40]

남편의 눈을 피하려고 기지를 발휘하는 유부녀가 나온다. 잔꾀를 부려 욕망을 채우고 있다. 흥미진진한 이야기이다. 남편을 지척에 두고 행하는 간통행위는, 보는 이를 긴장하게 한다. 끝에 "소인이 임금을 속이고 간사한 짓을 행하는 것도 이와 비슷할 것이다."라고 논평한다. <용산차부>와는 달리 유교적 이데올로기의 대변자로 논평자가 나선 것이다.

그런데 음담과 교훈의 연결이 자연스럽지 못하고 어색한 느낌이 든다. 음담을 읽고 깨달아야 할 교훈치고는 다소 거창하기에,[41] 억지스럽다. 이렇게라도 해야 한다는 의식이 있었던 것 같다. 이러한 현상은 아마도 야담과 소화집 등의 향유 상황에 기인한다고 생각해 볼 수 있다. 한문으로 되어 있던 문헌이기에 향유 계층의 대부분은 사대부였을 것이다. 남성 중심적인 가부장적 사회였고 특히 유학을 신봉했던 사대부였기에 포장할 필요가 있었던 것으로 판단된다.[42]

불륜담과 유교 이데올로기 혹은 가부장적 질서와는 어색한 조우다. 어색한 조우에는 거역할 수 없는 시대 담론이 전제되어 있다. 열녀 의식이

---

40 제시한 줄거리는 류정월의 글을 따랐다. 류정월, 『오래된 웃음의 숲을 노닐다』, 샘터, 2006, 210~1면.

41 위의 책, 290면.

42 서대석, 「한국 전통 소화에 나타난 웃음의 성격 - 性笑話를 중심으로」, 『한국의 웃음문화』(김유정탄생100주년기념사업추진위원회편), 소명, 2008, 120면.

그 어느 때보다 고취된 조선 후기, 그러면서도 남성의 성적 욕망이 존재하던 조선 후기였기에 가능한 조우였다고 판단된다. 즐길 것은 즐기고, 얻을 것은 얻자는 생각에서 비롯된 결과 아닌가 생각된다. 그리하여 열녀의식의 고취와 불륜담의 성행은 동시대에 어색한 공생을 하고 있었다. 오락적 우스개 목소리와 진지한 이데올로기의 목소리가 부자연스런 모습으로 함께 하고 있다.

3) 진정한 자아 찾기로서의 불륜담, 〈포의교집〉

19세기 후반 한문단편 소설인 <포의교집>은 앞선 야담과 같이 불륜 모티프를 다룬 작품이다. 그런데 여인의 모습은 야담 속 여인과는 너무도 다르다. 육체적 욕망에는 그리 관심을 두지 않는다. 그렇다고 하여 열녀의식이 내면화된 여인은 더더군다나 아니다. 굳이 규정하자면, 불륜을 통해 자아 찾기를 하고 있는 여인이다. 이러한 여인상은 근대적 성격을 넘어 현대적이기까지 하다. 가히 당대의 여인상 혹은 야담 속 여인상과는 상당한 거리를 두고 있다.

<포의교집>은 조선 후기 변화된 서울의 성격이 반영된 소설이다. 유교적 공간이 해체되고, 개인으로서의 주체성 표현이 등장하게 된 조선 후기 서울의 성격을 <포의교집>은 그대로 반영하고 있다.[43] 양반이지만 무능한 한량에 불과한 이생과 천민 출신이지만 교양과 미모를 갖춘 유부녀 초옥과의 사랑 이야기이다.

이 소설 속 불륜의 성격이 여타 작품과 다른 이유는 전적으로 초옥 때문이다. 그 당대적 시각에서 보건대, 초옥은 독특하고 새로운 여성상을

---

43 김경미, 「서울의 유교적 공간 해체와 섹슈얼리티의 공간화」, 『고전문학연구』 제35집, 한국고전문학회, 2009, 203면.

보여 주는 인물이다. 신분은 미천하면서도 <통감>・<사략> 등 많은 문헌을 접했다. 미모도 뛰어나다. 많은 양반이 초옥을 어떻게 해볼까 하는 생각에 수없는 추파를 던졌지만 거절당한다. 각 지방에서 올라온 기생들이 초옥이란 이름을 알고 있었다는 사실로 미루어보건대, 나름 유명세도 탔음을 알 수 있다.

우유부단하기만 한 이생과는 달리 초옥은 과단성 있으며, 적극적이며 과감하다. 둘의 사랑은 초옥이 던진 봉선화 꽃가지로 시작된다. 초옥이 추구했던 사랑도 다른 여인과는 변별적이다. 포의교집(布衣交集)! '벼슬 안 한 선비들의 사귐'이 초옥이 바라는 사랑이었다. 본 남편에게는 기대하기 어렵기에, 이생을 향한 초옥의 사랑은 더 절실하였고, 그래서 불륜이면서 진지한 어조로 일관했다. 육체적 쾌락에 눈먼 남정네들의 구애는 번번이 실패로 돌아간 것도 이 때문이다.

초옥은 오로지 이생과의 사랑만을 원했다. 선비들의 벗 사귐과 같은 고차원적이면서 진지한 사귐이었으면 하는 바람에서 이생과의 사랑을 기대하고 또 행했다. 물론 이생을 오해한 데서 비롯된 사랑이었기에 안타깝긴 하지만 말이다.

> 장사선이 이생에게 말했다.
>
> "양파의 마음이 이미 형을 떠났는데, 형 생각은 어떻소?"
>
> "길가의 우물을 어찌 혼자 마실 수 있겠소? 하물며 본디 내 물건이 아니었는데, 뭘."**44**

중약이란 사람이 양파[초옥]를 갖겠다고 호언장담을 한 후에 장사선과

---

44 김경미・조혜란 역주, 『19세기 서울의 사랑 절화기담, 포의교집』, 여이연, 2003, 175면.

이생 사이에 이루어진 대화이다. 물론 장사선의 말은 거짓이었다. 양파의 마음이 이생을 떠난 적은 없었다. 장사선이 이생의 마음을 떠본 질문이라 하겠다. 이에 대한 이생의 대답에서 초옥에 대한 생각을 알 수 있다. 이생은 초옥을 노류장화(路柳墻花)쯤으로 여기고 있다. 이생에게서 진정성을 찾기란 힘들다.

초옥의 사랑이 내포하고 있었던 비극성은 다른 곳이 아닌 바로 이생의 이런 생각에서 비롯된 것이다. 초옥의 사랑이 지닌 불가능성 혹은 비극성은 불륜이 원초적으로 가질 수밖에 없는 성격에 기초한 것이 아니다. 여성에게만 적용되던 일방적 처벌 혹은 자살로 끝나버리는, 불륜담이 지니고 있는 원초적 성격에 기인하지 않는 또 다른 비극성이 <포의교집> 불륜담이 지니고 있는 특징이다.

> 이 날 이후로 밤이면 밤마다 만났는데, 꼬리가 길면 반드시 밟힌다는 것을 미처 생각하지 못했다. 어느 날 새벽 이생이 양파를 찾아가니, 양파가 나와서 이생을 맞이하였다. 그런데 방으로 들어가 문을 닫자마자, 갑자기 양노인이 밖에서 문을 잡아 당겼다.
>
> 양파는 아무 생각 없이 대답했다.
>
> "여기 이서방님이 와 계십니다."
>
> 양노인이 이에 문을 열어 잠깐 보고는 도로 문을 닫고 나가며,
>
> "나는 다른 사람인 줄 알았다."
>
> 하고는 자기 방으로 돌아갔다. 이생이 양파에게 말했다.
>
> "이제 반드시 변고가 나겠는걸."
>
> 양파가 웃으며 말했다.
>
> "상관없어요. 제가 낭군과 이러한 일을 벌인 것은 온 동네가 다 알고 있는 일이랍니다. 그러니 무슨 변고가 생기겠어요?"
>
> 그리고는 조금도 난처해하는 기색이 없이 이생과 함께 예전처럼 행동

하였다. 그러나 이생은 마음이 매우 불안했다.45

여기서 양노인은 초옥의 시아버지이다. 불륜 현장을 시아버지에게 들킨 것이다. 초옥의 말과 행위는 너무도 당당한 데 반해, 이생은 매우 불안해하고 있다. 이생은 단순한 성적 욕구의 출구로서 초옥을 대해왔기에 진정성을 찾기란 힘들고, 진정성이 없기에 불안해할 수밖에 없는 상황이다.

그런데 초옥의 태도는 이생과는 아주 다르다. 초옥이 이렇게 단호하고 당당할 수 있었던 것은 이생을 향한 진정성에 기인한다. 초옥은 이생과의 사랑을 육체적 본능의 분출로 보지 않고 '정행(貞行)'으로 여기고 있음을 다음 구절에서 확인할 수 있다.

> "해와 달이 비록 이지러진다 해도 밝음에 무슨 손상이 되며, 강과 바다가 비록 탁해진다 해도 넓이에 무슨 해가 됩니까? 저의 언행이 비록 칭찬받기에는 부족하지만 또한 정절에 무슨 해가 되겠습니까?46

이생과의 관계가 사회 통념상 불륜임에도 불구하고, 초옥은 정절에 아무런 해될 것이 없다 한다. 자기의 언행이 칭찬받기에는 부족하다고 한다. 초옥이 규정하고 있는 정절은 무엇인가. 초옥은 자신의 행위를 성행으로 여김으로써, 사회에서 인정하는 가치에는 상관하지 않고 개인의 욕망과 추구를 긍정하고 있다. 그래서 <포의교집>의 초옥은 중세적 질서에 순응하는 그 당대의 여인과는 달리, 근대적 주체로서 형상화되는 근대소

45 위의 책, 183면.

46 위의 책, 201면.

설의 여성과 더 친연성이 있어 보이기까지 한다.[47]

이상에서 조선 후기 사회 현상으로서의 열녀 의식과 문학적 현상인 불륜담에 대해 살펴보았다. '열녀 의식 / 불륜담, 열녀 의식 / 첩 제도'는 모순된 현상의 병치다. 열녀 의식은 불륜담과 어울리지 않으며, 열녀 의식과 첩 제도, 불륜담과 도덕적 가치가 동시에 공존하는 것은 역설이자 모순이다.

문학은 사회와 동떨어진 채로 진공상태로 존재하지 않는다. 문학과 사회는 끊임없는 상호작용을 하기 마련이다. 문학이 사회문화적 자장에서 자유로울 수는 없다. 그러나 문학은 자율성을 지니고 있기도 하다. 사회문화적 자장과 반대의 길을 걸어갈 수도 있다. 사회문화적으로 주류를 이루고 있는 담론에서 벗어날 수 있는 것이 또한 문학이고 예술이다. 때로는 동반의 길을, 때로는 대척점에 서 있기도 한 것이 문학과 사회의 관계이다.

조선 후기는 열녀 의식이 완성되는 시기이다. 여성 스스로 열 의식을 내면화하고 있기 때문이다. 그래서 무수한 열녀전이 나왔고, 여인의 규범을 주 내용으로 삼고 있는 규방가사·내방가사가 창작되고 유통되고 향유되었다. 그런데 조선 후기에는 '불륜 모티프'가 문학적으로 성행하였다. 규방가사와는 너무도 대척적이다. 시대의 흐름과 길을 같이하는 규방가사가 다수 창작되는가 하면, 그 반대편에 불륜담이 향유되었다.

불륜담은 성적 욕망을 표출하면서도 유교적 이데올로기가 덧붙여 서술된다. 시대적 주류에서 대척적이면서도, 시대를 마냥 거부할 수도 없었

47 조혜란, 「<포의교집> 여성주인공 초옥에 대한 연구」, 한국고전여성문학연구』 제3집, 한국고전여성문학회, 2001, 217~22면.

다. 사회문화적 자장 속에 있으면서도, 동시에 반대의 길을 걸었던 문학적 주제가 '불륜'이었다 할 수 있다. 이 점을 야담을 대상으로 하여 살펴보았다.

그리고 이 절 마지막에 '불륜'을 모티프로 하면서도 너무도 이질적인 모습을 보였던 <포의교집>을 살펴보았다. 당대에 이런 여성상이 존재할 수 있었을까. 의아해 하지 않을 수 없다. 이른바 근대문학 불륜담에서나 나옴직한 여인이 등장했기 때문이다.

사실 <포의교집>은 본 논의로부터 일정 정도 벗어나 있다. 조선 후기 불륜담의 특징과는 양상이 다르기 때문이다. 그럼에도 불구하고 논의를 진행한 이유는 당대에서는 찾아보기 힘든 특이한 현상이기에 참고하기를 바라는 마음과 4절 4항의 논의를 위해서이다.

4. 조선 후기 국문시가 속 불륜의 미적 기반, 유락(遊樂)

조선 후기 국문시가 특히 사설시조에는 인간의 숨겨진 욕망이 빈번하게 나온다. 그 이전과는 분명히 다른 점이다. 일상적 삶의 차원을 시적 소재로 삼았다는 자체로도 그 이전의 시가와 이질적인데, 성적 행위의 가감 없는 묘사는 아주 생경하다.

> 임이 온다 하거늘 저녁 밥을 일찍 지어 먹고
> 중문 나서 대문 나가 문지방 위에 치달아 앉아
> 이마에 손을 짚고 오는가 가는가 건너 산 바라보니
> 거뭇희끗 서 있거늘 저야 임이로다

버선 벗어 품에 품고 신 벗어 손에 쥐고
곰배임배 임배곰배 천방지방 지방천방
진 데 마른 데 가리지 말고 위렁충창 건너 가서
정엣말 하려 하고 곁눈으로 흘깃 보니
작년 칠월 사흔날 갉아 벗긴 주추리 삼대
살뜰이도 날 속였겠다

모처라 밤이기망정이지 행여 낮이런들 남 웃길 번 하괘라[48]

『진본 청구영언』

행동 하나하나가 구체적으로 묘사되어 시적 화자의 모습이 눈앞에서 펼쳐지고 있는 듯하다. 강세 접두사 "치" · 부사어 "곰븨님븨" · 의태어 "위렁충창" 등이 적절히 사용되어 화자의 간절함과 그리움의 깊이를 더하고 있다. 중장 끝의 반전과 종장의 자기 부정은 웃음을 자아낸다. 사설시조의 미적 기반이 생동감 넘치는 표현 · 희화화에 있음을 여실히 보여주는 작품이라 하겠다.[49] 좀 더 자세히 살펴보자.

초장은 '임이 온다고 하여 저녁밥을 일찍 지어 먹고'로 해석된다. 임에 대한 간절함이 보인다. 중장은 문을 나서는 장면으로 시작된다. 중문을 지나서 대문을 나서 문지방 위로 치달려갔다. "치"가 그리운 정도를 알려준다. 임이 건넛산에 있는가를 확인하기 위해 손으로 이마를 가려본다. 임으로 추정되는 사물이 검은 듯 흰 듯 보인다. 임으로 확신한 여인은 정신없이 달려간다. 버선은 품고, 신은 손에 쥐고, 맨발로 "위렁충창" 뛰어간다. 정황을 살필 겨를이 이미 여인에게는 없다. 진흙탕 마른 땅 따질

48 현대역은 김흥규가 역주한 『사설시조(고대민족문화연구소, 1993)를 따랐다. 앞으로 제시하는 사설시조도 마찬가지다.

49 김흥규, 『한국문학의 이해』, 민음사, 1986, 49면.

경황도 아니다.

얼마나 기다렸던 임인가. 임 가까이 도달하여 마음에 둔 말을 실컷 하려고 흘깃 보는 순간! 임이 아니다. 작년 7월 초순경 갉아 벗긴 삼대를 임으로 착각한 것이다. 진상을 알았기에 겸연쩍은 순간이다. 중장 전체는 임을 향한 화자의 간절함이 표출되어 있다. 화자의 모습이 사실적으로 우리 앞에 펼쳐졌다. 임의 실루엣만 봐도 설레던, 사랑! 속았음을 안 순간, 밀려오는 허무함과 상실감이 이만저만이 아니다. 헐레벌떡 달려온 자신의 모습을 되돌아보니 가관이기도 했을 것이다. "모쳐라"를 현대역 하면 '아서라 · 그만두어라'이다. 안도의 한숨일까, 허탈한 심정의 감탄사일까. 둘 다로 보아도 무방할 것이다. 임에 대한 원망이나 슬픔, 탄식이 나옴직한 순간에 '안도감'을 먼저 확인하는 화자의 태도는 웃음을 자아내기에 충분하다.

<간절한 그리움 - 착각 - 황급한 행동 - 진상의 발견 - 망신을 면했다는 자기 위안>으로 이어지는 행동은 임을 향한 화자의 간절함을 표출한 것이면서, 독자에게는 동정심을 유발하게 한다. 전체가 객관적으로 서술되어 있기에 시적 화자는 골계화된 인물로 수용된다. 나는 아니기에 갖게 되는 일종의 관용의 시선도 내재하고 있는 듯하다.[50] 여기까지가 텍스트 중심적인 시각에 기반을 둔 감상이다.

이제 만남의 성격에 초점을 두고 읽어보자. 만남의 성격 혹은 상황으로 시선을 돌려 읽으면 색다른 의미를 찾아낼 수 있기 때문이다. 일상적 삶을 토대로 하여 읽어보자는 것이다. 물론 조선 시대 일상적 삶의 성격을 추론하고 단언하기란 매우 어렵고 위험한 일이긴 하다. 그럼에도 불구하고 조심스럽게나마 말하고자 하는 이유는 텍스트 이면에 숨겨져 있는

50 김흥규, 「사설시조의 시적 시선 유형과 그 변모」, 『한국학보』 68집, 일지사, 1992, 13~4면.

시대적 코드를 찾기 위해서이다.

먼저 밥을 해 먹었다는 것으로 보아 화자는 여자다. 기생은 아닌데, 기다리던 임과의 만남을 위해 밥을 일찍 지어 먹을 필요는 없기 때문이다. 중문을 지나 대문을 나섰다고 하니 가옥의 규모를 알 수 있으나, 이것으로 여인의 신분을 가늠하기는 어렵다. 조선 후기에 오면 신분에 따라 나뉘었던 주거지가 섞이게 되기 때문이다.[51] 양반 규수일 수도 중인의 아내일 수도, 가능성은 희박하지만 평민의 아낙네일 수도 있다. 기혼인지 미혼인지는 확인 불가능하다. 정신없이 달려간 여인은 임을 "흘깃" 보는데, 그 이유는 불투명하다. 부끄러움에서 비롯된 행위인지, 부정(不貞)함에 기인한 행동인지 확언할 수 없다. 부끄러움이라면 처녀・총각의 애틋한 사랑담이고, 부정함이라면 기혼의 불순한 불륜담이 된다.

기다리던 임은 누구였을까. 일단 남편은 아니다. 미리 말하고 집에 가는 남편은 없고, 아내가 남편과 만나기 위해 밥을 일찍 지어 먹을 리도 없다. 같이 먹어야 정상이 아닐까. 허겁지겁 달려가는 장면도 대상이 남편이기에는 너무도 간절하다. 남편 맞이를 이렇게 앞뒤 정황을 살피지 못할 정도로 할 경우란 그리 흔하지 않다. 조선 시대 혼인은 가문의 위상과 웃어른들의 판단으로 결정된다. 부부간의 정이란 숭늉처럼 구수할 뿐, 연정의 설렘을 느끼기는 어렵다.[52] "위렁충창" 달려가서 마음속 말을 하려고 할 때, "흘깃" 봤다는 진술도 임이 남편은 아니라는 생각을 하게 한다.

물론 청춘남녀의 사랑담일 가능성도 배제할 수는 없다. 상황이 이러고 보면 이 남녀 간의 관계를 어떻게 생각해야 할까. 이 당시 청춘들의 연애

51 김경미, 앞의 논문, 194면.

52 김흥규, 「조선 후기 시조의 '불안한 사랑' 모티프와 '연애 시대'의 前史」, 『한국시가연구』 제24집, 한국시가학회, 2008, 43면.

가 어느 선에서 가능했고, 실제로 어떻게 행해졌는지에 대한 구체적인 지식이 필자에게는 마련되어 있지 못하다. 이들의 관계를 부적절한 관계 즉 불륜으로 단정하기에는 작품의 해석만으로는 불충분하다. 개연성만이 있을 뿐이다. 그러니깐 이 사설시조는 두 가지 코드로 읽힐 수 있다. 사랑담과 불륜담이 그것이다. 둘 다 개연성은 충분히 있기 때문이다. 그렇다면 조선 후기 들어서 기혼 간의 사랑, 불륜이 등장하는 사설시조는 없는가. 다음 작품을 보자.

> 개를 여라믄이나 기르되 요 개 같이 얄미우랴
> 미운 임 오며는 꼬리를 홰홰 치며
> 　뛰락 나리뛰락 반겨서 내닫고
> 　고운 임 오며는 뒷발로 버동버동 무르락 나으락
> 　캉캉 짖어서 돌아가게 한다
> 쉰 밥이 그릇 그릇 난들 너 먹일 줄이 있으랴

『진본 청구영언』

자신의 마음을 몰라주는 개에게 화풀이하는 재밌는 이야기다. 자신의 감정을 개에게 의탁한 참신하고 기발한 노래다. "꼬리를 홰홰 치"고, "버동버동" 등의 의태어가 실감을 더 하여 생동감이 넘친다. "쉰 밥"을 먹이지 않겠다는 화자의 발화는 진솔하고 소박한 심정의 표출이면서, 임에 대한 간절함을 드러낸다. 패러디한 작품도 있어 당시 유행했던 노래로 짐작된다.[53] 그런데 이 노래 역시 <님이 오마 하거늘~>처럼 수상쩍은 면이 있다.

---

53 『주씨본 해동가요』에 김수장이 지은 것으로 되어 있는 것과 『육당본 청구영언』에 무명씨 작품으로 전해지는 것이 있다.

통상 기생집은 개를 기르지 않는다는 사실에 기초해 보건대, 공간적 배경이 여염집이다. 화자는 기혼일 가능성이 많다. 개의 행동이 임에 따라 달라지는데, 처녀라면 달라질 이유가 없다. 두 임 모두에게 개는 같은 행동을 해야 한다.

그렇다면 두 임은 각각 누구일까. 개가 꼬리를 흔들며 반기는 임은 주인이다, 여인은 주인을 미운 임으로 지칭한다. 개에게는 주인이면서 여인에게는 미운 사람이다. 그러니 미운 임은 남편이다. 이에 '고운 임'을 정부(情夫)로 보는 것은 자연스러운 추리이다. 그러면 이 노래는 정부를 집으로 끌어들이는 상황을 전제로 하였고, 화자는 과감하고도 용감무쌍한 여인이다.

위에서 살핀 두 작품 모두 임에 대한 그리움과 애정을 전제로 하면서도 골계적으로 형상화하였다. 그러면서 텍스트 상황과의 사이에 묘한 긴장감을 형성한다. 독자의 은밀한 욕망을 시적 화자의 행동으로 채우고자 하는, 일종의 자기 투사의 묘미가 존재하기 때문이다.

불륜이 조선 시대에 실제로 빈번하였는가는 중요하지 않다. 적어도 이러한 욕망이 조선 후기에 존재한다는 사실 자체에 주목할 필요가 있다. "일상생활의 합리성이란 것의 밖에 존재하는 것"으로 놀이를 정의한 호이징하의 견해[54]와 이 당시 시조는 기방 문화를 기반으로 주로 향유되었다는 사실은 의미심장하다. 기방은 "고립되고 울타리가 쳐진 신성한 금역으로서 그 안에서는 특수한 법률이 통용"되는 공간이라 할 수 있다. 일상생활을 떠난 어떤 행위가 수행되는 곳, 마력적인 힘을 가진 공간[55]에서 위 작품들은 향유되었을 것으로 짐작된다. 다소 위험함을 무릅쓰고 속단

54 J. 호이징하, 김윤수 옮김, 『호모 루덴스』, 까치, 1981, 20면.

55 위의 책, 22~5면.

하자면, 기방 공간이라는 문화적 배경 속에서 이른바 불륜담은 창작되고 향유되었다고 할 수 있다.

불륜임을 암시하거나, 노골화시킨 사설시조는 허다하다. 앞서 살핀 두 노래는 불륜으로 단정할 수는 없다. 다만 불륜코드로 읽힐 수 있는 개연성이 존재하는 노래이다.

각시네 내 첩이 되거나 내 각시의 뒷남편이 되거나
꽃 본 나비요, 물 본 기러기요
　벌레 좇는 거미, 고기 본 가마우지
　가재에 젓이오, 수박에 숟갈이로다
각시네 하나 수철장의 딸이오 나 하나 짐쟁이로서
　솥 만들고 남은 쇠로 가마 질까 하노라

『진본 청구영언』

남성의 목소리로 노골적인 추파를 던지고 있다. 각시가 첩이 되거나 내가 뒷남편이 되자는 이야기다. 둘의 관계는 꽃을 본 나비 같고, 물 본 기러기다. 각시는 무쇠장이의 딸이고, 남자는 짐쟁이다. 천생연분임을 강조하는 이 노래는 처녀 총각이 아닌 유부남과 유부녀 사이에 오가는 내용이다. 첩과 뒷남편이란 시어가 이들의 입장과 처지를 말해 주고 있기 때문이다.

이르랴 보자 이르랴 보자 내 아니 이르랴 네 남편더러
거짓 것으로 물 긷는 체하고
　통을랑은 내려서 우물전에 놓고
　또아리 벗어 통조지에 걸고
　건너 집 작은 김서방을 눈짓해 불러 내어

두 손목 마주 덥석 쥐고 수군수군 말하다가
삼 밭으로 들어가서 무슨 일 하던지
잔 삼은 쓰러지고 굵은 삼대 끝만 남아
우줄우줄 하더라 하고
내 아니 이르랴 네 남편더러
저 아이 입이 보드라와 거짓말 말아스라
우리는 마을 지어미라 실삼 조금 캐더니라.

『진본 청구영언』

유부녀와 건넛집 김 서방 사이에 벌어진 불륜을 대화체로 노래하고 있다. 한 사람은 유부녀의 행위를 불륜으로 보지만, 유부녀는 산삼을 캐는 행위였다고 한다. 두 사람의 관점 차이가 말다툼의 출발점이다. 물론 유부녀의 말은 궁색한 변명에 불과하다. 종장에서 서술되고 있는 묘사가 심상치 않기 때문이다. 손목을 마주 잡고 말하는 행위, 잔 삼은 쓰러지고 굵은 삼은 끝만 남았다는 정황은 행위의 진실을 말해 주고 있다.

거짓으로 물을 긷는 체한다. 물통을 내리고 또아리는 통손잡이에 걸었으니 물 긷는 일에는 애초부터 관심 밖이었다. 김 서방을 눈짓으로 불러냈으니 조심스럽고도 은밀한 행위이다. 만나자마자 손을 덥석 잡는다. 서두름의 표현이기도 하겠지만 애절함의 깊이를 나타내기도 할 것이다. 수군수군 말을 한다. 야릇한 긴장감을 자아낸다. 삼밭에서의 묘사는 정사 외에 다른 것을 생각할 수 없다. 한 사람의 위협과 유부녀의 궁색한 변명은 인정세태의 반영이면서 웃음을 자아낸다.[56]

사설시조는 성 관련 노래의 빈도가 다른 장르보다 월등히 높다. '불륜 모티프'에 주인공들로 '남의님, 샛서방, 장사치, 스님' 등이 자주 등장한

56 김흥규, 「사설시조의 시적 시선 유형과 그 변모」, 20~1면.

다.[57] 나의 과문 탓도 있겠지만, 이들은 다른 장르에서는 거의 볼 수 없었던 인물군이다. 대상들도 실로 다양하다. 가정주부들의 세속적인 삶과 욕망의 표출 대상은 장사하는 사람에서부터 스님에 이르기까지 다종다기하다. 이에 대해 자세히 살펴보고자 한다.

1) '남의님', '샛서방'과의 불륜

아자 나 쓰던 황모필을
　수양 매월 흠뻑 찍어 창 앞에 얹었더니
댁대굴 구을러 뚝 떨어졌구나
　이제 돌아가면 얻을 법 있건마는
아무나 얻어 가져서 그려 보면 알리라.

『진본 청구영언』

사람마다 못할 것은 남의 임께다 정 들여 놓고
　말 못하니 애연하고 통사정 못하니 나 죽겠구나
꽃이라고 뜯어를 내며 잎이라고 훑어를 내며
　가지라고 꺾어를 내며
　해동청 보라매라고 제 밥을 가지고 꼬여를 낼가
　다만 추파 여러 번에 남의 임을 후려를 내어
　짚신 감발하고 아닌 밤중에
　담 타고 달아나려 담 넘어 갈 제
　시아비 귀먹쟁이 잡녀석은 남의 속내는 조금도 모르고
　아닌 밤중에 밤사람 왔다고 소리를 칠 제

57 김흥규 · 권순회, 『고시조 데이터베이스의 계량적 분석과 시조사의 지형도』, 고려대민족문화연구원, 2002, 35~6면.

요 내 간장이 다 녹는구나
참으로 네 모양 그리워서 나 못 살겠네.

『고대본 악부』

<사람마다 못할 것은~>은 '남의님'을 갈망한다. '남의님'이기에 누구에게 토로할 수도 없다. 꽃이라면 뜯어내고, 잎이라면 훑어내고, 가지라면 꺾어내겠지만, 어디 사람의 마음 얻기가 그리 쉬운가. 그 대상이 '남의님'이기에 사정은 더욱더 여의치 못하다. 그러나 이 여인은 포기하지 않는다. 여러 번 추파를 던져서, 드디어 '남의님'을 후려내었고 급기야 월담을 강행하여 만남을 성취하려는 데에까지 이르렀다.

그런데 시아버지라는 뜻밖의 훼방꾼이 나타났다. 시아버지가 월담하려는 이 여인을 보고 "도둑이 왔다"고 소리치는 바람에 산통이 다 깨지고 말았다. "그리워서 나 못 살겠네" 여인의 푸념 섞인 넋두리는 웃음을 자아내기 충분하다. 임에 대한 애절한 그리움이 주된 어조이긴 하지만, 그리움의 대상이 '남의님'이기에 은밀한 야릇함을 느끼게 해준다는 점, 여인임에도 불구하고 추파를 던지고 담을 넘는 과감한 행위를 한다는 점, 예상 밖의 존재 시아버지의 출현으로 알뜰한 계획이 수포로 돌아간 점, 화자가 생각해도 화자의 행동이 애처로워 못 살겠다는 푸념을 늘어놓았다는 점 등이 맞물려 돌아가면서 그리움의 어조는 희석되었기 때문이다.

<아자 나 쓰던 황모필을~>은 일상생활에서 일어날 수 있는 소소한 사건을 노래하고 있다. 황모필은 좋은 붓을 의미한다. 수양매월은 양질의 먹 이름이다. 좋은 붓에 좋은 먹을 찍었으니 금상첨화다. 그런데 그 붓이 굴러 집 밖으로 떨어져 버렸다. 당장 나가면 찾아올 수 있겠지만, 화자는 돌연 다른 사람이 가져다가 그림을 그리게 되면 알 것이라고 너스레를 떤다.

'황모필에 수양매월을 찍어서 왜 창 앞에 얹었는가, 밖으로 떨어진 황

모필을 왜 찾아오지 않는가'는 아무래도 이해가 안 간다. "그려 보면" 무엇을 안다는 것인가. 황모필이 좋은 붓이란 사실을 안다는 것인가, 아니면 나의 붓이란 것을 안다는 것인가.[58] 황모필을 소유하고 있는 것에 대한 자부심에서 비롯된 것일 텐데, 그 속뜻은 모호하다.

<아자 나 쓰던 황모필~>를 알레고리로 보고 상상력을 동원하면 다음과 같은 이야기로 풀이될 수 있다. 붓은 통상 남성이 소유하고 있는 필기구이기에, 황모필은 남성을 상징한다. 수양매월은 치장을 의미한다. 황모필이 좋은 붓을, 수양매월은 양질의 먹을 뜻하기에 화려한 복장을 한 매력적인 남성 정도로 상상해 볼 수 있겠다. 화자는 자신의 남성에 대해 자부심을 품고 있다. 매력적인 남성을 짝으로 두고 있는 화자의 자부심을 드러냄으로써 다른 여인의 부러움을 한몸에 받고 싶은 일종의 우월감의 표출로 이 노래를 해석할 수 있겠다.

그런데 우월감의 표출 방법이 의아하다. "다른 여인이 얻어 가져다가 그려 보면 알겠지"는 '다른 여자가 사귀어 보면 내 임이 얼마나 멋진 남자인지 알겠지'로 해석할 수 있기 때문이다. 알다가도 모를 여인의 심리이다.

실려 전하는 문헌의 시간상 상거도 만만치 않아,[59] 서로 관련을 두고 창작・향유되지는 않았겠지만, '남의님'에 대한 욕망을 표출한다는 관점에서 바라보면 흥미롭다. '남의님'에 대한 욕망을 인식하고 있는 여성과 '남의님'에 대한 욕망을 표출하고 있는 여성이 등장하여 조선 후기 욕망의 단면을 바로 보여 주기 때문이다.

사설시조에는 '남의님', '샛서방'을 향한 욕망을 표출한 노래가 다수

58 고정옥 저, 김용찬 교주・해설, 『교주 고장시조선주』, 보고사, 2005, 207면.

59 『진본 청구영언』의 편집 시기는 1728년이고, 『고대본 악부』는 1933년 이전으로 추정하고 있다. 『고대본 악부』의 편집자인 이용기는 1933년경에 작고하였는데, 10여년에 걸쳐 자료를 수집하였다고 한다. 박성의, 「악부연구」, 『고려대 60주년 기념논문집, 1955 참조.

전해진다. '샛서방'은 통상적으로 인정 또는 허용되는 관계 범주 밖의 성적 관련이 있는 남성 상대자를 의미하고,[60] '남의님'은 누군가와 이미 부부 혹은 연인관계가 맺어져 있는 님을 의미한다.[61] 결국 '샛서방'이든 '남의님'은 불륜 상대자라는 같은 의미를 지니고 있는데, '샛서방' 혹은 '남의님'을 겉으로 드러내고 있는 몇몇 노래를 살펴보자.

> 만경창파 물결에 둥둥 뜬 불약금이 거위 오리들아
> 　비슬 금성 원앙새 둥둥 뜬 너시 두루미들아
> 내[illegible] 있는 물 깊이를 알고 둥 떠 있느냐 모르고 둥 떠 있느냐
> 우리도 [illegible] 님 걸어 두고 깊이를 몰라 하노라
>
> 『진본 청구영언』

도대체 헤아릴 수 없는 임의 [illegible] 노래하고 있다. 오리와 두루미도 화자인 나도 대상에 대한 깊이를 알 수 없다. [illegible]계는 맺고 있으나 관계의 정도를 가늠할 수 없는 상태, 이것이 화자의 상황[illegible]다. 통상적인 상황 속에서도 알 수 없는 것이 [illegible]인데, 사랑하는 [illegible]상이 불안하기 짝이 없는 '남의님'일 경우, 未知의 정도는 한층 더하다. '남의님'은 자체가 불안하다. 왜냐하면 나를 향한 진정성을 가늠하기 힘들기 때문이다. 앞으로 벌어질 일도 예상할 수 없다. '깊이를 알 수 없는 물'보다 더 알 수 없는 것이 '남의님'이다.

'남의님'을 향한 사랑의 주체는 여성이다. 이 여성이 아가씨인지 유부녀인지는 알 수가 없다. 그래서 그런지 임을 향한 사랑이 초조와 조바심, 불안함으로 그려지고 있다. 관계가 노골화되지 않은 단계, 즉 짝사랑일

60 김홍규 · 권순희, 앞의 책, 19면.

61 위의 책, 16면.

가능성도 배제할 수는 없다.

그런데 '샛서방'은 '남의님'과는 다르다. '남의님'을 사랑하는 주체는 기혼 여부를 알 수 없다. 이에 반해 '샛서방'을 사랑하는 주체는 유부녀이다.[62] 불안한 사랑이라는 면에서 둘은 같은 성격을 지니고 있지만, 그것을 그려내는 방식에서는 차이가 있다. '샛서방'을 사랑하는 여인은 노골적이면서 적극적이다.

> 본남편 그 놈 붉은 말총 벙거지 쓴 놈
> 　샛서방 그 놈은 삿갓벙거지 쓴 놈 그 놈
> 본남편 그 놈 붉은 말총 벙거지 쓴 놈은
> 　다 빈 논에 허수아비로되
> 밤중만 삿갓벙거지 쓴 놈 보면 샛별 본 듯하여라
>
> 『육당본 청구영언』

'본남편 / 샛서방'의 대립은 '말총 벙거지 / 삿갓벙거지'의 대립과 병치된다. 화자의 입장에서 '허수아비 / 샛별'이라는 사뭇 다른 평가를 한다. 본남편은 말총 벙거지로 비유되며, 허수아비로 평가되고, 샛서방은 삿갓벙거지이며 샛별이다.

이 노래는 '놈'이 여덟 번이나 반복된다. '놈'이 본남편과 샛서방을 향한 호칭으로 간주하여, 지향점이 가부장적 규율 질서에 대한 냉소에 있다는 독법이 가능하다.[63] 그런데 '놈'은 성기를 지칭한다고 판단된다. "본남

62 '샛서방'의 의미는 두 가지가 있다고 한다. 남편 몰래 관계하는 대상이란 뜻과 함께 본 남편을 두고 따로 또 얻어 같이 사는 남편이라는 뜻도 있다고 한다. 그러니깐 남편에게 첩이 있듯, 부인에게는 샛서방이 있는 것이다. 따라서 샛서방은 어느 정도의 합법성이 존재한다. 다만 '샛서방'은 여자가 유부녀일 때만 사용할 수 있음에 주목하였다.

63 이형대, 「사설시조와 여성주의적 독법」, 정출헌 외, 『고전문학과 여성주의적 시각』, 소명출판,

편 그놈"은 '본남편의 그놈'으로 해석할 수 있기 때문이다.

초장의 내용을 현대역하면, '본남편의 그놈은 말총 벙거지처럼 생긴 놈이다' 정도가 아닐까 한다. "놈"을 남편을 향한 호칭으로 보고 남성에 대한 냉소로 보는 독법은 지나치게 여성 중심적 연구 시각에 경도된 데에서 비롯된 과도한 해석이 아닐까 한다. 이 노래는 본남편과 샛서방을 성기 그리고 잠자리의 만족도를 기준으로 비교하여, 자신의 성적 욕망을 노골적으로 표출한 노래로 보는 것이 온당한 해석이라 판단한다.

<본남편 그 놈 붉은 말총 벙거지~>는 가부장적 질서에 대한 반항, 남성적 권위에 대한 냉소적 태도에 중점을 두기보다는, 유부녀의 성적 욕망을 여과 없이 직설적 어조로 노출한 노래이다. 말총 벙거지를 쓴 것 같은 본남편의 성기를 보면 축 늘어져 있는 허수아비를 본 것과 같고, 삿갓 벙거지를 쓴 것 같은 샛서방의 성기를 보게 되면 샛별을 본 듯하다. 성적 본능만을 추구하는 여인, 오로지 성적 능력만을 가지고 남성을 평가하는 여인이다. 이 노래의 성격은 대단히 질탕하면서 향락적이다.

본남편 광주 싸리비 장사
　샛서방은 삭녕이라 잇비 장사
눈짓에 맺은 임은 뚜딱 두드려 방망이 장사
　도르르 감아 홍두깨 장사 빙빙 돌아 물레 장사
　우물전에 치달아 간당간당 하다가
　위렁충창 풍 빠져 물 담뿍 떠내는 드레박 꼭지 장사
어디 가 이 얼굴 가지고 조리 장사를 못 얻으리

『진본 청구영언』

이 노래의 화자는 샛서방을 여럿 두었다. 남성 편력이 상당하다. 샛서

2003, 305~6면.

방으로 여러 장사꾼이 등장하는데, 이들이 파는 물건의 특성은 모두 성적 행위를 뜻한다는 데에 있다. 뚝딱 두드리는 듯한 방망이 장사, 도르르 감는 홍두깨 장사, 빙빙 도는 물레 장사, 물을 듬뿍 떠내는 드레꼭지 장사 등의 묘사는 성적 행위를 연상시킨다. 이 노래는 商행위와 性행위의 유사성을 포착해내는 은유 기법을 사용한 일종의 말놀음이다.[64]

다섯 장사꾼들로는 만족할 수 없었던 여인은 조리 장사까지 얻고자 한다. 상식을 초월할 뿐만 아니라, 당대 여인에게 요구했던 유교적 이데올로기라고는 전혀 찾아볼 수 없는 행위를 한 여인이다. 도전적이고 도발적인 여인의 행위를 당시 사회적 윤리에 대한 중대한 도전을 의미한다고 볼 수도 있다.[65]

그런데 이런 해석을 하기에는 다소 석연치 않은 구석이 있다. 이 여인은 오직 성적 욕망만을 표출하고 있기 때문이다. 오직 성적 쾌락과 향락만을 추구하는 여인으로 규정하고 그대로 인정하자는 것이 나의 생각이다. 사설시조 자체가 그리 생산적인 장르는 아니다.

성의 비속화가 그릇된 가치규범의 억압에 대한 일탈적 저항으로서의 의의가 인정된다 하더라도, 그것이 곧 중세를 대신하는 삶의 형상일 수는 없다. 그래서 사설시조가 근대적 가치를 보증하는 것처럼 단순화하는 논법은 위험하다고 본 김흥규의 견해[66]는 되새김질해 보아야 할 가치 있는 지적이다.

이이려뇨 어이려뇨 시어머님아 어이려뇨
샛서방의 밥을 담다가 놋주걱을 덜컥 부러뜨렸으니

64 류해춘, 「상행위를 매개로 한 사설시조의 성담론」, 『우리문학연구』 22집, 우리문학회, 2007, 110면.

65 같은 곳.

66 김흥규, 『한국문학의 이해』, 49~50면.

이를 어이하려뇨 시어머님아
저 아기 하 걱정 마스라
우리도 젊었을 때 많이 꺾어 보았노라.

『진본 청구영언』

샛서방을 향한 성적 욕망은 정말로 강력해서 최소한의 경계심도 없게 한다. 위 노래는 며느리와 시어머니 사이의 대화이다. 샛서방의 밥을 푸다가 놋주걱을 부러뜨린다. 샛서방은 사랑스러운 존재이기에 조금이라도 더 담기 위해 놋주걱으로 밥을 꾹꾹 눌렀을 것이다. 얼마나 많이 담으려고 했던가. 그만 놋주걱이 부러져 버린 것이다. 이를 남편의 어머니인 시어머니에게 고백한다. 요즘 유행하는 이른바 막장드라마의 한 장면을 보는 듯한 느낌이다.

이제껏 유지했던 나름의 긴장은 "우리도 젊었을 때 많이 꺾어 보았노라" 라는 말과 함께 풀린다. 이 말의 주체는 시어머니일 수도 있고, 제삼자일 수도 있다. 주체가 시어머니일 경우, 등장인물인 시어머니와 며느리 모두 샛서방을 둔 적이 있거나 현재 두고 있는 아낙네들이다.[67] 주체가 제삼자일 경우, "우리"는 불특정 다수가 되어 샛서방을 둔 경험은 보편적인 경험으로 확대된다. 어느 쪽으로 해석되든, <어이려뇨 어이려뇨 시어머님아 어이려뇨~>는 샛서방을 향한 열망 정도와 그 열망의 보편성을 희극적으로 형상화한 노래이다.

2) '장사치'와의 불륜

'장사치'는 '남의님', '샛서방'에 포함된 존재다. <본남편 광주 싸리비

67 김흥규, 『한국 고전문학과 비평의 성찰』, 고려대출판부, 2002, 43면.

장사~>에서 보듯 장사치가 샛서방으로 등장한다. 그럼에도 불구하고 '장사치'에는 '남의님'에는 없는 특별한 의미가 있다.

늙은 이몸 장사치의 아내가 되었습니다 老大嫁作商人婦
장사치는 이속에만 밝고 이별은 가볍게 여기는지라 商人重利輕別離
지난달 부량으로 차를 사러 떠났습니다 前月浮梁買茶去

백거이가 쓴 <비파행>의 부분이다. 백거이가 지방으로 좌천되었다. 어느 날 손님을 배웅하러 분포강 포구에 나갔다. 배 속에서 우연히 비파 타는 소리를 들었는데, 서울에서 듣던 소리와 조금도 다르지 않았다. 찾아보니 원래 장안에서 노래로 유명한 여인이라고 하였다. 비파 연주를 끝내고 그 여인은 하소연을 늘어놓는다. 그 일부가 위에 인용한 구절이다. 나이 들어 쇠하게 되자 장사꾼에게 시집을 가게 되었다. 장사치는 원래 이익에는 밝고, 이별은 가볍게 여긴다. 부부의 연을 맺기에 부적절한 인간이다.

장사치와는 하룻밤의 인연일 뿐이다. 장사치와의 만남은 일회적이고 즉흥적이고 충동적이고 향락적일 가능성이 농후하다. 장사치에게 애틋한 정을 기대하기 힘들다. 장사치는 기본적으로 정착의 이미지와는 동떨어진 나그네의 이미지다. 장사치에게 느끼는 성 욕구란 사랑과 정이 동반하지 않는, 욕구 그 자체의 만족에 있다. 장사치와의 관계는 하룻밤의 인연이며, 성 욕구의 충족에 온 목적이 있다. 야릇하고 짜릿한 쾌감은 배가되고, 애틋함이 없는 관계가 바로 장사치와의 섹스다. 장사치와의 관계는 그만큼 소비적이고 향락적이다. <메밀꽃 필 무렵>에서도 확인되듯, 장사치와의 인연은 고작 하룻밤의 정분일 뿐이다.

술이라 하면 말이 물 들이켜 듯하고
　음식이라 하면 헌 말등에 서리황 닿았듯
양쪽 수종 다리 잡좆이 팔에 흘기눈
　안팎 곱사등이 고자 남편을 망석중이라 앉혀 두고 보랴
창 밖에 통메 장사 네나 자고 가거라.

『악학습령』

술은 물 마시듯 들이키고, 음식은 잘 먹지 않는 남편. 다리는 붓고, 팔은 가느다랗고, 눈은 한쪽으로 몰려 있는 남편. 게다가 곱사등이이고 성기능도 불능인 남편. 나무로 만든 꼭두각시와 다를 게 없는 남편이다. 상황이 이쯤 되면 남편은 폐인이요 아무짝에도 쓸모없는 존재임을 알게 된다. 그래서 찾은 것이 통메 장사다. "에라 모르겠다"는 심사가 내포되어 있다. 충동적이고 즉흥적이다. 장사치를 대상으로 성적 욕구를 해결하려는 여인의 등장은 사뭇 의미심장하다. 오직 성적 욕구만을 추구하는 여인상의 등장이기 때문이다. "댁들에 ~ 사오"라는 장사꾼의 말로 시작하는 이른바 '장사치-여인 문답형 사설시조'가 모두 7수 있다.

댁들에 연지라 분들 사오 저 장사야 네 연지분 곱거든 사자
곱든 비록 아니하되
　바르면 예 없던 교태 절로 나는 연지분이오
진실로 그러할 양이면 헌 속것을 팔망정
　대엿 말이나 사리라

『일석본 해동가요』

댁들에 젓가락 숟가락 묶음 사오
　저 장사야 네 물건 몇 가지나 있느냐 사자

아랫등잔걸이 웃등잔걸이 걸등잔걸이
　조리 수저 국자 동이 통노구 가운데
　대목관 기생 소각관 주탕이
　본시 뚫어져 물 조르르 흐르는 구멍 때우오
장사야 때우기는 때워도 뒷말 없게 때워라.

『일석본 청구영언』

각씨네 더위들 사시오
　이른 더위 늦은 더위 여러 해 묵은 더위
오뉴월 복 더위에 고운 님 만나서
　달 밝은 평상 위에 츤츤 감겨 누었다가
　무슨 일 하였던지 오장이 타는 듯하여
　구슬 땀 흘리면서 헐떡이는 그 더위와
　동짓달 긴긴 밤의 고운 님 품에 들어
　따스한 아랫목과 두꺼운 이불 속에
　두 몸이 한 몸 되어 그리저리 하니
　수족이 답답하고 목구멍이 탈 때에
　윗목에 찬 숭늉을 벌덕벌덕 켜는 더위
　각씨네 사려거든 소견대로 사시옵서
짱사야 네 더위 여러 중에
　님 만난 두 더위는 누가 아니 좋아 하리
　남에게 파지 말고 부디 내게 파라시소

『봉래악부』

어떻게 시작하든 끝은 모두 성적 이야기다. 여염집 아낙네와 장사치 사이에 농염한 농지거리 대화가 오간다. 교태가 생긴다면 속옷을 팔고서라도 연지분을 사겠다는 다짐, 구멍을 때우더라도 뒷말은 없게 하라는 당부, 노골적 섹스 뒤에 찾아오는 더위는 남에게 팔지 말고 나에게 팔라는 당부 등 모두 오직 관심의 초점은 성적인 데에 있다. 시적 시선과 그것을 표현한 언어 사이에 어떠한 굴절도 없기에, 오독이 있을 수 없는 노래들이다.68

> 댁들에 동난젓 사오
> 　저 장사야 네 물건 그 무엇이라 외치느냐 사자
> 外骨 內肉 兩目이 上天 前行 後行 小아리 八足 大아리 二足
> 　靑醬 아스슥 하는 동난젓 사오
> 장사야 하 거북하게 말하지 말고 게젓이라 하려무나
>
> 『진본 청구영언』

이른바 '장사치-여인 문답형 사설시조'류의 대표격인 <댁들에 동난젓 사오~>는 성적 욕망 표출을 거론할 때 제외되는 노래다. <댁들에 동난젓 사오~>은 익살적 말재치로 흥미를 돋우는 골계적 성향을 지닌 노래 혹은 장사치의 허위의식을 풍자한 노래로 흔히들 인식되어 왔다. 이러한 해석과 이해는 앞서 말한 장사치의 성격에 비해 볼 때, 다소 불충분함을 느낀다. 장사치와의 일상적 대화를 그대로 옮겨 놓은 것으로 보는 시각은 순진한 독법에 기인한 것이라 판단된다.

김흥규의 지적대로 '게젓'이 지니고 있는 어감을 무시한 채 사전적 의미로만 받아들이는 독법으로는 이 노래의 미적 기반을 제대로 파악하기 힘들다. 장사치가 장황하게 늘어놓는 유식한 문구는 허위의식에서 비롯

68 김흥규, 「'장사치-여인 문답형 사설시조'의 재검토」, 김학성 · 권두환 편, 『신편 고전시가론』, 새문사, 2002, 357면.

된 것이 아닐 수 있다. 장사치에게 허위의식은 어울리지 않는다. 장사치의 목적은 물건을 파는 데에 있는데, 사람들이 거북해하는 단어를 쓸 일도 없다. 이에 미적 기반이 풍자에 있다고 보는 견해는 그리 타당해 보이지는 않는다. 이 노래 역시 성적 이야기를 지향하고 있다. '게젓'은 '개좆'과 음성적으로 유사하기에, 성적 말놀음을 노래한 것으로 보는 시각이 타당하다.[69]

<댁들에 동난지이 사오~> 역시 사설시조의 미적 기반인 웃음에 기초하고 있다. 게젓 장수의 유식한 문구의 장황한 서술은 아낙네의 간결한 답변으로 희극적 반전을 이룬다.[70] 여염집 아낙네의 입에서 튀어나온 낯뜨거운 말 '게젓'은 '개 좆'을 연상시킨다. 초·중·장의 내용과는 전혀 상관없으면서, 음성상의 유사성에 기인한 여염집 아낙네의 간결한 성적 발설이 웃음의 원천인 것이다. 아래 제시한 노래 역시 성적 욕구 표출과 관련된다.

> 댁들에 나무들 사오
>   저 장사야 네 나무 값이 얼마나 외치느냐 사자
> 싸리 나무는 한 말 치고 검불 나무는 닷 되를 쳐서
>   합하여 세면 한말 닷되 받습네
>   사 때어 보소 잘 붙습나니
> 한 번만 사 때어 보면 매양 사 때자 하리라.
>
> 『진본 청구영언』

> 댁들에 화문석 자리 사오

69 위의 논문, 359면.

70 위의 논문, 360면.

저 장사야 네 자리 값 얼마나 가나 사 깔아보자
두 필 싼 자리 한 필 받습네 한 필이 바싸니 반 필 받소
반 필 아니 받습네 하 우스운 말 마소
한번 사 깔아보시면 매양 사 깔자 하오리.

『일석본 해동가요』

<댁들에 동난지이 사오~>와 같이 음성상의 유사성이 성적 이야기로 읽을 수 있는 단서다. 김흥규의 논의에 의하면 위 노래들에서 반복되고 있는 "사 때어"와 "사 깔아"는 원전에 "삿 대혀"와 "ᄉᆞᆺ ᄭᆡ라"로 되어 있는데, 이 "삿" 혹은 "ᄉᆞᆺ"은 '샅(사타구니)'과 음성상의 유사성을 보인다. 그러니 위 노래의 구절은 다음과 같은 의미로 해석할 수 있다.[71]

삿 대혀 보으소 잘 붓습ᄂᆞ니
→ 샅을 대 보시오 잘 붙습나니
ᄒᆞᆫ적 ᄒᆞᆺ ᄭᆡ라 보심연 매양 ᄉᆞᆺ ᄭᆡ쟈 ᄒᆞ오리
→ 한번 샅을 까 보시면 매양 샅을 까자 하오리

'삿 대혀'는 '샅 대다' 즉 '사타구니를 맞붙이다'의 뜻으로, 'ᄉᆞᆺ ᄭᆡ'는 '샅 까' 즉 '사타구니를 노출하다'을 뜻한다.[72]

앞서 말했듯이, 장사치와의 관계는 오랜 기간을 두고 쌓아오는 애틋한 정에 기반을 두기 쉽지 않다. 하룻밤에 이루어지는 순간적 관계일 뿐이다. 온갖 곳을 돌아다니며 산전수전 다 겪은 거친 장사꾼과 성적 농담에 꽤 익숙한 여염집 아낙네의 농염한 농을 이른바 '장사치-여인 문답형 사

71 위의 논문, 358면.

72 위의 논문, 358~9면.

설시조'류는 지향하고 있다.

3) '스님'과의 불륜

유부녀의 불륜 대상은 다종다기하다. 스님도 불륜의 대상이다. 조선의 역사를 보면 오히려 불륜 대상으로 스님처럼 공인된 존재도 없었을 것처럼 여겨지기도 한다. 강명관은 혜원의 그림을 통해 스님과의 불륜을 언급한 적이 있다. 혜원의 그림 <기다림>에는 아리따운 여인이 담장 밑에서 힐끗 어딘가에 시선을 고정하고 있다. 은근하면서도 조용함을 느끼게 하는 색채를 배경으로 하고, 갸름한 여인의 얼굴을 그리고 있다. 그런데 뒷짐 진 여인의 손에는 중의 모자인 송낙이 쥐여 있다. 왜 이 여인의 손에 송낙이 쥐여져 있는지는 모를 일이다.[73]

혜원은 유흥의 풍속을 사실적으로 다루고 있는 화가이니만큼, <기다림>은 어느 정도의 사실성을 갖고 있을 것이다. 강명관은 다음과 같은 자료를 제시한다. 조선 전기의 자료지만, 조선 후기도 사정은 그리 다를 것 같지 않다.

> 佛氏의 도는 세간을 떠나서 속세를 멀리하는 것을 宗旨로 삼고, 婦女의 도리는 단정하고 정숙하여 스스로 정절을 지키는 것을 주로 삼습니다. 그런 까닭으로 국가에서 법령을 엄히 세워서, 무릇 부녀로서 절에 올라가는 자를 금단하는 법을 엄격히 시행하여, 風教를 밝게 하였습니다. 근래 법령이 폐지되고 해이해져 부녀가 절을 올라가는 것이 길에 끊이지 않으니, 공공연히 淫行을 저지르고 절개를 잃는 것이 이러한 까닭에서 비롯되는데, 심히 時政의 아름다운 법전을 밝게 하는 것이 아닙니다. 원하건

73 강명관, 『조선 사람들, 혜원의 그림 밖으로 걸어나오다』, 푸른역사, 2001, 221면.

대, 攸司로 하여금 부녀로서 절에 올라가는 자는 부모를 추모하는 법회는 물론이고 일절 모두 금단하여, 풍속을 바로잡게 하소서.[74]

『태종실록』 4년 12월 8일조 사간원이 요청한 글이라고 한다. 부녀가 절에 올라가는 일체의 행위를 금하라는 요청이다. 이유는 부녀의 정절에 있다. 공공연히 음행을 저질러 절개를 잃어버리기 때문이다.

에헴 그 뉘오신고 건너 불당에 동냥중이오런이
홀 거사 홀로 자옵는 방에 무엇하러 와 계신고
홀 거사님의 노 감탁이 벗어 거는 말 곁에
　내 고깔 벗어 걸러 왔습네.

『일석본 해동가요』

홀거사[비구니]와 동냥중 간에 벌어진 사건을 노래하고 있다. 홀거사가 홀로 자는 방이 공간적 배경이다. 은밀한 야릇함을 자아내는 공간이 설정된다. 호기심을 자아내기에 충분한 배경이다. 서술자의 시각이 사건과 일정한 거리가 존재하기에, 객관적으로 서술되고 있다. 일정한 거리를 둔 시점에서 객관적인 서술을 한다는 것은 구체성이 확보됨을 의미한다.[75] 그래서 독자로 하여금 작자의 옆에서 작자와 함께 파계의 현장을 목격하는 착각을 불러일으키게 한다.[76]

대화체로 되어 있어 주체를 가늠하긴 힘들다. 즉 성애를 적극적으로

74 위의 책 220면에 인용한 구절을 재인용.

75 이수곤, 「사설시조의 거리두기 양상에 대한 고찰」, 『시학과 언어학』 제5호, 시학과 언어학회, 2003, 167~8면.

76 민찬, 「파계승 사설시조 <어흠아 그 뉘옵신고>의 유흥적 단면」, 백영 정병욱 선생 10주기추모논문집 간행위원회, 『한국고전시가작품론2』, 집문당, 1992, 839면.

유도하는 인물이 비구니인지 동냥중인지 파악하기는 쉽지 않다. 다만 대화 유도의 역할을 비구니가 하고 있다는 점만을 확인할 수 있을 뿐이다. 의도한 것은 아니겠지만, <에헴 그 뉘오신고~>의 후속작으로 봐도 자연스러운 노래를 제시하면 다음과 같다.

> 장삼 뜯어 중의 적삼 짓고
> 　염주 뜯어 당나귀 밀치 하고
> 석왕세계 극락세계 관세음보살 나무아미타불
> 　십년 공부도 너 갈 데로 가거라
> 밤중만 암거사의 품에 드니 염불 경황 없어라.

『진본 청구영언』

중의 웃옷 장삼을 뜯어내어 홑바지와 홑웃옷을 만든다. 염주는 뜯어 당나귀의 제구로 만들었다. 스님의 신분에서 벗어나려는 행위이다. 그동안 닦아온 수도자의 생활은 나 몰라라 한다. "갈 데로 가"라, 막가자는 것이다. 파계승의 길에 들어선 이유는 암거사와의 잠자리에 있었다. 비구니와의 잠자리가 얼마나 달콤했는지, 십년공부가 도로가 되었다.

중의 무리가 여인들의 머리를 깎아 함께 도를 닦는 신자라고 속여 몰래 간음하는 경우가 있었다 한다.[77] 이런 사회적 현상이 반영된 노래라고 볼 수 있다. 하여튼 스님의 성적 욕구도 만만치 않았고, 그 표출도 과감했음을 확인할 수 있다. 불륜이라 단정할 수는 없지만, 스님들의 성적 유희를 다룬 사설시조는 상당수 전해지고 있다.

> 중놈도 사람인 양하여 자고 가니 그립다고

77 박종성, 『권력과 매춘』, 인간사랑, 1996, 47~8면.

중의 송락 나 베고 내 족도리 중놈 베고
　중의 장삼은 나 덮고 내 치마란 중놈 덮고
　자다가 깨달으니 둘의 사람이
　송락으로 하나 족도리로 하나
이튿날 하던 일 생각하니 흥글항글 하여라.

『진본 청구영언』

청울치 육날 미투리 신고 휘대 장삼 두르쳐 메고
소상 반죽 열 두 마디를 뿌리째 빼서 짚고
　마루 넘어 재 넘어 들 건너 벌 건너 청산 돌길로
　희끗 뉘엿뉘엿 희끗희끗 넘어 가옵거늘
　보온가 못 보온가 그 우리 남편 선사 중이
남이야 중이라 하여도 밤중만 하여서 옥 같은 가슴 위에
　수박 같은 머리를 둥글껄걸 껄껄둥글 둥글둥실
　둥굴러 기어 올라올 적에는 내사 좋아 중 서방이

『진본 청구영언』

<장삼 뜯어 중의 적삼 짓고~>가 스님과 비구니의 성애라면, <중놈도 사람인 양하여~>는 스님과 여염집 여인과의 관계를 노래하고 있다. 얼마나 좋았던지 "흥글항글"이다. <청울치 육날 미투리 신고~>는 성관계를 구체적으로 그리고 있다. 초・중・장에서는 여느 스님과 같은 모습을 그리고 있다. 그러니 남들은 중이라고 생각할 것이다. 그러나 밤이 되면 옥 같은 가슴 위로 수박 같은 머리를 둥글둥글하면서 기어 올라온다. <에헴 그 뉘오신고~>와 같이 모두 정황을 객관적으로만 묘사하고 있어, 비판의 대상이기보다는 흥미로운 구경거리의 대상으로 형상화하고 있다. 명백한 불륜을 다루고 있는 다음 작품을 보자.

창 밖에 어른어른하니, "그 뉘오신고?"

"소승이올소이다. 어제 저녁에 老媤보러 왔던 중이러니 각씨네 자는 방 족두리 벗어 거는 말 곁 에 이내 송낙을 걸고 가자 왔네."

"저 중아, 걸기는 걸고 갈지라도 훗말 없이 하시소."[78]

소승과 부녀자의 은밀한 내통을 읊고 있다. 어제는 시어머니와 놀던 소승이었고, 오늘은 며느리와 놀자고 온 소승이다. 송낙을 걸고 가자 했으니 성관계를 맺자는 뜻이다. 며느리는 관계를 맺는 것은 좋으나 뒤탈은 없게 하라는 당부를 한다. 실제로 많은 자료에서 스님의 성 욕구와 노골적 표출에 대한 고발은 끊이지 않고 계속되고 있다. 이러한 사실을 형상화한 노래가 이제껏 거론한 사설시조들이라 보아도 큰 문제는 아닐 것이다. 다만 본 항에서는, 사설시조에서 형상화되고 있는 이들의 성애 장면이 사회적 비판의 대상이 아니라 쾌락과 유흥의 대상으로 인식되고 있음을 확인할 수 있었다.

4) 조선 후기 국문시가에 나타난 유락적 불륜담

후기 조선은 열녀 의식이 완성되었다. 열녀가 무수히 많이 탄생한다. 그것도 신체적 죽음을 조건으로 해서였다. 열녀의 길은 극단의 방법이 아니고서는 도달할 수 없었다. 여성에게만 일방적으로 요구했던 정절 의식이 조선 후기에 들어서면서 극에 달한 것이다. 여성은 남성의 성적 종속물이었다.

조선 전기 『삼강행실도』 <열녀편>을 통해 열의식의 기초를 닦았고, 임·병 양란을 거치면서 열의식이 행동화되었다. 그러다가 17세기 이후

78 강명관의 『조선 사람들, 혜원의 그림 밖으로 걸어나오다』 223면에서 인용한 작품을 재인용.

『내훈』 교육이 시작되면서 생활 면면이 모두 남성의 통제 속에 이루어지게 되었다. 완벽하게 통제되기 시작한 것이다. 19세기에 접어들면 여성이 주체가 되어 여성의 성적 종속성을 말하기 시작한다. 규방가사가 그것이다. 남성이 그렇게도 주장했던 여성의 열녀 의식 및 성적 종속성을 여성 스스로 내면화하고 있다. 조선 후기에 명실공히 열 의식이 완성되고 진정한 열녀가 탄생하였다. 이것이 『열녀의 탄생』에서 강명관이 펼치고자 했던 견해다.

열녀 의식의 요체는 정절이다. 성적으로 육체적으로 순결해야 한다는 것이 여성에게 강요했던 열녀 의식의 핵심이었다. 한편 조선의 남성은 어떠했던가. 조선의 남성은 안팎으로 성적 욕망을 충만히 누리고 있었다. 안으로는 첩을 통해, 밖으로는 기생을 통해서 말이다. 조선 남성에게 조선 여성은 열녀로서의 여성과 성적 욕망의 출구로서의 여성으로 구별되었고, 조선 남성은 이런 모순을 아무런 충돌도 갈등도 없이 삶을 영위하였다.

조선 후기 여성은 규방가사를 통해 열녀 의식의 내면화를 보여 주고 있었다. 이에 반해 남성은 자신의 목소리 혹은 여성의 목소리를 빌려서 성적 담론, 불륜담을 즐겼다. 야담을 즐겼고, 기방 속에서 사설시조를 들으며 은밀한 짜릿함을 만끽했다. 육체적이고 소비적이고 향락적인 성향이 짙은 향유였다. 육체적 쾌락만을 추구했다고 해도 지나친 말은 아니다. 열녀 의식을 강조하면서도 육체적 욕망과 그 쾌락을 마음껏 즐겼던 이 모순 상황이 조선 후기 남성에게는 너무도 조화로운 것이었다. 여하튼 조선 후기 시가에 나타난 불륜담은 육체적 탐닉을 지향하는 특성을 지니고 있었음을 확인할 수 있었다.

그렇다고 하여 모든 현상이 한 곳만을 바라볼 수는 없다. <포의교집> 속 불륜담은 육체적 성적 욕망과는 거리가 멀며, 열녀 의식으로부터도 자유로운 면모를 보여 주고 있다. 그러나 이런 이야기는 당대의 보편성과는 거리가 멀다. 오히려 이른바 근대문학과의 친연성을 보이고 있다.

제4장

조선 후기 국문시가와 바다

- 소중화주의

제4장

조선 후기 국문시가와 바다 - 소중화주의

1. 수기(修己)의 공간, 자연

독서를 정밀하고 부지런히 하기로는 포희씨만한 이가 없다. 그 정신과 의태는 천지만물을 포괄망라하고 만물에 흩어져 있으니, 이것은 다만 글자로 쓰이지 않고 글로 되지 않은 글일 뿐이다. …(중략)… 저 허공 속을 울며 나는 것은 얼마나 생의로운가? 그런데 이를 적막하게 '조鳥'란 한 글자로 말살시켜 빛깔도 없애고 그 모습과 소리도 누락시켰으니, 이 어찌 마을 제사에 나아가는 시골 늙은이의 지팡이 위에 새겨진 새와 다르랴! …(중략)… 아침에 일어나니 푸른 나무 그늘진 뜨락에서 이따금 새가 지저귄다. 부채를 들어 책상을 치며 외쳐 말했다. "이것은 내 날아가고 날아오는 글자이고, 서로 울고 서로 화답하는 글이로다. 오색 채색을 문장이라고 한다면 문장으로 이보다 나은 것은 없을 것이다. 오늘 나는 책을 읽었다.

박지원(1737~1805)의 편지글인 「답경지지이答京之之二(京之에게 답한 두 번째 글)」의 부분이다. 진정한 앎을 말하면서, 책을 통한 배움의 한계를 지적했다. 날아가는 새에는, 글자로는 담을 수 없는, 살아 꿈틀거리는 뜻이 담겨 있다고 하였다. 마른 먹과 썩어 문드러진 종이 사이에 진정한 앎이란 자리하기 힘들다. '책을 읽어 지식을 얻듯 자연과 만나 깨달음을 얻는다.'는 설명[1]도 가능하다.

텍스트는 책뿐이 아니며, 우주만물 모두가 하나의 거대한 텍스트이다. 실사구시를 지향하는 이른바 실학자의 면모를 여실하게 보여 주면서, 동시에 자연에 대한 인식을 엿볼 수 있게 해 준다. 탁상공론의 지양이면서 살아 있는 앎의 원천을 말하고 있기 때문이다. 자연은 모든 지식과 理法 터득의 제공처다. 날아가는 새를 보며 "오늘 나는 책을 읽었다."라는 말에는 앞서 말한 모든 것이 함축되어 있다. 이황(1501~1570)의 시조를 보자.

> 春風이 花滿山하고 秋夜에 月滿臺라
> 四時佳興이 사람과 한가지라
> 하물며 魚躍鳶飛 雲影天光이야 어느 끝이 있으리.

봄바람이 부니 산에는 꽃이 흐드러지게 피고, 가을밤에 달빛이 누각에 가득하다. 사계절에는 각각의 흥겨움이 있고, 이 속에서 살아가는 사람 역시 마찬가지이다. 물아일체다. 흥은 여기서 머물지 않고 우주자연의 이치를 깨닫는 방향으로 간다. '사시가흥'에서 '어약연비 · 운영천광'으로 생각이 펼쳐진다. '어약연비'는 『시경』「대아」'한록편'에 보인다. '한록편'에 기록된 주를 보면 다음과 같다.

---

1 정민, 『죽비소리』, 마음산책, 2005, 145면.

"<포박자>에 이르기를 '솔개가 아래에 있을 때에는 힘이 없다가 상공에 이르게 되면 몸을 솟구쳐 날개를 곧게 펼 뿐이다.' 하였으니, 솔개가 나는 것은 전혀 힘을 쓰지 아니하여 또한 고기가 '못속에서' 뛰어노는 것과 같아서 즐거이 자득하여 그 까닭을 알 수 없는 것이다." 하였다.[2]

솔개는 하늘을 날아야 힘이 솟는다. 땅에서는 힘이 없다가 하늘을 날게 되면 힘이 솟는 이유는 알 수가 없다. 만물은 이렇게 저마다의 자연스러운 법칙이 있기 마련이다. 이런 것들이 모여 전체가 되고, 조화를 이룬다. 자연의 오묘한 도다. 사계절의 자연스러운 순환, 각 계절의 아름다움이 조화를 이루며 한 해를 엮어 나간다. 이황은 여기서 우주자연의 이치를 생각하였다. 계절의 순환과 각 계절이 불러일으키는 흥을 느끼며 오묘한 자연의 도를 생각한 이황과 날아가는 새를 보며 우주자연을 읽은 박지원은 같은 자연 인식을 했다. 자연은 우주 만물의 법칙이 존재하는 공간이다.

> 사물의 이치가 이른 뒤에 지식이 지극해지고, 지식이 지극한 뒤에 뜻이 성실해지고, 뜻이 성실해진 뒤에 마음이 바루어지고, (…중략…) 나라가 다스려진 뒤에 천하가 平해진다.

『대학』 '8조목'인 "격물 · 치지 · 성의 · 정심 · 수신 · 제가 · 치국 · 평천하"를 설명하는 부분이다. '평천하'를 이루기 위한 첫걸음이 '격물'이다. '물리(物理)의 지극한 곳에 이르지 않음이 없다(物理之極處).'고 주자는 주에서 '격물'을 설명한다.[3] 여기서 '물리'란 무엇인가. 『대학혹문』을 보자.

---

2 성백효 역주, 『시경전서 하』, 전통문화연구회, 1998, 216면.

3 성백효 역주, 『대학 · 중용 집주』, 전통문화연구회, 1991, 25면.

물격이란 사물의 이치 극처에까지 나아가 조금도 남음이 없음을 말한다. 사물상 이치의 극처에까지 나아가 남음이 없으면, 나의 앎 또한 그 조예에 따라서 극진하지 않은 바 없다. 앎이 극진하면 마음에서 나오는 생각 또한 천리와 하나가 되어, 스스로 속이는 일이 없을 것이다.[4]

이로 보자면, '물리'란 '사물의 이치'다. '物'은 '事'라고도 했다.[5] 物이면서 事이다. 격물치지는 사물에 대한 인식이자 '誠意 · 正心 · 修身'[修己]으로 전개되는 기초이다. 이에 격물치지는 자연 현상에 대한 과학적 인식이면서 도덕적 인식과 관련된 것이기도 하다.[6] 조선 후기 실학자에 이르면 '격물'을 윤리적인 성격보다는 사물로 한정시켜 인식하려는 경향이 강해지기는 하지만,[7] 격물의 궁극적 지향점은 인간사에 있다.

유자의 궁극적 목적은 '평천하'에 있다. 평천하는 격물로부터 시작된다. 그런데 격물은 자연에 대한 인식을 토대로 얻게 된다. 사물의 객관적 사실에 관한 과학적 탐구를 '격물론'으로 보는데,[8] 격물은 '평천하'에 도달하기 위한 기반을 닦는다는 데에 의의가 있다. 이황이 말년 평천하의 꿈을 접고 1569년 도산서원으로 돌아와 자연 속에서 제자 양성에 힘을 기울인 것은 제자들이 평천하를 이루는 데 밑거름을 닦기 위한 일환이었다는 해석도 가능하다. 이러한 바탕에서 보면 유자들에게 있어 자연이란 근본적으로는 수기의 공간이다. 평천하를 이루기 위한 기초를 닦는 공간이다.

---

4 박완식 편저, 『대학 대학혹문 대학강어』, 이론과 실천, 1993, 276~7면.

5 성백효 역주, 『대학 · 중용 집주』, 25면. '格 至也 物 猶事也.'

6 금장태, 『한국유교의 과제』, 서울대출판부, 2004, 17면.

7 위의 책, 19~23면.

8 위의 책, 19면.

옛 산림을 좋아하는 자를 보건대 둘이 있다. 玄虛를 그리워하고 高尙을 섬겨 즐기는 자가 있고, 道義를 기뻐하고 심성을 길러서 즐기는 자가 있다. 전자를 따른다면, 潔身亂倫에 흘러 심한 즉 禽獸와 무리 지어도 그릇된다고 생각하지 않게 됨이 두렵고, 후자를 따른다면, 좋아하는 바는 糟粕뿐이요 그 전할 수 없는 妙에 이르러서는 구하면 구할수록 얻을 수 없으니, 어찌 즐거움이 있으리오. 그러나 차라리 후자를 위하여 스스로 힘쓸지언정 전자를 위하여 스스로 속이지는 않겠다.[9]

산림은 즐거움의 대상이다. 현허와 고상을 쫒는 즐거움이 아니라 도의를 닦는 즐거움이다. 자기 몸만을 깨끗이 하고자 산림을 벗하지는 않는다. 潔身만 하고자 하면 大倫을 어지럽게 하는 행동이기 때문이다.[10] 심성을 기르기 위한 공간이 산림이다. 산림은 격물치지의 수련 공간이자 평천하로 나아가는 기초를 닦는 공간이다.

산수・강호로 대표되는 자연은 '저절로 그러함'의 자연과 '인간과 자연'・'자연환경' 등 물리적인 실체인 Nature로서의 자연으로 크게 나눠 볼 수 있다.[11] 엄밀한 의미에서 Nature는 물질적 본질로서의 의미이고, 동양 전통에서 말하는 '자연'은 '저절로'의 의미이기 때문이다.[12] 동양적 자연을 영역 하자면 'Self-so', 'Naturally-so'로 된다. 자연은 '스스로 그러하다'라는 말이다.[13]

---

9 이황, 「도산잡영기」, 『퇴계전서』 권3 시.

10 『논어』 「미자편」.

11 안병주, 「유교의 자연관과 인간관」, 상허안병주교수정년기념논문간행위원회 편, 『동양철학의 자연과 인간』, 아세아문화사, 1998, 5면.

12 김열규, 『노년의 즐거움』, 비아북, 2009, 48면.

13 김용옥, 『동양학 어떻게 할 것인가?』, 민음사, 1985, 114면.

이른바 지식을 지극히 함이 사물의 이치를 궁구함에 있다는 것은, 나의 지식을 지극히 하고자 한다면 사물에 나아가 그 이치를 궁구함에 있음을 말한 것이다. 인심의 영특함은 앎이 있지 않음이 없고, 천하의 사물은 이치가 있지 않음이 없건마는, 다만 이치에 대하여 궁구하지 않음이 있기 때문에 그 앎이 다하지 못함이 있는 것이다. 이 때문에 대학에서 처음 가르칠 때에 반드시 배우는 자들로 하여금 모든 천하의 사물에 나아가서 그 이미 알고 있는 이치를 인하여 더욱 궁구해서 그 극에 이름을 구하지 않음이 없게 하는 것이다. 그리하여 힘쓰기를 오래해서 하루아침에 활연히 관통함에 이르면, 모든 사물의 표리와 정조가 이르지 않음이 없을 것이요, 내 마음의 전체와 대용이 밝지 않음이 없을 것이니, 이것을 물격이라 이르며, 이것을 치지라 이른다.[14]

'스스로 그러'한 자연의 이치를 깨닫는 것이 격물치지이다. '격물치지'는 한 그루의 나무와 한 포기의 풀에 이르기까지 理를 하나하나 궁구해가면 하루아침에 환하게 꿰뚫어져서 모든 사물의 겉과 속, 정밀한 세부와 거친 대강이 모두 보이고, 내 마음의 본체와 작용이 모두 밝혀지는 것이다. 동양에서 자연은 깨달음의 공간이다. 자연은 '저절로 그러함'이라는 우주 만물의 이치를 깨닫는 수기의 대상이자 공간이다. '物'들의 행태를 구조적으로 설명해 주는 원칙과 법칙을 '자연법natural law'이라 한다면,[15] 자연은 우주 만물의 이치를 깨닫게 하는 대상이면서, 동시에 그것을 깨닫는 공간적 성격을 가진다. 따라서 조선 시대는 "물리적 실체·감각적 세계인 Nature를 대상으로 하여 '스스로 그러한' 우주 만물의 이치·원칙·법칙을 깨닫게 해주는 공간"의 의미로 '자연'을 인식하고 있다고 정

14 성백효 역주, 『대학·중용 집주』, 32~3면.

15 오세영, 「자연시의 전개」, 『우상의 눈물』, 문학동네, 2005, 149~50면.

리할 수 있겠다.

유교 이데올로기를 절대적으로 받아들였던 조선 시대 사대부에게 자연은 의미 있는 공간이었으며, 이에 문학적 주요 소재가 되었음은 당연지사였다. 다음 2절에서 자세히 살펴보자.

2. 자연 소재 국문시가의 미적 기반, 강호가도(江湖歌道)

> 국문학에 있어서 자연이 가장 문제시된 것은 李朝文學이고, 그 중에서도 특히 詩歌가 그렇다. 李朝詩歌의 내용은 반 이상이 자연이고, 그 자연의 지나칠 정도의 풍부함이 우리로 하여금 때로는 이상한 감까지 느끼게 하며, 나아가 그 까닭이 무엇인가를 생각 키우게 한다.[16]

최진원의 말이다. 특히 조선 시대에 자연은 국문시가의 주된 소재가 되었던 것은 분명한 사실 같고, 주된 장르는 시조였다. 통계상으로 구체적인 지표를 말할 수는 없지만, 조선 시대 시가에서 자연이 차지하는 비중은 막대하다. 자연[江湖]을 소재로 한 시조를 대상으로 조선 詩歌史를 정립하는 일련의 작업[17]이 가능한 것도 이의 방증이다. 간결하면서도 절

16 최진원, 『국문학과 자연』, 성균관대학교출판부, 1977, 7면.

17 대표적으로 김흥규의 일련의 논문들이 그렇다.
김흥규, 「강호자연과 정치현실」, 김학성·권두환 편, 『고전시가론』, 새문사, 1984.
김흥규, 「<어부사시가>에서의 '흥'의 성격」, 백영정병욱선생10주시추모논문집간행위원회 편, 『한국고전시가작품론2』, 집문당, 1992.
김흥규, 「16·17세기 강호시조의 변모와 전가시조의 형성」, 『어문논집』 35, 고려대 국어국문학 연구회, 1996.

제된 시조의 언어와 형식이 사대부층의 미의식에 부합했고,[18] 사대부들의 사상을 담을 수 있는 문학적 소재로 수기 장소로서의 의미를 가진 '자연'이 적합했다고 조심스럽게 추측해볼 수 있다.

최진원은 조선조의 시조와 가사를 살피면서 '賞自然'의 태도를 둘로 나누었다. '理'의 표상으로서의 자연과 자연에서 '흥'을 느끼는 태도가 그것이다.[19] 김흥규는 조선 전기의 시조를 주제적인 면에서 "유가의 이념・규범을 노래한 것"과 "혼탁한 세속의 갈등에서 벗어나 강호 자연 속에서 심성을 기르며 유유자적하는 삶을 그리는 것"으로 나누었다.[20] 이러한 가름이 지니고 있는 유용성을 십분 인정하면서도, 위험성 또한 염두에 둘 필요가 있겠다. 사대부의 가치관과 괴리가 있을 가능성 때문이다.

사대부는 정치로 대변되는 현실에 결코 자유로울 수 없다. 사대부에게 자연과 현실을 분리할 수 없다. 아무리 세상과 등지고 자연 속에서 머무르길 바라는 마음은 어디까지나 희망 사항일 뿐이다. 사대부가 받들고 있던 유교 이데올로기 자체가 자연과 현실의 격절을 어렵게 하기 때문이다.

『대학』 8조목은 사대부로서 지향해야 할 처음과 마지막을 제시하고 있는데, '格物'에서 '修身'까지가 '나'를 향한 '수신'[修己]의 문제라면, '제가'에서 '평천하'는 나 아닌 '세계'를 향한 '치인'(治人)의 문제이다. 사대부의 자아 완성은 '격물'에서 '평천하' 모두를 아울러야 한다. 유가에서는 자연과 나, 그리고 세계가 조화를 이룰 때, 진정한 의미의 자아는 완성되

---

18 김흥규, 『한국문학의 이해』, 민음사, 1986, 45~6면.

19 최진원, 『보증판 한국고전시가의 형상성』, 성균관대학교 대동문화연구원, 1996, 104~5면.

20 김흥규, 앞의 책, 46면.

기 때문이다.[21] 이런 면에서 '致君澤民'으로 상징되는 현실은 유자를 유자로 만들게 하는 자기 기반이며 정책이며 과제였기 때문에 '釣月耕耘'로 대표되는 자연 속에서의 삶과 더불어 떨쳐 버릴 수 없었다는 나정순의 견해는 타당하다.[22]

현실에 뜻을 둘 수밖에 없는 유가적 질서 속에서 살아가는 사대부, 현실과 갈등을 느낄 수밖에 없었던 사대부들에게 있어서 '자연'이란 수기와 깨달음, 즉 현실과의 갈등을 극복할 수 있는 터전을 마련할 새로운 출발의 공간이었다. 이에 겉으로 표출된 언표가 자연과 사회의 대립적 심상을 드러낸다고 해도, 이를 사회와의 관계 끊기를 희망하는 마음의 표출로 해석할 수는 없다.

이러한 양상을 성기옥은 <도산십이곡>의 정치한 구조 분석을 통해 밝혀 놓고 있다. <도산십이곡>의 前六曲인 「言志」[23]를 분석하면서 다음과

21 성기옥, 「고전 시가에 나타난 자연인식의 기본 틀」, 『고산연구』, 고산연구회, 1987, 29면.

22 나정순, 『고전시가의 전통과 현재성』, 보고사, 2008, 47면.

23 논의의 흐름을 위해 『도산십이곡』 「언지」 시조는 여기에 기재하겠다. 가독성을 고려해 임형택·고미숙이 엮은 『한국고전시가선』(창비, 1997)을 따랐다.

이런들 어떠하며 저런들 어떠하료 / 초야우생(草野愚生)이 이렇다 어떠하료 / 하물며 천석고황(泉石膏肓)을 고쳐 무엇하료 (1연)

연하(煙霞)로 집을 삼고 풍월(風月)로 벗을 삼아 / 태평성대(太平聖代)에 병으로 늙어가네 / 이 중에 바라는 일은 허물이나 없고자 (2연)

순풍(淳風)이 죽다 하니 진실로 거짓말이 / 인성(人性)이 어질다 하니 진실로 옳은 말이 / 천하의 허다영재(許多英才)를 속여 말씀할까 (3연)

유란(幽蘭)이 재곡(在谷)하니 자연이 듣기 좋아 / 백운(白雲)이 재산(在山)하니 자연이 보기 좋아 / 이 중에 피미일인(彼美一人)을 더욱 잊지 못하네 (4연)

산전(山前)에 유대(有臺)하고 대하(臺下)에 유수(流水)로다 / 떼 많은 갈매기는 오명가명 하거든 / 어떻다 교교백구(皎皎白駒)는 멀리 마음 하는고 (5연)

춘풍(春風)에 화만산(花滿山)하고 추야(秋夜)에 월만대(月滿臺)라 / 사시가흥(四時佳興)이 사람과 한가지라 / 하물며 어약연비(魚躍鳶飛) 운영천광(雲影天光)이야 어느 끝이 있으리 (6연)

같은 도표24를 도출해 내고 있다.

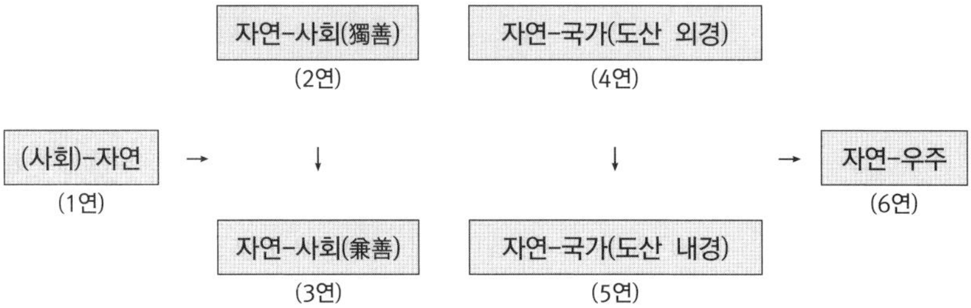

자연과의 교융을 이루면서, '나 → 사회 → 국가 → 우주'로의 정교한 점층 구조로 형상화된다. 자연은 사회와 격절된 공간이 아니다. 설사 시적 언표가 격절된 공간으로 그리고 있다 하더라도 그렇게 해석하고 말 성질이 아니다. 조선 시대 자연은 현실과 밀접한 관련성을 지니고 있는 공간이다. 이는 유가적 자연 인식에 기반을 두고 있다. 유가적 자연 인식이 시가 장르와 결합하면서 '강호가도'를 구현한 것이라 할 수 있겠다. 자연을 무대로 한 시조와 가사는 대부분 미학적 기반을 '강호가도'에 두고 있었다 하여도 과언은 아닐 듯하다.

자연이 조선 시대에 들어서 주된 시가의 소재가 된 것은 유가적 자연관과 시가 장르 특히 시조와 가사의 장르적 성격과 맞물리면서 빚어진 현상으로 판단된다. 이런 면에서 "농암 면앙정 양옹은 확실히 그[江湖] 歌道의 선창자요 또 수립자이라 할 수 있다."는 조윤제의 견해25는 타당하다. 나의 견해를 첨가하여 표현하자면, 조선 시대 들어와 유가 이념과 시조와 가사 장르가 성행하였고, 이를 기반으로 하여 농암과 면앙정에 와서 강호

24 성기옥, 「<도산십이곡>의 구조와 의미」, 『한국시가연구』 제11집, 한국시가학회, 208면.

25 조윤제, 『조선시가사강』, 동광당서점, 1937, 261면.

가도가 수립될 수 있었다. 조선 시대 사대부의 인식 속에서는 '평천하'의 대상인 사회와 '격물'의 대상인 자연은 연결선으로 이어져 있다. 자연이 前시대와는 다르게 빈번한 시적 소재가 된 것은 우연한 소산이 아니다. 그래서 이 절 초미에 제시한 최진원의 말은 적확한 지적이다. 자연의 의미는 유가적 자연관을 인식하면서 풍부해졌고, 사대부의 대표 장르인 시조와 가사를 통해 활발히 표출되었다. '강호가도'는 조선 시대 국문시가의 중요한 미적 기반이었다.

그런데 조선 시대 자연은 사상적인 면에서 중요한 의미를 지닌 공간이었으며, 국문시가의 주요 소재로 채택되어 사대부의 사상을 적실하게 표출하여 '강호가도'라는 미의식을 발현하였음에도 불구하고, 의아한 일이 하나 있다.

공간이라는 패러다임에서 육지와 바다는 우주를 구성하는 두 요소라고 한다. 육지는 자연 상태의 공간이자 인위적 삶이 영위되는 공간이다. 육지와 다르게 바다는 그 자체로 자연이라고 부르는 데에 별다른 이의가 있을 수 없다. 이렇게 놓고 보면 공간이라는 측면에서 자연은 결국 산과 바다를 가리킨다.[26] 지구는 육지와 물로 구성된다고 할 때, 육지에서 산·물에서 강은 조선 시대 국문시가의 주된 소재였다. 그런데 왜 유독 바다는 문학적 소재로써 환대받는 존재가 아니었을까? 근대로 오면서 바다는 새로운 이미지를 가지고 형상화된다. 이러한 이미지는 갑자기 출현한 것일까? 그렇다면 그 이유는 무엇일까? 조선 후기의 국문시가 속 바다는 어떠한 이미지로 표상화되는가?

26 오세영, 앞의 글, 154~5면.

3. 바다의 문학적 이미지

'바다'는 다양한 의미를 내포하고 있는데, 문장 안에 들어가면 특정 의미가 활성을 띠게 된다.[27] 의미 혹은 상징은 상황에 따라 달라지기 때문이다. 바다는 초월과 현실・긍정과 부정 등 의미가 뒤섞이면서 양가성을 띠기도 한다. 그 구체적인 양상을 1)에서 살피고, 이에 바탕을 두고 조선 후기 이전 국문시가에서는 바다가 어떻게 의미화되는지를 2)에서 알아보고자 한다.

1) 바다 의미의 두 축과 인식의 세 가지 양상

바다의 문학적 이미지는 대단히 다양하고, 때로는 모순적인 의미가 공존하기도 한다. 생명의 원천이면서 죽음, 문명개화와 진보이면서 혼돈과 미분화의 이미지를 함께 가지고 있다. 신성한 공간이면서 삶의 터전이기도 하다. 한마디로 바다를 정의하기란 어렵다. 아니 불가능하다. 여러 문학 사전류의 검토[28]를 통해 '바다'의 문학적 이미지의 대강을 도표로 표시하면 다음과 같다. 기호학적 개념인 플러스 자질과 마이너스 자질로 분류하려고 하였다. 플러스 자질[陽]은 문화와 질서라는, 마이너스 자질[陰]은 반문명과 무질서라는 패러다임적 대립항을 의미한다.

27 야마구치 마사오, 김무곤 옮김, 『문화의 두 얼굴』, 민음사, 2003, 64면.

28 참고한 문헌은 다음과 같다.
이승훈, 『문학으로 읽는 문화상징사전』, 푸른사상사, 2009.
J. C. Cooper, 이윤기 옮김, 『그림으로 보는 세계 문화 상징사전』, 까치, 1994.
한국문화상징사전편찬위원회, 『한국문화상징사전』, 동아, 1992.

양(陽)	음(陰)
생명의 원천 신비로움 문명 풍요로움 · 다산 · 번영 희망 항구성 이상향	죽음 냉혹한 현실 혼돈 삭막함 고난 · 낯섦 · 두려움 불안 · 변화무쌍 未知

도식화의 위험성을 충분히 이해하면서도 거친 도표화를 시도한 이유는 다양한 이미지가 함께 공존하고 있음을 보여 주기 위해서다. 이 이미지는 시대와 공간에 따라 한 성향이 두드러질 수 있고, 혹은 뒤섞여 나타날 수도 있다. 혼돈은 무질서를 의미하지만 풍요로운 어둠일 수도 있다.[29] 혼돈은 음의 성향을 다분히 갖고 있다. 그러면서도 질서와 역동적 관계를 형성할 수 있는 잠재성 또한 지니고 있다. 이렇게 되면 혼돈은 음이면서 양이다. 그래서 이 도표는 좌표로서의 성격을 갖고 있다. 이 좌표를 토대로 동양의 바다 인식에 대하여 살펴보자.

윤선도의 『오우가(五友歌)』는 물과 바위, 소나무와 대나무 등 다섯 사물을 거론하고 각각의 특성을 노래한 연시조인데, 그중 '바위' 부분을 제시하면 아래와 같다.

> 꽃은 무슨 일로 피면서 쉬이 지고
> 풀은 어이하여 푸르는 듯 누르나니
> 아마도 변치 아닐 손 바위뿐인가 하노라

29 야마구치 마사오, 앞의 책, 7면.

꽃이 피면 아름답지만, 지면 지저분해질 뿐이다. 풀은 푸르러 좋지만, 쉽게 누렇게 된다. 이에 비해 바위는 쉬 지지도 누렇게 되지도 않는다. 바위의 물질적이고 본질적인, 즉 바위 자체가 지닌 절대적인 속성이 아니라, 변하지 않음이라는 상대적 속성으로 인해 좋다. 이는 변하지 않고자 하는 시적 화자의 관념적 이상향과 맞닿아 있다. 바위는 구체적인 바위가 아니다. 변하지 않음이라는 관념의 표상이다.

자연이 관념적일 때 이념이 배경이 되고, 그 이념은 이상적 성향을 띠게 된다. 시대적 상황의 우울로 인해 식민지 시기 자연시는 이상화된 관념세계를 꿈꾸는 매개가 된 것도 이와 무관하지 않을 것이다.[30] 관념화는 사물의 陽地를 두드러지게 한다. 관념과 사대부 그리고 자연의 관계를 적실하게 나타내는 다음 글을 보자.

> 조선 시대의 작품이 우리 시대에 외면당하고 거부당하는 가장 큰 이유 중의 하나가, 식상한 관념이나 상투적 이미지만 무성할 뿐 작품마다의 개성을 발견할 수 없다는 점일 것이다. 자연을 노래하는 시는 자연을 노래하는 대로, 도덕성을 노래하는 시는 도덕성을 노래하는 대로, 거의 판박이를 한 듯 진술되는 유사한 관념, 유사한 이미지에 식상함만 느꼈을 것이기 때문이다.[31]

새로움을 찾는 현대인들에게 국문시가는 그저 뻔한 노래일 뿐이라는 진술이다. 시가는 개성이 중요한 가치를 갖지 않는다. 국문시가가 추구하는 지향점은 규범적 가치에 있기 때문이다.[32] 조선 시대 국문시가에 와서

30 오세영, 앞의 글, 180면.

31 성기옥 외 4, 『한국시의 미학적 패러다임과 시학적 전통』, 소명출판, 2004, 98면.

32 위의 책, 102면.

특히 두드러진 현상인데, 이는 조선 시대의 문화의 全 영역, 인간적 삶의 전 영역에 걸쳐서 가장 중요하게 여겨진 道의 추구가 보편적 가치관으로 작용했기 때문이다.[33] 바다 소재 국문시가 역시 이러한 자장에서 벗어날 수 없었다. 규범적이고 관념적이기에 이상적일 수밖에 없다. 여기서 규범적이란 말에 주목할 필요가 있다.

규범적 가치를 추구한다는 것은 미적 긴장이 새로움의 추구에서 비롯되지 않으며, 새로운 것의 발견보다는 규범의 확인에서 즐거움을 찾는다.[34] 규범의 확인이 중요한 가치라는 것이 의미하는 바는 무엇일까?

위계적, 공동체적 질서가 자연스러운 것으로 여겨질 때, 그 사회는 규범적이다. 자연도 규범적인 자연으로 나타나기 마련이라고 한다.[35] 위계적·공동체적 질서가 자연스러운 규범으로 여겨질 때, 자연은 인간과 통합된다. 자연은 인간으로서 올바르게 사는 방식과 무관하게 돌아가는 세계가 아니다. 인간의 질서와 자연의 질서는 분리되지 않는다. 동일한 질서가 같이 작용하는 공간이다.

자연적 질서와 인간질서의 분리는 근대의 소산이며, 이 때문에 자연은 포섭과 통섭의 대상이 아니라 지배의 대상이 되었다고 한다.[36] 조선 시대는 위계와 공동체적 질서가 규범이 되는 사회였으며, 자연도 인간적 질서와 같은 원리로 운영되는 세계이다. 자연은 관념적이며 이상적 공간이었다.

그런데 이러한 가치관에는 중심과 주변을 분류하려는 시각이 자리하고 있기에 주목할 필요가 있다. 공동체적 질서가 규범으로 존재하는 중심

33 위의 책, 103면.

34 위의 책, 102면.

35 츠베탕 토도로프·베르나르 포크롤·로베르 르그로, 전성자 옮김, 『개인의 탄생』, 기파랑, 2006, 120~1면.

36 위의 책, 138~45면.

과 규범이 작용하지 않는 공간인 주변으로 나누고, 이 둘 사이에는 차별이 실재한다. 중심은 일원적이며 명확하고, 주변은 애매하게 인식하는 점이 흥미롭다고 야마구치 마사오는 언급하고 있다.[37]

중심 대 주변은 '플러스/마이너스, 선/악, 낮/밤, 질서/무질서, 문화/반문화, 문명/야만' 등의 대립하는 항과 동궤를 이룬다. 중심과 주변은 경계를 기준으로 안과 밖, 이쪽과 저쪽, 풍요와 멸망 등 다의적 의미가 중첩된다.[38] 경계는 그 선이 명확할 때, 경계 안쪽 질서는 타당성의 기초가 된다.[39] 타당성이 논리적일 필요는 없다. 경계 안쪽은 집단 이데올로기로 무장되어 있어 맹목적인 성격을 갖고 있기 때문이다. 경계로서의 바다 의미를 살펴보자.

동양에서 바다는 명확하게 정의되지 않는다. '온갖 천이 모이는 곳' 정도로 여겨졌던 것 같다.[40] 그래서 동양 고전 문헌에 보이는 '海'를 '바다'로 해석하는 것은 다소 무리다. '큰물' 정도가 아니었을까 추측할 수 있다. 그런데 '해'는 지역을 구분하는 경계의 의미로 사용되었음을 고전 문헌을 통해 확인할 수 있다.[41]

> 공자께서 말씀하시기를, "도가 행해지지 않는지라, 떼[뗏목]를 타고서 바다에 떠 갈 것이니, (그때) 나를 따르는 자는 (그) 중유(仲由)이겠지."

37 야마구치 마사오, 앞의 책, 7면.

38 위의 책, 94면.

39 위의 책, 168면.

40 『辭源』, 북경 : 상무인서관, 1998, 975면.

41 김창경, 「중국 고전문헌에 보이는 '바다(海)'의 의미」, 『동북아 문화연구』 제12집, 동북아시아문화학회, 2007, 237면.

하셨다. (子曰, 道不行이라 乘하여 浮于海하리니 從我者는 其由與인저.)42 정자는 이를 두고, <공자께서는 어진 임금이 없어서 도가 행해지지 못하는 세상을 아파하시면서 '바다로 떠 갈 것이라는 탄식을 하셨다.'(浮海之歎, 傷天下之無賢君也)>라고 하였다. 이로 보건대, '바다'는 아직 도가 행해지지 못한 공간이란 의미가 전제되어 있다.

공자께서 '구이'(九夷)의 땅에서 살고자 하셨다. (子欲居九夷)43

이 구절에 대한 주(注)에 "동방의 오랑캐[東方之夷]가 아홉 종류가 있었다. '거처하고자 하였다'[欲居之]는 것은, 또한 (『논어』 제5편 「공야장」편 '부해'장의) '뗏[뗏목]를 타고서 바다에 떠갈 것'이라는 뜻이다."(東方之夷有九種, 欲居之者, 亦乘浮海之意)로 기록되어 있다. '바다'는 '구이'와 동일한 의미를 지녔다. 바다는 중앙과 동떨어진 주변을 뜻했고, 해당 지역의 낙후성과 비문명성을 내포하고 있었다.44 즉 '바다'는 오랑캐의 공간인 것이다.

<치화권(治化圈)[治]이 9주(九州)에 지나지 않았으니, 성인께서 사해(四海)의 밖에까지도 아울러 구제되기를 바라시지 않은 것은 아니겠으나, 돌아보건댄 그 다스림이 미치지 않는 바가 있었을 따름이니, (바로) 이런 점이 (그) 구제하는 사람이 많지 못한 것을 근심한[마음의 병으로 여긴] 것이니, 이를 미루어서 자기 몸을 닦아 백성들을 편안하게 해 주기를 추구

42 『論語』, 「公冶長」篇, '浮海'章 참조. 『논어』의 해석은 정요일의 책을 따랐다. 정요일, 『논어강의 天』, 새문사, 2009, 316면.

43 『論語』, 「子罕」篇, '居夷'章 참조.

44 김창경, 앞의 논문, 243면.

한다면, 병[어려운 일]을 삼은 것을 (가히) 알 만할 것이니, 진실로 나의 다스림이 이미 족하다고 생각한다면, 바로[문득] (그), 성인은 아닌 것이다.> 하였다. (治不過九州, 聖人, 非不欲四海之外, 亦兼濟也, 顧其治有所不及爾, 此, 病其濟之不衆也, 推此, 以求修己, 以安百姓, 則爲病可知, 苟以吾治已足, 則便不是聖人.

『논어』「옹야」편, '시제'장에 대한 주(注)의 일부분이다. '四海之外'는 '다스림이 미치지 않는' 공간이다. 고대 중국 사람은 사면이 바다로 둘러져 있다고 인식했다. 국경의 안쪽을 '海內'로 불렀다고 한다.[45] '해외'는 중국 이외의 지역이 된다.[46] 중화의식을 염두에 둔다면, '해'를 경계로 '내'와 '외'로 나누고, '해내'와 '해외'에 대한 인식은 판이하였다고 판단된다.

이를 종합하면 '해외'는 도가 행해지지 못하는 공간・구이의 공간・다스림이 미치지 못하는 공간의 의미로 요약될 수 있다. 이러한 인식이 어느 정도의 보편성을 지니고 있는지는 단언할 수 없지만, 적어도 유가적 사유 속에서 '바다'는 부정적 인식이 있었던 것만은 확인할 수 있다. '해내'와 '해외'는 '중화 대 오랑캐'・'문명 대 야만'・'긍정과 부정'・'문화 대 반문화'・'질서 대 혼란'의 양항대립으로 의미화된다. 이에 '바다'는 '내'・'외' 어디를 기준으로 하느냐에 따라 의미 혹은 이미지가 달라진다. 이상의 논의를 토대로 바다에 대한 인식 양상을 살펴보자.

45 『辭源』, '海內'조, 975면.

46 『辭源』, '海外'조, 975면.

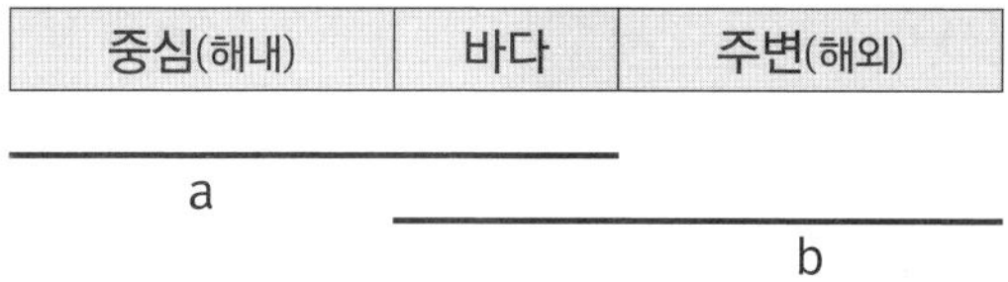

첫째, a는 바다 밖 공간을 의식하지 않는 상황이다. '중심'에 자리하고서 바다 밖 공간에 대한 인식 없이 바다를 바라본다. 이때 바다는 다양한 함의를 가진다. 앞서 말한 '문명 대 야만', '긍정과 부정' 등 양가적인 의미가 혼합되거나 혹은 작품에 따라 다르게 의미화되는 경향을 보인다. 이 경우 바다는 대개 추상적이면서 관념적으로 형상화된다.

둘째, b는 바다 밖 공간을 인식한 상황이다. 바다 밖 공간을 의식하게 되면 바다는 상징적이기보다는 물리적인 성격을 띠는 경향을 보인다. 추상적이거나 관념적인 바다가 아니라는 뜻에서 그렇다. 즉 바다는 Self-so로서의 자연이 아니라, Nature로서의 자연이다. 물리적이면서 구체성을 띠기에 바다는 a와 달리 상대적으로 유표화 되어 나타나기 십상이다.[47] 바다는 안과 밖을 구별 짓는 경계로서 인식되기 때문이다.

바다 밖 공간이 부정적 시각이 전제된다면 경계 안은 질서와 타당성이 보장된 공간이 된다.[48] 타당성은 논리적이라기보다는 이데올로기적이다. 이에 바다는 부정적으로 그려지기 십상이다. 바다는 획일적이면서 공고하게 형상화된다. 그 반대 역시 마찬가지이다. 바다 밖 공간이 긍정과 희망으로 규정되면, 바다의 형상화 양상 또한 그러하다. 바다의 인식 양

---

47 무표화(unmarkedness)란 중성적이고 일반적이어서 두드러지게 인식되지 않는 기호를 말한다. 가령 <어부사시사>는 시적 배경을 바다로 하고 있음에도 불구하고, 바다로 인식되지 않고서 감상될 여지가 많다. 이때 바다는 무표화된 기호이다. 이에 반해 유표화(markedness)는 일반적이지 않고 특별하며, 중성적이지 않고 적극적이기에 두드러지게 인식되는 기호를 말한다. 관념적일 때는 무표화되는, 구체적이고 특별할 때 유표화되는 경향을 보인다.

48 야마구치 마사오, 앞의 책, 168면.

상은 세 가지로 나타나는데, 이를 제시하면 아래와 같다.

상황	주변(해외) 인식	바다 성격	바다 인식
a	인식 없음	관념	다양
b-1	부정	구체	부정
b-2	긍정	구체	긍정

"우리들 쪽에서는 질서가 지배적이고 모든 것이 일정하다. 그러나 저쪽 편은 다르다. 한 치 앞도 내다볼 수 없는 혼란과 어둠이다. 불확정이다."[49]라는 인식이 동양적 사고에서는 자리하고 있었다. 다분히 경직된 사고에 기반을 둔 사회가 조선 시대였다.

그러나 바다의 인식에 대한 위 도식과 같이 단순화하는 것은 위험할 수 있다. 사회 현상이든 문학적 형상화이든, 균일한 모습으로 단일하게 나타나는 경우는 사실상 없기 때문이다. 동일한 시대라 할지라도 작품에 따라 다양한 모습 나타나고, 그래서 도식으로는 포용할 수 없는 경우도 다반사다.

그럼에도 불구하고 도식화한 이유는 좌표 설정을 하기 위함이다. 좌표를 설정함으로써 바다의 다양한 형상화에 질서와 의미를 부여할 수 있다. 이제 항을 달리하여 조선 후기 이전 국문시가에서 바다는 어떻게 형상화되었는지를 위 도표를 토대로 살펴보고자 한다.

2) 조선 후기 이전 국문시가의 바다 인식

거북아, 거북아! 수로부인 내놓아라
남의 아내 훔쳐간 그 죄 얼마나 크랴

49 위의 책, 95면.

네 만일 거역하고 내놓지 않는다면
그물로 너를 잡아 구워 먹겠다.

절세미인이었다는 수로부인을 바다 용왕이 납치한 사건을 노래하였다. <구지가>를 패러디한 <해가>인데, 바다가 배경이다. 함께 전해지는 산문을 보자.

성덕왕 시대에 순정공이 강릉 태수로 부임해가는 도중에 바닷가에서 점심을 먹었다. …(중략)… 다시 이틀 길을 간즉 또 바닷가에 정자가 있었다. 거기서 점심을 먹던 중에 바다 용이 돌연히 부인을 차 가지고 바다로 들어갔다. 순정공은 엎어진다 자빠진다 발을 굴렀으나 아무런 계책이 없었다.

또다시 한 노인이 나타나 말하기를, "옛 사람의 말에 여러 입이 떠들면 쇠라도 녹여낸다고 하였는데 지금에 그까짓 바다 속에 있는 미물이 어찌 여러 입을 겁내지 않을 것입니까? 이 경내의 백성들을 시켜 노래를 지어 부르고 막대기로 언덕을 두드리면 부인을 볼 수 있을 것입니다"라고 하였다.

순정공이 그 말대로 하였더니 용이 부인을 모시고 바다에서 나와 그에게 바쳤다. 순정공이 부인에게 바다 속 일을 물었더니 그는 말하기를, "칠보로 꾸민 궁전에 먹는 음식들이 달고도 연하고 향기롭고도 깨끗하여 인간세상의 음식이 아니더이다" 하였다.

부인이 입은 옷에는 이상한 향기가 풍겼는데 이 세상에서는 맡아 보지 못한 향내였다. (이하 생략)50

50 일연, 리상호 옮김, 『사진과 함께 읽는 삼국유사』, 까치, 1999, 161~2면.

바다에 대한 두 가지 인식이 나온다. 바다의 용이 남의 부인을 채가는 부도덕한 행위를 한다. 음(陰)의 성격을 지닌 바다다. '그까짓 바닷속에 있는 미물'이란 진술 또한 부정적 바다상을 보여 준다. 그런데 수로부인의 진술을 통해 알게 되는 바다상은 상당히 신비롭다. 바다 음식은 '인간 세상의 음식이 아닐' 정도로 향기롭고 깨끗하다. 부인의 옷에 묻혀 온 향기는 세상에는 없는 것이다.

『삼국유사』 <수로부인>조에 나타난 바다는 위협적인 존재들이 머무는 공간이자 세상과는 이질적인 장소다. 양과 음의 이미지가 혼재된 공간이 바다이다. 수로부인을 채가지고 간 적대자 용이 사는 공간이 바다이면서 세상과는 다른 무언가가 있는 공간이기도 한 것이다. 부정(不正)과 신비의 공간으로 바다는 형상화된다. 한마디로 바다는 미지의 공간이라 하겠다. 이렇게 바다는 미지 즉, 부정과 신비가 역동적으로 대립하고 있는 공간이다. 이를 도식화하면

미지 (부정 : 신비)

라 할 수 있는데, 이러한 대립은 전이 현상을 보인다. 그래서 그 양상은

미지 (부정 → 신비)

로 나타난다. 이 사건의 주체인 수로부인의 말로 인해 바다는 부정적 공간에서 신비로운 공간으로 그 의미가 전이된다. 음지에서 양지로 그 의미가 옮겨갔다. 그런데 문제는 바다는 알 수 없는 공간이라는 것이다. 미지는 음지다. 그렇지만 신비로움이라는 양지의 모습을 간직한 음지다. 이렇게 <수로부인>조의 바다는 양지와 음지로서의 모습이 역동적 관계를 형성하면서 함께 자리하고 있다. 앞항에서 살핀 바다의 세 가지 양상에 적

용하면, a의 성격을 지닌 바다라 할 수 있겠다.

> 살어리 살어리랏다 바라래 살어리랏다
> 나마자기 구조개랑 먹고 바라래 살어리랏다
> 얄리얄리 얄랑셩 얄라리 얄라
>
> (<청산별곡> 6연)

> 불휘 기픈 남ᄀᆞᆫ ᄇᆞᄅᆞ매 아니뮐씨 곶됴코 여름 하ᄂᆞ니
> ᄉᆡ미 기픈 므른 ᄀᆞᄆᆞ래 아니그츨씨 내히 이러 바ᄅᆞ래 가ᄂᆞ니
>
> 根深之木 風亦不 有灼其華 有其實
> 源遠之水 旱亦不竭 流斯爲川 于海必達
>
> (『용비어천가, 2장)

<청산별곡>의 바다는 이상향, <용비어천가>의 바다는 문화의 풍성함을 뜻한다. 양지로서의 바다이고, 관념적이다. 구조개와 나마자개를 먹으면서 살 수 있는 안분지족의 공간이다. 바다의 구체적인 이미지는 어디에도 표상되지 않는다. <용비어천가>의 바다 역시 관념적이다. 샘이 모여 냇물이 되고, 냇물이 모여 바다로 흘러가기 마련이다. 작은 것이 모여 큰 것이 된다. 문화의 번창과 융성을 뜻하는 바다다. 주장과 이념이 뒤에 있어 관념화된 바다이다. 바다 밖에 대한 인식이 없는 상황이기에 a 유형의 바다다. 조선 후기 이전의 국문시가 속 바다는 대개 바다 밖에 대한 뚜렷한 인식이 없는 상황에서 형상화되었기에 a 유형이 다수를 차지한다.

> 진주관 죽서루 오십천 ᄂᆞ린믈이 태백산 그림재ᄅᆞᆯ 동해로 다마가니, 출하리 한강의 목멱의 다히고져 왕정이 유한하고 풍경이 못슬믜니 유회도

하도할샤 객수도 둘 듸 업다 선사ᄅᆞᆯ 씌워내여 두우로 향ᄒᆞ살가 선인을 ᄎᆞ자려 단혈의 머무살가 천근을 못내 보와 망양정에 올은 말이 바다밧근 하ᄂᆞᆯ이니 하ᄂᆞᆯ 밧근 무서신고 ᄀᆞ득 노ᄒᆞᆫ 고래 뉘라셔 놀내관ᄃᆡ 블거니 쁨거니, 어즈러이 구ᄂᆞᆫ디고 은산을 것거내어 육합의 ᄂᆞ리ᄂᆞᆫᄃᆞᆺ 오월장천의 백설은 므ᄉᆞ 일고

(정철 <관동별곡>의 부분)

우리나라 국문시가 중 단연 으뜸이라 할 수 있는 <관동별곡>의 부분이다. 정철의 정치적 행로는 순탄하지 못했다. 왕의 만류에도 불구하고 신하들은 정철을 냉혹하게 비판했으며, 이를 이기지 못한 정철은 창평으로 내려가기까지 했다. 그 후 선조는 정철에게 정치 복귀를 권하지만, 거부한다. 그러다가 맡게 된 자리가 강원도 관찰사였다. 중앙 관직이 아니었기 때문이다.

관찰사로 부임하는 정철의 마음은 복잡했을 것인데, <관동별곡>에는 이러한 심경이 표출되었다. 그래서 <관동별곡>에는 '정치 현실을 대표하는 왕정'과 '개인적 욕망으로서의 풍경'이 대립하고 있다. 앞 절에서 말한 바를 빌려 온다면 '평천하'와 '격물'의 대립항이라 해도 좋을 것이다. 페르소나와 아니마의 대립이기도 하다.[51]

관찰사라는 관원으로서의 여정인 '왕정'은 끝을 향하고 있다. 그런데 자연 속에 묻혀 신선처럼 살고 싶어 하는 욕구는 샘솟고 있다. 마음이 아니마로 기우는 듯 보인다. 절경인 태백산 그림자를 한강 남산에 담아 흐르게 하고 싶어 한다. 나라를 떠올리고, 임금을 생각하면서도 풍경이 싫지 않으니 근심이 이만저만이 아니다.

51 김병국, 『한국 고전문학의 비평적 이해』, 서울대학교출판부, 1995, 47면.

왔다 갔다 하면서 갈등이 첨예화되고 있다. 심리적 갈등의 절정이라 해도 되겠다. 이런 갈등이 성난 듯 일렁이는 바다로 묘사된다. '현실/자연'·'치인/수기'·'사회적 욕망/개인적 욕망'의 대립항을 상정할 수 있는 시적 화자의 내면적 갈등을 파도의 이미지로 나타낸다. 여기서 바다는 혼돈이자 불안이고 냉혹한 현실이기도 하다. 언뜻 음지로 보인다. 그러나 여기서 그치지 않는다. 질서와 조화로 가는 진통의 과정일 뿐이다. 곧바로 "져근 덧 밤이 드러 풍낭이 정ᄒᆞ"게 된다. 국문시가에서 바다는 양지일 가능성이 많다. 부정적 이미지로 끝나는 경우는 극히 드물다. 시가의 큰 맥을 형성하고 있는 '어부가'류를 보자.

이 듕에 시름 업스니 어부의 생애이로다
일엽편주를 만경파에 띄워두고
인세를 다 니젯거니 날 가난 줄을 알랴

이현보는 정치적 부침이 심한 삶을 살아왔다. 그래서 시의 어조가 편하지 못하다. 부정과 긍정이 혼재하여 있다. 교융이 힘들다. 부정과 긍정이 조화를 이루어 또 다른 긍정의 세계로 나가기보다는 둘이 혼잡한 상태로 깊이 침잠할 뿐이다. 시름없는 어부의 생활과 인세 사이에서 시적 화자는 머뭇거리고 있다. "인세를 다 니젯거니"를 언표 그대로 받아들이고, '안분지족'이라는 주제를 이끌어냈다면, 이는 단순한 독법이다. "시름 업스"는 시름 있음으로, "인세를 다 니젯거니"는 세상을 아직 잊지 못하고 있음의 역설적 독법이 가능하기 때문이다. 이 시에서 전경화되는 것은 바다가 아니라 출처 간의 갈등이다. 안분지족의 배경으로서의 바다가 아니기 때문이다. 따라서 바다는 표면적으로는 풍요로움 혹은 현실을 초월한 공간으로 비쳐지지만, 그 안에는 혼돈과 갈등이 자리하고 있다.

수국에 가을이 드니 고기마다 살져 있다
　닻 들어라 닻 들어라
만경징파에 슬카지 용여하자
　지국총지국총어사와
인간을 돌아보니 머도록 더욱 좋다

(윤선도 『어부사시사』 秋 二)

앞서 살핀 이현보의 『어부가』와는 달리, 『어부사시사』는 강호 저편의 정치 현실에 대한 강박보다는 강호에서의 미적 감흥과 기쁨이 더 강하게 작용했다고 김흥규는 말하고 있다.[52] 그 이유로 정치 사회의 성격이 달라졌음을 들고 있다. 이현보가 살았던 16세기는 사림과 훈구파의 대립적 상황이, 윤선도가 살았던 17세기는 사림 안에서의 대립적 상황이 갈등의 근원이었다는 데에 있다고 하였다.[53] 그래서 자연도 16세기는 수기의 공간이었지만, 17세기는 심미적 충족·해방과 드높은 흥취가 좀 더 중요한 몫을 차지하는 공간으로 되었다는 것이다.[54]

이런 시각에서 만경징파 즉 바다는 흥취의 공간이다. 고기가 살져 있는 풍요의 공간이다. 물론 상대적으로 그렇다는 말로 받아들일 필요가 있다. 윤선도가 살았던 시기는 그 전과 완전히 다른 세상이라 할 수 없기 때문이다. 유자들의 자연관에서 벗어날 수는 없다는 말이다. 그런 면에서 어느 정도는 앞서 살핀 이현보의 노래와 유사하다 할 수 있겠다. 그러면서 흥취의 모습이 더욱 강하게 표출되었다는 정도로 이해 가능하리라 본다. 『어부사시사』의 바다는 흥취와 풍요의 바다이면서 그 안에는 유자로서

52 김흥규, 「<어부사시사>에서의 '흥'의 성격」, 556면.

53 위의 논문, 557면.

54 위의 논문, 558면.

의 갈등이 드러난 바다라 하겠다.

앞서 말했듯, 시가에 나타난 바다는 대체로 죽음·혼란·야만 등 음지만을 나타내지 않는다. 마이너스의 의미가 있다손 치더라도 플러스 자질로 가기 위한 과도기적 성향을 띠고 형상화되기 일쑤이다. 그리고 위에서 살핀 거개의 바다는 관념적이다. 국문시가에 등장하는 어부가 고기잡이를 생계로 하지 않는 假漁翁이듯, 바다도 Nature로서의 바다가 아니다.

조선 시대 국문시가에 나타난 바다는 모두 바다 밖을 염두에 두지 않는 상황에서 표상되고 있다. 이런 면에서 조선 시대 특히 조선 후기 이전의 국문시가의 바다는 관념적으로 그려지면서 긍정과 부정의 의미가 섞여 있는 양상을 보이고 있다. 즉 대개 a의 양상을 띠고 있는 것이다. 그렇다면 조선 후기 국문시가에 배경으로 등장하는 바다의 인식 혹은 형상화 양상은 어떠한가? 절을 달리하여 살펴보자.

4. 조선 후기의 바다 정책과 청·일·서양에 대한 인식

우선 바다 밖을 염두에 둔 상황에서의 바다는 어떠한 식으로 표상되는지를 간략하게 살펴보자.

> 아무도 그에게 수심을 일러 준 일이 없기에
> 흰나비는 도무지 바다가 무섭지 않다.
>
> 청무우밭인가 해서 내려갔다가는
> 어린 날개가 물결에 절어서

공주처럼 지쳐서 돌아온다.

삼월달 바다가 꽃이 피지 않아서 서글픈
나비 허리에 새파란 초생달이 시리다.

1939년 『여성』에 실린 시다. 다양한 해석의 가능성이 열려 있다. 나비에게 바다는 무서운 존재가 아니었다. 수심을 몰랐기 때문이고, 청무우밭으로 착각하고 있었기 때문이다. 나비는 순진무구한 인물로 봐도, 시대착오적 인물로 봐도 되겠다. 바다는 냉혹한 현실로도, 신문명의 상징으로 봐도 될 것이다. 식민지라는 시대적 상황에 견주어 이 시를 보자.

바다는 대한해협이라고 해 두자. 바다 건너는 일본이다. 그 당시 수많은 지식인에게 일본은 난공불락의 대상이자, 신문명의 공간이었다. 바다의 수심을 제대로 알려 주는 자도 없다. 이는 바다 저편에 자리하고 있는 공간에 대한 무지 때문이라 할 수 있다. 그러니 바다에 접근한 나비에게 돌아오는 것은 좌절감뿐이다. 바다 저편 공간에 대한 무지에서 비롯된 좌절이 이 시의 메시지다. 그래서 시적 화자는 서글프고 시린 시선으로 바라보고 있다. 바다 밖 공간을 긍정적으로 바라보는 시각이 전제된 작품을 보자.

그길로 횡빈(橫濱)까지 가서 배를 타니, 태평양 넓은 물에 마름같이 떠서 화살같이 밤낮없이 달아나는 화륜선(火輪船)같이 삼 주일 만에 상항(桑港)에 이르러 닻을 푸니 이곳부터 미국이라. 조선서 낮이 되면 미국에는 밤이 되고, 미국에서 밤이 되면 조선서는 낮이 되어 주야가 상반되는 별천지라.

(이인직의 『혈의 누』에서)

명나라의 정화가 원정길을 나서 인도양을 휘저은 사건은 1405년의 일인데,[55] 우리나라의 바다 진출은 상당히 때늦었다. 개화기 신소설에서는 바다 출현이 빈번하다. 신소설에는 항구와 배가 많이 출현하는데,[56] 1906년 이인직의 소설 『혈의 누』도 그중 하나다.

바다는 미국으로 향하는 통로다. 바다는 문명이자 새로운 개척의 길로 인도하는 길이다. <혈의 누>의 바다는 별천지로 안내한다. 신소설의 주인공들은 근대국가 건설이라는 사명 아래 바다를 건너간다. 바다는 곧 근대를 뜻하는 긍정의 아이콘처럼 되어버렸다. 이는 당대 상황에서 비롯된 바다의 새로운 이미지라 할 수 있겠다.

바다 인식의 유형 중 'a'로서가 아닌 'b-1'의 인식이다. 'a'의 바다는 다양한 모습으로 이미지화되지만, 바다 밖 공간 인식이 이루어진 상태에서의 바다 인식은 바다 밖 공간의 인식을 그대로 따라가기 마련이다. 즉 b-1 혹은 b-2의 양상이 보인다.

우리의 사고는 지금 자리하고 있는 위치를 중심 현실로 삼고, 저 멀리 보이는 또 다른 현실을 자각했을 때, 두 현실의 상호작용에서 갈등하기 십상이다. 이미 알고 있는 것과 아직 모르는 것 사이의 역동적 상호 작용으로 우리의 사고는 재편성된다.[57] 역동적 상호 작용의 결과가 부정적으로 그래서 폐쇄적 사고로 이어질 수 있다. 때로는 갈등의 결과가 전환적 사고로 전개되어 긍정적 결실로 나갈 수 있는데, 토머스 쿤의 용어로 하자면 '패러다임'의 전이가 키르케고르의 표현을 모방하자면 '비약'이 일어난다.[58] 폐쇄적 사고는 바다의 음지 속성에, 전환적 사고는 갈등의 과정

---

55 주경철, 『대항해시대』, 서울대학교출판문화원, 2008, 13면.

56 이재선, 『현대소설의 서사주제학』, 문학과 지성사, 2007, 441면.

57 위의 책, 173면.

58 위의 책, 168~76면.

을 거쳐 바다의 양지 속성에 지배소를 두면서 이미지화될 것으로 예상할 수 있겠다.

삼면이 바다로 둘러싸인 우리나라의 지형적 특징은 시대와 무관하게 일정하다. 그러나 바다의 의미는 달라진다. 사회·문화·정치적 상황이 변하기 때문이다. 동일한 바다이겠지만 이미지는 변화한다. 조선 후기에는 바다에 대한 인식이 달라질 여러 사건이 일어난다. 바다 저쪽의 존재들이 우리 눈앞에 나타났기 때문이다. 그 상황을 먼저 살펴보자. 조선의 상황을 알려면 명·청을 비롯한 동아시아의 상황을 동시에 고찰할 필요가 있다.

바다는 근대 초기 새로운 역사를 준비하는 공간이었다. 해상 교역이 세계사의 흐름을 변화시켰다. 15세기 중엽까지 바다는 중국 중심이라고 해도 무방하였다고 한다. 중국을 비롯한 아시아 문명권이 상업 활동의 중심 영역을 차지하면서 바다를 휘젓고 다녔다고 한다. 그 증거로 중국지도에는 남아프리카 모양이 유럽에서 제작된 지도보다 올바르게 그려져 있다는 것을 거론할 수 있다.[59] 이에 대해 좀 더 자세히 살펴보자.

1) 명·청의 바다 정책

15세기 초·중반까지만 해도 중국의 해양 활동은 활발했다. 정화의 원정을 보면 알 수 있다. 그런데 불현듯 해금정책을 펴면서 해양에서 물러난다. 그 이유에 대해 사학계에서 여러 견해가 보고되어 있다.

명나라는 바다의 실크로드를 장악하였다. 세계사적 사건이라 할 수 있

59 주경철, 앞의 책, 10~3면.

는 鄭和 원정단의 규모는 실로 대단하였다. 1405년부터 1433년에 이르기까지 28년 동안 일곱 차례에 걸쳐 이루어진 정화의 원정은, 포르투갈의 원정과 비교해 보면, 기실 세계 최고였다 한다. 포르투갈 원정대는 3척의 배와 160명의 인원이었던 데 반해, 정화 원정대는 60여 척의 대형 선박을 포함 200여 척의 배가 동원되었고, 참가 인원은 2만 7천 명에 이르렀다.[60] 그런데 갑자기 해금정책을 펴면서 해상 활동을 중지하였다.

해금정책을 편 데에는 여러 이유가 있다. 張士誠과 方國珍 등의 원나라 잔존 세력에 대한 경계심을 가장 중요한 원인으로 꼽는다. 북벌을 대비하기 위해 연해와 해안의 안정은 필수부가결의 문제였기 때문이다.[61] 그동안 비교적 우호적 관계를 형성했던 동남아시아 여러 국가와도 경직된 태도를 보인다. 홍무 13년(1480년)에 명나라가 좀 더 실효성 있는 통제력을 발휘하기 위해 해금정책을 실행한 것이다. 홍무 17년에는 백성들이 바다에 들어가 고기잡이하는 것까지 금지했다고 하니 그 정도가 해를 거듭할수록 더해갔음을 알 수 있다.[62]

명대 이루어진 해금정책은 국가질서를 유지하려는 조치이면서 동시에 국제질서 확립을 포석으로 깔고 있었다. 華夷觀을 기저로 한 조공체제 확립이 그것이다. 해금정책은 조공을 통한 무역만을 가능하게 함으로써 조선과 일본을 강압하는 수단의 기능을 하고 있었다고 한다.[63]

명대의 해금정책은 같은 시기 이루어진 서양이 해양 진출과 비교되었다. 70~80년대 중국의 개방정책의 역사적 교훈을 명대의 해금정책에서 찾고 있다. 중국의 총체적 낙후 시점이 바로 여기서 비롯되었다고 보기

60 신문기사 : "최근 복원, 공개된 정화의 함선" : 연합뉴스 2006년 9월 28일.

61 한지선, 「홍무년간의 대외정책과 '해금'」, 『중국학보』 60권, 2009, 한국중국학회, 265면.

62 위의 논문, 269~72면.

63 임영정, 「조선전기 해금정책 시행의 배경」, 『동국사학』 31권, 동국사학회, 1996, 44면.

때문이다. 결과가 이렇게 되었음에도 불구하고 명나라로서는 어쩔 수 없는 조치였다고 여겨진다. 해금정책은 명나라에 뒤이은 청나라에서도 그대로 실행된다.

기본적인 해금정책은 명나라나 청나라나 마찬가지였다. 밀무역과 왜구의 침입 등은 그 당시 어쩔 수 없는 상황이었기에 해금정책 또한 기본적으로 유지되었다. 그러다가 청나라에 와서 1661년에 정성공 세력을 견제하기 위해 천계령(遷界令)이라는 엄격한 해금정책이 펼쳐진다. 정성공은 청나라에 항거하면서 명나라에 복종하는 명나라 잔존 세력이었다. 주로 동남 연해 지역에 대한 지배권을 장악하고 있는 세력이었는데, 청나라에는 큰 장애 요소로 작용하였다.[64] 이 세력을 제압하려는 수단이 천계령이었던 것이다. 유례없이 강력한 해금정책이었다고 한다. 1662년 정성공은 39세를 일기로 급사한다. 결국 강희 23년 1684년 천계령이 해제된다. 이때부터 해금은 완화의 길로 들어서게 된다.

명・청의 바다 정책은 조선에 영향을 미쳤다. 해상과 관련하여 중국과 일본, 그리고 조선은 거의 동일한 해금정책이 펼쳐지고 있었다.

2) 조선 후기 바다 정책

고려 때부터 왜구의 침입은 골칫거리였다. 조선으로 나라가 바뀌었어도 왜구의 문제는 계속되었다. 바다에 대한 강한 금지는 당연한 조치였다. 왜관, 즉 정식 한일 교류 공간을 제외한 곳에서는 일체 접촉을 금지하였다. 섬에 거주를 금지하고, 왜구의 난동과 약탈을 막기 위해서였다. 해안과 섬은 임금의 덕화가 미치지 못하는 공간이었기 때문이다.[65] 다음

64 홍성구, 「청조 해금정책의 성격」, 이문기 외, 『한중일의 해양인식과 해금』, 동북아역사재단, 2007, 192면.

절에서 살펴보겠지만, 조선 후기 역시 일본을 염두에 둔 해금정책은 변함이 없었던 듯 보인다. 일본을 야만시하는 소중화 의식이 팽배했기 때문이다.

또 조선의 해금정책에는 중국을 염두에 둔 조치이기도 하였다.[66] 『경국대전』「형전」 '용률'조에 각종 형법은 『대명률』을 따르고, 『대명률』과 다르거나 없는 것만을 규정한다고 하였다. 『대명률직해』에는 엄격한 해금이 명시되어 있다.[67] 사대주의를 표방했던 조선으로서는 당연한 조치라 하겠다.

> ≪대명률(大明律)≫에는, '소 · 말 · 군수 품(軍需品) · 철화(鐵貨) · 동전(銅錢) · 단필(段匹) · 주견(紬絹) · 사면(絲緜)을 사사로이 국경 외에 내어다가 팔고 바다로 내어간 자는 곤장 1백 대를 치고, 그것을 수송하고 운반한 사람은 1등(等)을 감형하고, 물화(物貨)와 배와 수레는 모두 관청에 거두어 들이는데, 그 중에 10분(分) 율(率)로 하여 알린 사람에게 주어서 상으로 충당한다.' 하였다.[68]

세종 8년 가산을 몰수하는 것에 대한 논의 중에 형조 참판 정초(鄭招)에 대한 내용이다. 『대명률』에 기초하고 있다는 사실을 알 수 있다. 대부분의 옳고 그름의 판단 기준은 명나라 법인 『대명률』이었다. 조선의 해금에 대한 조항과 그 처벌에 대한 규제 강화는 『대명률』의 수용 과정의 결과로 보인다.[69]

---

65 박천홍, 『악령이 출몰하던 조선의 바다』, 현실문화연구, 2008, 33면.

66 임영정, 앞의 논문, 46면.

67 박천홍, 앞의 책, 26면.

68 『세종실록』, 세종 8년 4월 19일 기사.

명나라는 조선이 일본과 친해지는 것을 바라지 않았다. 조선은 사대교린 정책을 펴고 있었다. 명나라는 섬기고, 일본은 이웃 나라로서 친교를 맺고 있었다. 조선과 일본이 친교를 맺는 것은 명나라로서는 달가운 현상은 아니다. 따라서 명나라는 조선에 일본과 거리 둘 것을 요청했는데, 이것은 주로 바다 통제로 나타난다.

양주(楊州)에 갇혀 있는 왜인 소오예(蘇吾預) 등에게 옷・띠[帶]・갓[笠]・신[靴]을 내려 주고, 인하여 후(厚)하게 지대(支待)할 것을 명하였다.[70]

평안도 교유(教諭) 유신(兪信)이 칙유(勅諭)를 받들어 가지고 왔으므로, 세자(世子)가 백관을 거느리고 모화관(慕華館)에 나가서 맞이하였다. 그 칙유에 말하기를,

"짐(朕)은 생각하건대, 왕이 조정(朝廷)의 동쪽 울타리[東藩]가 되어 대대로 예의를 지켜서, 그것으로 오랫동안 국가를 보호하고, 잔인한 것을 제(除)해 버리고 포착한 것을 없이 하여 선량한 백성을 편안하게 하였으니, 이것이 곧 천도(天道)이다. 왜적은 음흉하고 간사하여 노략질하는 것으로 생업을 삼으면서, 약(弱)하면 귀순하여 항복하고, 강(强)하면 날뛰니, 이것이 그 본래의 성질인 것이다. 왕의 변방을 지키는 두목이 그 작은 이익을 얻으려고 왕래하며 교역하여서, 그 힘을 기르게 하여 오래 된다면, 비단 조정(朝廷)의 변방 근심이 될 뿐만 아니라, 왕의 나라의 허실(虛實)을 저들이 엿보아 알 것이니, 역시 해(害)되지 아니하리라고 반드시 말하지 못할 것이다. 이제부터는 왕은 마땅히 변방을 지키는 두목에게 경계하고 신칙

69 우인수, 「조선 후기 해금정책의 내용과 성격」, 이문기 외, 앞의 책, 125면.

70 『세종실록』, 세종 25년 7월 23일 기사.

하여서 엄금해 막고, 긴급한 소식이 있거든 사람을 보내어 요동 총병(遼東摠兵) 등 관원에게 급히 보고하여 미리 준비하게 하라. 그 도둑질하는 길이 왕의 나라에서 가까우니, 왕은 마땅히 그 출몰(出沒)할 때를 타서 군사를 보내 막아서 죽여 그 당류(黨類)를 없애버리고, 혹은 그 소혈(巢穴)을 두려빼어 영영 변방 근심을 끊어버리면, 더욱 왕이 천도(天道)에 순응하고 조정을 위하는 뜻을 볼 것이니, 왕은 공경히 받들라. 이에 칙유하노라." 하였다.[71]

이유가 무엇이든 왜인 소오예 등을 후대하였기에 명나라의 염려는 컸다. 이에 대한 경계로 칙유를 내리는데, 그 내용이 7월 29일자 기사에 보인다. 대마도 교린 정책에 대한 비판의 내용이다. 조선 전기, 왕조는 될 수 있으면 명나라의 심기를 불편하게 할 까닭은 없었다.[72] 해금을 철저히 지킬 필요가 여기에 있었다. 이러한 사대정책으로서의 해금정책은 청나라가 패권을 쥐게 되는 1644년에 와서 다른 논리가 들어선다. 새로운 화이관이라 할 수 있는 소중화 의식이 그것이다.

퉁구스족의 일파인 여진족이 세운 나라인 청나라는 더는 중화로서의 자격이 없다고 조선은 생각하였다. 조선이나 청나라나 다를 바가 없다는 생각이다. 오랑캐이긴 마찬가지이다. 청나라를 더는 중화 세계의 주인으로 여기지 않았다. 1661년 청나라의 3대 황제인 순치제의 상을 당하여서 서장관인 권격(權格)은 예 표하기를 거부하였다. 청에 대한 인식을 보여주는 단적인 사건이다.[73] 무력의 열세로 비록 굴복하고 있었지만 오랑캐로 간주하고 있음을 알 수 있다.[74] 천계령 해제 이후 청나라의 배가 황해

71 『세종실록』, 세종 25년 7월 29일 기사.

72 임영정, 앞의 논문, 48~9면.

73 김현미, 『18세기 연행록의 전개와 특성』, 혜안, 2007, 34면.

도 연안으로 오는 일이 잦았다. 청인과 조선인 사이에 상거래가 걸리면 참형에 처했으며,[75] 청나라에 해금을 강화해 달라고 요청하였다.[76] 새로운 화이관이 들어서게 되었다 할 만하다. 소중화 의식은 해금정책을 펴는 근거가 되었다.

조선은 후기에 들어서도 강한 해금정책을 펴고 있었다. 이는 청나라와 일본과는 다른 성향을 띤 바다 정책이었다. 조선은 청과 일본으로 통상 대상국을 한정하였다. 이에 비해 청은 천계령 해제 이후 동남아시아와 서양 제국과 접촉을 시도하고 있었으며, 일본은 북해도・유구 그리고 네덜란드 등의 나라와 창구가 개설되었기 때문이다.[77] 어찌 보면 조선이 동아시아 삼국 중 가장 강력하고 엄격한 해금정책을 끝까지 고수하고 있었다. 청나라와 일본에 대한 통상도 자유로운 것이 아닌 해금에 기초한 통상이었다. 이는 소중화 의식의 결과였다.

3) 청・일에 대한 이중 시선과 서양 출현

소중화 의식은 묘한 논리적 기초 위에 성립한다. 배타주의와 보편주의, 모순되는 두 모습이 함께 자리하기 때문이다. 중화주의는 중원이라는 위치를 중심으로 멀어지면 오랑캐다. 북적・남만・서융・동이는 모두 오랑캐다. 그런데 북적인 청나라가 명나라를 치고 중원을 차지하는 순간, 중화 의식은 복잡한 양상을 띠었다. 오랑캐인 청나라가 중원을 차지하게

---

74 우인수, 앞의 논문, 124면. 그렇다고 하여 청나라에 대한 반감만이 있었다고는 볼 수 없다. 우호적인 면도 있었기 때문이다. 이중적이고 혼재된 인식양상을 보인다 할 수 있는데, 이에 대한 자세한 논의는 주 73)에 제시한 김현미의 책에 서술되어 있다.

75 위의 논문, 138면.

76 위의 논문, 153면.

77 위의 논문, 143면.

되면서 중화의 전통성이 명분을 잃었기 때문이다.

이때 조선에서는 예를 간직하고 있는 우리에게 중화의 전통성이 옮겨 왔다고 생각했는데, 이를 '소중화 의식'이라 한다. 그런데 동이가 소중화 의식을 갖게 되면 북적, 남만이라고 하여 소중화 의식을 갖지 말란 법은 없다. 즉 오랑캐였던 '나'가 소중화 의식을 갖는 순간, '나' 아닌 '너'도 소중화일 수 있다. 다른 것을 배타적으로 볼 수 있는 근거는 없다.

그럼에도 불구하고 조선은 명나라의 멸망 이후 배타적인 혹은 폐쇄적인 소중화 의식을 갖게 되었다. 조선만이 사라진 중화의 예를 갖춘 나라다. 여기서 논리적 모순이 생긴다. 중화의 예를 이어받았다는 것은 누가 인정하고 확인해 줄 것인가. 조선은 스스로 인정하고 확인했다. 조선은 공식적으로는 배타적 소중화 의식을 가지고 있었다.

그런데 한쪽에서는 개방적이고 보편적인 소중화 의식을 가져야 하는 것 아닌가 하는 소리가 존재하고 있었다. 배타적 소중화 의식이 팽배해 있었지만, 한편에서는 보편적 소중화 의식이 있어, 이 둘이 공존 내지는 혼재하고 있었다. 이것이 후기 조선의 정체성이었다. 사례를 통해 이를 살펴보자. 1712년 사행의 기록인 최덕중의 『연행록』을 보면,

> 여복 관문 안에는 청인이 아주 없다시피 하였고, 모두 한인이었다. 여인은 혹 주름치마에 당의를 입고, 머리는 꽃 구슬로 꾸몄다. 흑색면을 드리운 채, 나귀를 타고 가는 자가 가끔 있었다. 여자 옷에는 아직도 명나라 제도가 남아있어 사랑스러웠다.[78]

로 되어 있다. 항청복명(抗淸服明)의 태도가 여실히 나타난 구절이라 할

78 『국역 연행록선집』 권3, 220면.

수 있는데, 이는 1866년 홍순학의 『연행가』에서도 동일하다.

> 발맵시 볼짝시면 / 수당혜(繡唐鞋)를 신었으되 / 청녀(淸女)는 발이 커서 / 남자의 발 같으나 / 당녀(唐女)는 발이 작아 / 두 치쯤 되는 것을 / 비단으로 꼭 동이고 / 신 뒤축에 굽을 달아 / 뒤뚝뒤뚝 가는 모양 / 넘어질까 위태하다. / 그렇다고 웃들 마라 / 명(明)나라 끼진 제도(制度) / 저 계집의 발 하나니 / 지금까지 볼 것 있다.79

청나라 속에 남겨져 있는 명나라의 풍속을 긍정적 시각으로 바라보고 있다. 청은 오랑캐임을 전제로 한 시각이다. 이는 어디까지나 공적인 입장의 표출이라 할 수 있겠는데, 배타적 소중화 의식의 소산이다.

> 호인 어린이 하나를 보았는데 얼굴이 귀여웠다. 서장관 말이, 그 아이는 주인집 아이로 글자를 알기에 불러왔으나, 머리에 쓴 것이 싫어서 보낸다는 것이다. 드디어 내가 이엄을 벗어서 아이의 머리 위에 얹어주고 그 집 사람들에게 보여주게 하였더니, 아이는 웃으면서 들어갔다가 조금 후에 나왔다. 내가 "너의 부모가 보고 어떻다고 하시더냐?"고 물었더니 좋다고 하더라는 대답이었다. 그 아이를 데리고 숙소로 돌아와서 "너의 조상의 의관 제도는 어떠했느냐?"고 물었더니 "저는 늦게 태어났기 때문에 모릅니다."고 하였다. "나의 의관이 네가 보기에 어떠냐? 꽤 우습지?" 하고 물으니, "어찌 감히 웃겠습니까?" 하였다. 내가 사실대로 말해도 괜찮다고 하였더니, "의관이란 바로 예인데, 어찌 웃겠습니까?" 하였다. (중략) 성은 무엇이고 이름은 누구며 나이는 얼마냐고 물었더니 "천성은 장이요, 이름은 기모이며, 나이는 15세입니다." (중략) "이 마을에도 달자(서북변의 오

79 홍순학, 이석래 교주, 『기행가사집 - 연행가』, 신구문화사, 1976, 44~5면.

랑캐)가 있느냐?" "(장기모) 없습니다." "너희들은 달자와 친교를 맺느냐?" "이적의 사람이 어찌 우리들 중국과 어울려 친교를 맺겠습니까?" "우리 고려 역시 동이인데, 네가 우리들을 볼 때 역시 달자와 한가지로 보느냐?" "귀국은 상등인이요 달자는 하류인인데 어찌해서 한가지이겠습니까?" "너는, 중국과 이적이 다르다는 것을 누구의 말을 들어서 알았느냐?" "공자의 말씀에, '우리는 오랑캐의 풍속이 될 뻔 하였다'라고 쓰여 있습니다." "달자들도 머리를 깍으며 너희들도 머리를 깍는데 무엇으로써 중국과 이적을 가리느냐?" "우리들은 머리를 깍지만 예가 있고, 달자는 머리도 깍고 예도 없습니다." 하였다. 나는 "말의 이치에 맞는다. 네 나이 아직 어린데도 능히 이적과 중국의 구분을 아니, 귀하기도 하고 슬프기도 하구나! 고려는 비록 동이라고 불리고 있지만 의관 문물이 모두 중국을 모방하기 때문에 소중화라는 칭호가 있다. 지금의 이 문답이 누설되면 좋지 않으니, 비밀로 해야 된다."[80]

1712년 김창업의 글이다. 중요한 것은 그 나라의 위치가 아니라, 예를 간직하고 있느냐에 있다고 하였다. 예의 유무가 華와 夷의 기준이다. 즉 예를 갖추고 있는 나라라면 모두 오랑캐가 아닌 중화다. 보편주의적 소중화주의는 청나라를 다른 시각으로 보게 하였다. 청을 체계적으로 알아야 할 대상으로 간주하고 문명의 덩어리로 파악하였다.[81] 18세기 실학자들 사이에서는 '청나라로부터 배우자'라는 '북학'의 인식이 있었다.

우리나라에 있는 백공(百工)들의 기예는 모두 중국에서 배워 온 방식인데, 수백 년 이래 칼로 벤 것처럼 닥 잘라 다시는 중국에 가서 새로운

80 김창업, 『연행일기』 제2권, 임진 12월 12일조, 『연행록선집』 4권, 110~2면.

81 김현미, 앞의 책, 289면.

것을 배우려는 계획을 세우지 않았다. 중국에는 새로운 방식과 교묘한 제도가 나날이 증가하고 다달이 불어나서 수백 년 이전의 옛날 중국이 아니다. 그런데도 우리는 막연하게 서로 묻지도 않고 오직 옛날의 방식만을 편케 여기고 있으니 어찌 그리 게으르단 말인가. (…중략…)

옛날에는 외국 오랑캐로서 중국에 자제를 보내어 입학시킨 자가 매우 많았다. 근세에도 유구(琉球) 사람들은 중국의 태학(太學)에 들어가서 10년 동안 전문적으로 새로운 문물과 기예를 배웠으며, 일본은 강소성(江蘇省)과 절강성(浙江省)을 왕래하면서 온갖 공장이들의 섬세하고 교묘한 기술을 배워 가기를 힘썼다.

이 때문에 유구와 일본은 바다의 한복판인 먼 지역에 위치해 있으면서도 그 기능이 중국과 대등하게 되었다. 그리하여 백성은 부유하고 군대는 강하여 이웃 나라가 감히 침범하지 못하게 되었으니, 나타나는 효과가 이처럼 뚜렷하다.

마침 지금은 중국의 규칙이 탁 트여서 좁지 않은데, 이런 기회를 놓쳐버리고 도모하지 않았다가 만일 하루아침에 소식과 같은 자가 나와서 '중화(中華)와 이적(夷狄)의 한계를 엄격히 하여 금지하는 명령을 내리도록' 건의한다면, 비록 예물을 가지고 폐백을 받들어 그 기술의 찌꺼기나마 배우려 하더라도 어찌 뜻을 이룰 수 있겠는가.[82]

칭나라로부터 기예를 받아들여야 한다는 정약용의 글이다. "칼로 벤 것처럼 딱 잘라" 청나라로부터 배우지 않았다고 하였다. 청나라는 새로운 방식과 교묘한 제도가 나날이 발전하여 예전의 중국과는 다르다. 청나라의 선진적 기예를 유구와 일본은 배워가기 힘쓴다고 하여 우리와 다르다고도 하였다. 예전에는 배웠는데 지금은 배우지 않음을 비판한 글이다.

---

82 정약용, 『여유당전서』 권2, "기예론".

폐쇄적 소중화주의에 무젖어 있는 조선에 대해 각성을 촉구하고 있는 글이다.

이렇게 조선 후기 몇몇 실학자는 보편주의에 입각한 소중화 의식을 보이고 있다. 현실을 직시한 결과라 하겠다. 나라 발전이란 면에서 실학자들이 견해는 지당한 것이기도 하지만, 어찌 되었든 나라 입장에서는 폐쇄적인 성향이 짙은 소중화 의식을 가지고 있었다. 물론 보편주의에 입각한 개방적 소중화 의식이 어느 정도 확산되었는지는 알 수 없지만, 조선의 소중화주의는 이중적인 모습을 지니고 있었다고 할 수 있을 듯하다. 이러한 이중적 시각은 일본을 향해서도 동일하다.

기실 일본에 대한 부정적 인식은 그 연원이 오래되었다. 해금정책은 끊임없는 왜구의 침입으로부터 우리나라를 보호하려는 데에 있었다고 봐도 과언은 아니다. 일일이 거론할 수 없는 정도로 왜구의 침범은 많았다. 임진왜란 후 광해군 원년(1609)에 한·일 간에 국교가 정상화되었지만,[83] 해금정책은 더욱 강화되었다. 국교정상화와 해금정책은 별개의 문제였다. 왜구의 침입은 계속해서 벌어졌기에 위협 요소는 여전히 존재하고 있었기 때문이다. 여기에 중국의 요구도 있었다. 청나라 입장에서 우리나라와 왜구의 친교는 달갑게 받아들일 성격은 아니었으며, 청나라의 요구를 가볍게 여길 처지도 아니었다.

또 우리나라는 일본을 오랑캐로 여겨 얕잡아 보는 인식이 자리하고 있었다. 조선의 유자들은 일본을 교화와 시혜를 베풀어야 할 대상으로 간주했다.[84] 1763년 사행의 정사로 간 조엄이 "오랑캐 나라에 가서 전대

---

83 강주진, 「≪해행총재≫에 대하여」, 소재영·김태준 역, 『여행과 체험의 문학 - 일본편』, 민족문화문고간행회, 1985, 27면.

84 한태문, 「통신사 왕래를 통한 문화교류」, 한일관계사연구논집 편찬위원회 편, 『통신사·왜관과 한일관계』, 경인문화사, 2005, 162면.

하는 임무란 예부터 어렵고 조심스러운 일이다."라고 하였다는 기록이 『海槎日記』에 전해진다.[85] 그런데 일본을 얕잡아 보면서도 여러 통로를 통해 교류하였다. 왜관을 통한 무역과 통신사를 통한 교류가 대표적이다.

왜관 통제는 갈수록 심해졌지만, 왜관을 통한 무역은 계속되었다. 사대 교린 정책을 전제로 한 소통이었다. 잠무역과 밀무역, 난출행위, 교간 등 많은 위험이 도사리고 있었지만[86] 무역 자체가 금지되지는 않았다. 사행 역시 끊이지 않았다. 사행은 여러 기능을 담당하고 있었던 듯하다. 자국 문화의 자각과 주체성 확립의 계기가 되기도 하였으며, 새로운 인재 발굴의 등용문이자, 자기 고양의 방법이기도 하였다고 한다.[87] 이 모두는 폐쇄적 소중화주의의 발로라 할 수 있겠다. 조선은 문화적 우월주의에 입각한 시혜국 위치에 서 있었다.

조선 후기 들어서는 새로운 화이관에 입각하여 소중화주의에 변화가 일어났다. 보편주의를 지향하는 매우 개방적 화이관을 토대로 보편적인 소중화주의가 대두하였다.[88] 사행 과정에서 이루어진 창화와 필담이 인식의 변화를 가져온 직접적인 계기가 되었다 한다.[89] 특히, 조선 후기 실학자들 사이에서는 적극적으로 일본을 긍정하는 인식이 생겨났다.

> 일본에는 근자 명유가 많이 나왔다. 물부쌍박 같은 이는 호가 조래인데 해동부자라고 일컬어지며 그 문도가 매우 많다. 전에 통신사가 조본염문을 세 번 얻어 가지고 왔는데 글이 매우 정치하였다. 일본은 본래 백제에서

---

85 위의 논문, 161면.

86 윤유숙, 「17세기 후반~18세기 초두 왜관통제와 한일교섭」, 『통신사・왜관과 한일관계』, 118면.

87 한태문, 앞의 논문, 194~5면.

88 조성을, 「한국과 일본의 화이관의 변화와 상호인식」, 『통신사・왜관과 한일관계』, 287면.

89 한태문, 앞의 논문, 196면.

서적을 얻어 보았으며 처음에는 몽매하였으나 일단 중국의 강절 지방과 직통하게 된 뒤에는 좋은 책 가운데 구입하지 않은 거의 없고 또한 과거에 얽매이지 않으므로 이제 문이 우리보다 앞섰으니 참으로 부끄러울 따름이다.[90]

정약용의 글인데, 일본에 대한 이중적 시선이 모두 존재한다. 일본이 조선보다 앞서게 된 것에 대해 부끄럽게 생각한다. 부끄럽다는 생각 자체가 일본을 우리보다 한 수 아래로 본 것을 전제하면서, 일본 유학의 발전을 긍정적 시선으로 바라본 것이기 때문이다. 관념 중심에서 현실 중심으로 인식의 차원이 치환되면서 빚어진 현상이라 할 수 있다. 관념적으로는 일본은 같은 급의 인종으로 대우하고 싶지 않다. 그러나 도회의 규모, 융성한 문물 등 일본의 현실을 확인한 다음에는 그러한 현실을 외면할 수는 없었을 것이다. 상대적으로 이념은 힘이 한층 약해졌다.[91]

이렇듯 청나라와 일본에 대한 조선의 시선은 이중적이었다. 부정과 긍정의 인식이 혼재하고 있었다. 이러한 인식이 어떠한 방향으로 전개되느냐는 조선의 미래를 놓고 볼 때 상당히 중요한 문제였다. 그러나 이즈음 서양의 출현이 돌발변수로 작용하였다. 서양의 출현에 대한 청나라, 일본 그리고 조선의 대응은 각각 달랐다. 청나라와 일본은 서양과의 적극적 교류를 한 데 비해, 조선은 시종일관 해금정책을 편 것이다. 그러니깐 교역의 대상은 청나라와 일본에 한정되었다.

全 세계가 '대항해시대'로 나아갈 때, 조선은 바다 금지 정책을 폈다. 바로 이 지점에서 청나라와 일본 특히 일본과의 차이가 발생하였다. 일본

90 정약용, 『여유당전서』 1, 「示二兒」.

91 유봉학, 「18・19세기 대명의리론과 대청의식의 추이」, 『한신논문집』 5, 한신대학교출판부, 1988, 274~93면.

은 청나라를 통해 혹은 서양과 직접 교역을 통해 많은 문물을 받아들였다. 이에 서양인에 눈에 비친 조선은 '은자의 나라'였으며, '고요한 아침의 나라'에 불과했다. 1787년 5월 서양 열강이 의도적으로 조선 진출을 시도한 때부터 시종일관 조선의 태도는 완고했다.

> 순조실록 32년 7월 21일
> 영길리국은 지리상으로 동떨어지게 멀어 소방과는 수로의 거리가 몇 만여 리가 되는지 모르는 처지에 망령되이 교린을 핑계하고 교역을 억지로 요구하였으니, 사리에 타당한 바가 전혀 아니고 실로 생각 밖의 일이었습니다.
>
> 헌종실록 7, 6년 12월 30일
> 오랑캐의 배가 바다에 출몰하는 것은 본디 교활한 버릇이다.
>
> 헌종실록 13, 12년 7월 15일
> 외양에 출몰하며 그 사술을 빌어 인심을 선동하며 어지럽히는데, 이것은 이른바 영길리와 함께 모두 서양의 무리입니다.
>
> 헌종실록 14, 13년 8월 9일
> 장차 우리 소중화의 온 고장이 함께 멸망하여 妖獸와 怪鳥가 되어도 구제할 수 없을 것입니다. 예전부터 戎狄의 화에 어찌 선악을 가릴 만한 것이 있겠습니까마는, 이 적으로 말하면 방자하게 의리를 말하고 전에 없던 이단을 새로 만들어 성인의 도를 위협하니, 이것은 華夷 人獸가 갈라지는 요점입니다.[92]

---

92 모두 『조선왕조실록』에 전하는 기록인데, 이 책에서는 최광식 외 4명, 『한국해양사자료집

서양이면 모두 오랑캐로 간주하였다. 오랑캐 의식의 단호함이 청국과 일본에서 서양으로 그 자리를 옮겨 갔다. 이른바 조선은 후기에 '통상수고거부정책'을 폈다. 조선은 대륙세력과 해양세력의 利害가 수렴되거나 각축하는 전략적 요충지였음에도 불구하고, 스스로 문을 굳건히 닫았다. 서양인을 오랑캐로만 인식했기 때문에, 서양에 대한 경계심만을 갖고 있었다.

서양인들은 조선을 어떻게 인식하였을까? 김학준의 최근 연구에 따르면, 서양인들은 조선을 난폭한 야만인들이 사는 변방의 나라로 보았다고 한다.[93] 바다를 두려워해 해외 진출을 꺼리는 진취적이지 못한 나라로 인식하였다. 급기야 조선은 '후진적이며 미개하고 자활 자립할 능력이 없는 나라'이므로 '문명 개화된' 일본의 '보호와 지도'를 받아야 하는 나라로 인식하기에 다다른다.[94] 조선에 동정적이었던 언더우드 목사와 아펜젤러 목사까지도 조선은 망하게 될 것이라고 경고를 했다고 한다.[95] 상황이 이러하였기에, 조선 멸망의 원인을 내부에서 찾으려는 이른바 '內因論'이 설득력을 갖는다.

바다에 대한 인식은 바다 자체보다는 바다 저편에 대한 인식이 어떠하냐에 따라 달리 나타날 수 있다는 전제로, 바다 저편이라 할 수 있는 청국·일본·서양을 대상으로 그 인식을 여러 자료를 통해 알아보았다. 청나라와 일본의 경우 부정적인 시선이 강한 가운데 긍정적 시각이 다소 존재하

1·2·3』(해상왕장보고기념사업회, 2004)의 것을 가지고 왔다.

93 김학준, 『서양인들이 관찰한 후기 조선』, 서강대출판부, 2010, 549면.

94 위의 책, 557면.

95 위의 책, 553면.

고 있었으며, 서양은 부정적 인식으로 일관하였다. 이러한 상황 인식 속에서 조선 후기 시가의 바다는 어떻게 형상화되고 있는지를 살펴보자.

5. 조선 후기 국문시가의 바다 인식 양상

1) 표류할 수밖에 없는 공간, 바다

지금의 바다는 일상적 삶의 공간으로서의 성격이 확고하다. 휴가철은 물론 삶의 여유를 찾고, 삶의 전환을 원할 때 바다를 찾곤 한다. 개화기에만 해도 바다는 문명으로 인도할 수 있는 길이었다. 일찍이 서양은 근대로의 이행기에 바다가 새로운 공간으로 부각되었음을 주경철의 『대항해시대』를 보면 알 수 있다. 각각 폐쇄적으로 발전해 온 각 문명권들이 15세기 이후 바다를 통해 접촉하고 교류하고 있었다. 이에 반해 동양권의 나라들은 여전히 폐쇄적인 경향을 띠었다. 조선의 경우도 예외는 아니었다.

> 십여년 전에 제주도 학술 답사에서 영조(英祖)조 문인 장 한철(張漢喆)이 쓴 『표해록(漂海錄)』을 발견하여 학계에 소개한 일이 있었다. 우리의 국토가 삼면이 바다로 싸여 있기 때문에 얼른 생각하기에는 상당히 바다와 친근하게 살았을 것 같지마는 사실은 그 책을 읽으면서 바다를 두려워하고 바다를 모르고 살아온 겨레라는 것을 깨닫고 새삼스레 놀라지 않을 수 없었다.96

96 정병욱, 『고전 탐구의 뒤안길에서』, 신구문화사, 1982, 331면.

1980년『경향신문』에 실린 정병욱의 글이다. 통상적인 생각과는 달리 바다는 그리 친숙한 공간이 아니었다는 서술이다. 조선 후기 장한철의『표해록』에서의 바다는 혼란과 위기의 공간이다. 이러한 바다관을 술회한 것이 윗글이라 할 수 있겠다. 정병욱 견해의 타당성은 다음 글에서도 확인된다.

> 역사시대에 들어와서의 朝鮮 겨레는 바다를 잊어버린 사람의 모양으로 기록이 우에 나타났다. 줄잡아도 국민의 대부분은 바다의 認識, 感覺, 興味, 野心을 가지지 아니한 양 하였다. …(중략)… 우리 국민생활의 과정에 있어서 가장 비통한 사실이 무엇이었냐 할 것 같으면 그것은 분명히 반도국민, 臨海國民으로서의 바다를 잊어버린 그것이었다. 민족생활을 여기서 돈좌(頓挫)하고 역사는 이로부터 변모하기 시작하였다. 한가지의 바다에서 떠났다는 사실이 어떻게 많은 불행을 우리에게 가져왔는지를 모른다.

1955년 해군본부 전사편찬관실에서 간행된『한국해양사』「序에 대하여」에 실린 최남선의 글이다. 조선은 바다를 잊어버린 국가라고 본 최남선의 시선은 그 당대 현실에 대한 정확한 진단이었다. 조선의 역사는 이로부터 틀어지기 시작한 것이라는 지적 또한 타당하다. "바다를 모르고 살아온 겨레"임을 깨달은 정병욱이나, "바다에서 떠났다는 사실"에서 불행을 읽었던 최남선의 견해는 조선 시대 특히 조선 후기에 바다의 현주소가 어디에 있었는가를 알려 주기에 충분하다. 적어도 조선 후기 바다는 유의미한 공간은 아니었음을 깨닫게 해 준다. 이는 앞서 진술한 조선 후기의 사회적 배경에서도 충분히 드러나는 것으로 췌언을 요구하지 않는다.

조선의 해양문학이 사행 과정에서 일부 그려지거나, "漂海"로 표상된다는 사실도 이와 무관하지 않다. 바다 소재 작품들은 대부분이 "漂"로 그려지고 있다. 崔溥(1454~1504)의 『금남표해록』(1488), 장한철(1744~?)의 『표해록』(1771), 문순득(1777~1847)의 『표해록』(1805~1818) 등이 대표적이다. "漂"는 漂浪 · 漂流로 알 수 있듯, 풍파를 따라 이리저리 정한 곳 없이 떠돌아다님을 의미한다. '정처 없이 떠돌아다님'이 바로 조선 후기 바다의 이미지라 단정해도 과언은 아니다.

1771년 쓰인 것으로 추정되는 장한철의 『표해록』은 실기문학이면서, 그 당대의 바다 이미지를 상징적으로 보여 준다. '표해'는 바다에 대한 무지에서 비롯된다.

> 배를 매어두던 줄을 풀고 항구를 벗어나 바람따라 북으로 북으로 치달으니, 그 속도가 나는 듯이 빠르다. 보이는 것이라곤 푸른 바다와 하늘뿐, 배는 둥둥 반공에 떠 있고, 멀리 아물거리는 한라산의 모습은 가이없이 푸르고 넓은 바닷속으로 차츰 사라져간다.[97]

장한철은 제주도를 떠나 한양으로 가기 위해 상인들과 함께 배를 탔다. 科擧 길에 오르기 위해서다. 빠른 속도로 달리는 배에서 본 광경은 푸른 바다와 하늘뿐이다. 한라산의 모습이 차츰 사라져가자 걱정이 앞선다. 이는 물리적인 상황이면서 동시에 조선 후기 바다 인식을 상징하기도 한다. 생활 터전을 벗어난 상황에서의 바다는 불안한 공간이다.

> 이래저래 걱정들을 하고 있는데, 남풍이 맹렬히 불기 시작하면서 갑작스레 창대 같은 비가 계속해서 내린다. 파도도 덩달아 미친 듯이 날뛰니

97 장한철, 정병욱 옮김, 『표해록』, 범우사, 1979, 19면.

배는 마구 까불어댄다. 뱃사람들은 배가 가는 방향으로 바람이 불어주는 것만으로 오히려 다행하게 생각할 지경이다. 내리쏟는 빗발은 삼단 같아 사람들은 눈을 뜰 수가 없다.98

바람과 비, 파도는 이들에게 고난이자 시련이고, 어쩔 도리가 없는 대상이기도 하다. 이러한 상황은 돌연히 벌어진 것이다. "이래저래 걱정"일 수밖에 없는 처지다. 바다에 대한 어떤 지식도 획득하지 못한 상태다. "갑작스레" 내린 비, "미친 듯 날뛰는" 파도에 속수무책이다. 모든 것을 행운에 맡길 수밖에 없는 상황이다.

이때 밤은 캄캄하고 풍파는 더욱더 험해진다. 배는 바람 따라 떠내려가고는 있는데, 어디로 가는지는 알 수 없다.99

"어디로 가는지는 알 수 없다"는 말은 현 상황에 대한 진단이면서, 조선 후기의 바다 인식의 성격을 단적으로 드러내 준다. 실기로서의 가치가 있는 글이지만, 문학적 상상력을 동원하여 읽자면, 이른바 근대화의 추세 속에 가야 할 길의 좌표를 잃어버린 나라의 상황을 은유적으로 표현한 것이라 봐도 되겠다.

내가 바다에 있으니, 눈에 보이는 것이라고는 바다와 하늘이 서로 굼틀거리는 것이요, 귀에 들리는 것이라고는 바닷고기의 소름 끼치는 소리뿐이었소. 성난 물결은 부딪혀 으르렁대고, 게다가 벼락은 치고, 해안에선 도적들(호산도에서 만난 왜적)이 내 혼을 빼앗고, 배 가운데서는 적(안남

98 위의 책, 23면.

99 위의 책, 84면.

국 선원)이 원수를 갚으려고 칼날을 갈고 있었으니, 이는 여량에서 얇은 얼음을 밟고 건너며 살기를 구하고, 태행(하남성에 있는 산의 이름)에서 마차의 멍에를 타고 말을 몰아 온전하기를 바라는 것과 다를 바 없소.[100]

으르렁거리는 성난 물결, 혼을 빼앗는 왜적, 배 가운데에서 칼날을 들이대고 있는 적 등 진퇴양난이다. 박빙을 걷는 듯한 아찔함과 높은 산을 마차로 가는 것 같은 위태로움은 후기 조선의 현실이었다. 그렇지만 장한철에게 바다 저편에 대한 지식이 전혀 없었던 것은 아니다. 탐라의 바다와 한라산 이남의 바다 성격이 다른 이유를 정확하고도 구체적으로 알고 있었다.[101] 장한철의 해외 인식을 가늠할 수 있는 구절을 보자.

어떻게 하면 서양 사람들의 커다란 종려선을 얻어 타고 사해를 두루 돌아다니며 천지간의 빼어난 경치를 볼 수 있으리요 하던 것이 평소 늘 염두에 두던 소원이 아니었습니까. 이제 다행히 조그마한 조각배를 타셔서 머나먼 바다 위를 떠다니게 되었으니, 흥취가 어떠합니까. 이제 원하던 바를 속 시원히 다 풀었습니까.[102]

표해에 동행했던 김서일의 말이다. 다소 비아냥거리는 태도가 보인다. 그런데 평소 친숙한 동료였던 김서일의 말로 미루어 보건대, 장한철은 바다 밖에 대한 동경 비슷한 감정을 가지고 있었다. 서양을 동경하는 마음과 그 구체성에 대한 정도가 어디쯤인지는 가늠할 수는 없지만, 장한철에게 바다 밖인 서양이 "평소 늘 염두에 두던 소원"의 대상이었음을 확인

100 위의 책, 123면.

101 위의 책, 55~6면.

102 위의 책, 32면.

할 수 있기 때문이다. “천지간의 빼어난 경치를 볼 수 있”는 통로는 종려선을 타고 가는 바다를 통해서이다. 그럼에도 불구하고 바다는 고난과 시련의 공간으로 인식되었다.

> 내가 바다위에 있던 때를 잊어버리지 않는 한, 하늘과 땅 사이에 어떤 물건이라도 나를 즐겁게 하지 않을 것이 없으며, 어떤 일이라도 나를 즐겁게 하지 않을 것이 없소.[103]

『표해록』의 마지막 언급이다. 바다에서 겪은 여러 경험은 시련과 고난의 극단이자 지옥이었다. 그래서 그 어떠한 경험도 이보다 더 힘들고 나쁠 수는 없다. “어떤 물건”이든 “어떤 일”이든 모두가 즐겁다. 바다에서의 경험보다 더 나쁠 수는 없기 때문이다.

장한철의 『표해록』에서 바다는 시련과 위험, 공포의 공간이면서 빼어난 경치를 볼 수 있는 통로로 인식되었다. 장한철의 바다 인식은 이렇게 이중적 시선이 공존하고 있다. 서양에 대한 어느 정도의 동경이 전제된다면 바다는 희망으로 인도하는 길이 됨직한 데도 바다는 여전히 고통과 고난의 공간적 의미를 지닌다. 이중적이면서 모순된 바다 인식인데, 이는 일본에 대한 인식에서 비롯된 것인지도 모를 일이다.

> 아아, 왜노는 원수다. 마땅히 하늘 아래 같이 살 수 없는 원수다. …(중략)… 오직 저 왜놈이란 종자는 사람에게 터럭만한 이로움도 주지 못하고, 그 해독으로 말하면 태호(泰虎) · 영사(永蛇)보다도 더 심하다. 하늘이 어찌 이런 종자를 만들어내었을까.[104]

103 위의 책, 124면.

104 위의 책, 59면.

몇몇 실학자들의 개방적 소중화 의식에서 비롯된 일본에 대한 긍정적 시각이 보편화되기 위해서는 좀 더 시간이 필요했던 것 같다. 앞서 본 바와 같이, 조선 全 시대를 걸쳐 왜적의 침입은 큰 골칫거리가 아닐 수 없었다. 장한철의 일본에 대한 부정적 인식은 다소 극단적이라 할 수 있을 정도로 혹독하다. 이렇듯 왜적에 대한 적대감이 바다에 대한 인식을 부정적으로 하게끔 한 것으로 판단된다. 이러한 사회적 성격이 시가에 있어서 바다 소재 작품을 찾아보기 힘들게 한 이유가 아니었을까 하는 조심스러운 추측을 가능케 한다.

이제 "漂海"를 소재로 한 유일한 시가 작품인 이방익의 『표해가』를 통해, 시가 속에서의 바다 형상화 양상을 살펴보도록 하자. 바다의 인식 양상을 살펴보기 전에, 먼저 바다 저편에 대한 인식이 어떠했는지를 살펴보자.

女人衣服 볼작시면 唐紅치마 草綠唐衣　　머리에 五色 구슬 花冠에 얼켜 잇고
허리에 黃金帶는 노리기가 자아 잇다　　金叉에 緋緞쏫을 줄줄히 쒸엿으니
艷艷헌 저 態度는 天下에 無雙이라

丁巳正月 初四日에 廈門府에 드러가니　　紫陽書院 네글자를 黃金으로 메웟는대
甲紗帳 둘너치고 左右翼廊 奢麗하다　　내비록 區區하나 禮義之國 사람이라
이書院 지나가며 엇지瞻拜 아니리오　　拜禮를 畢한後에 殿밧게 나와보니
數百儒生 갈나안져 酒饌으로 推讓한다　　念七日 轎子타고 福建으로 發行하니
天聚府가 어대매뇨 이쏘한 녯국도(國都)라　　城郭은 依舊한대 人物도 繁華할사
使者의 뒤를싸라 層閣에 올나서니　　唐紅緋緞 繡方席이 안씨가 恍惚하다

여인의 차림새와 자태는 견줄 곳이 없을 정도로 곱다. 하문부 소재 자양서원에서 유생들과 예를 갖춘 주찬을 함께 한다. 번화하고 황홀하다. 18세기 무렵의 작품인데, 중국에 대한 긍정적 시각은 강남에 국한되어

나타난다. 강남은 아직도 명나라의 풍속이 남아 있던 공간이었다. 따라서 긍정적 시각은 명분론에 기반을 두고 있다. 이에 반해 강북에 대한 인식은 사뭇 다르다.

> 江南을 離別하고 山東省 드러오니 平原曠野 뵈는穀食 黍稷稻粟 뿐이로다
> 柴草는 極貴하야 수수대를 불싸이고 男女의 衣服들은 다떠러진 羊皮로다
> 지져귀며 往來하니 그形狀 鬼神갓다 豆腐로 싼수수 煎餠猪油로 부쳣스니
> 아무리 飢腸인들 참아엇지 먹를소냐 죽은사람 入棺하야 길가에 버렷스니
> 그棺이 다썩은後 白骨이 허여진다 夷狄의 風俗이나 참아 못보리로다
> 夏五月 初三日에 燕京에 다다르니 皇極殿 놉흔집이 太淸門 소사낫다
> 天子의 都邑이라 雄壯은 하거니와 人民의 豪奢함과 山川의 秀麗함은
> 比較하야 볼작시면 江南을 싸를소냐

남녀의 의복은 다 떨어진 양가죽 같고, 대화하는 모습은 귀신같다고 했다. 차마 먹을 수 없는 음식, 길가에 버려진 시신들, 모두 오랑캐의 풍속이다. 연경은 천자의 도읍이기에 웅장하지만, 백성들의 화려함과 자연의 수려함은 강남을 따라갈 수가 없다고 하였다. 강남과 강북으로 갈라서, 긍정과 부정의 시각을 견지하는 것은 당시의 보편적 사고라 할 수 있는 명분론적 사유와 관련된다.105

> 그곳[대만] 사람들은 그[이방익]가 조선 사람이라는 말을 듣고는 그를 대접하는 범절이 몹시 공손했고 우리나라를 흠모하는 정도가 여느 오랑캐들이 중국을 사모하는 정도일 뿐만이 아니라고 하였다. 그 까닭을 물어보았더니, 그곳 사람들도 역시 조선이 춘추의 의리를 잘 지키고 있음을 알기

105 김윤희, 「<표해가>의 형상화 양상과 문학사적 의의」, 『고전문학연구』 제34집, 한국고전문학회, 2008, 39면.

때문에 그렇다고 하였다.[106]

이방익의 표류는 조정에서도 큰 화제가 되었다 한다. 정조도 이방익을 만났으며, 오위장이란 높은 벼슬을 하사하였고, 박지원으로 하여금 이방익의 일을 책으로 구성하여 올리라고 하였다.[107] 정조는 이방익의 표류에 지대한 관심을 가졌다. 이방익의 표류와 관련하여 위의 글을 남기고 있는데, 정조의 폐쇄적 소중화주의 인식을 엿볼 수 있다. <표해가>는 이러한 인식에서 벗어날 수 없었다. 강북을 야만시하고, 우리의 예를 알아주는 강남을 긍정적 시선으로 바라보는 태도는 폐쇄적 소중화 의식의 표출이다. 이것은 약 30년 전에 지어진 <일동장유가>의 대외인식과 같다.

그듕의 겨집들이 다몰쇽 일ᄉᆡᆨ일다　　새별ᄀᆞᆺᄐᆞᆫ 두눈ᄡᅵ와 쥬ᄉᆞᄀᆞᆺᄐᆞᆫ 입시욹과
닛셕은 ᄇᆡᆨ옥ᄀᆞᆺ고 눈섭은 나븨ᄀᆞᆺ고　　쎄옥기 ᄀᆞᆺᄐᆞᆫ손과 매얌이 ᄀᆞᆺᄐᆞᆫ니마
어름을 사겨시며 눈으로 무어낸ᄃᆞᆺ　　사ᄅᆞᆷ의 혈육으로 져리곱게 삼겻ᄂᆞᆫ고
됴비연 양태진이 만고의 일ᄏᆞ라나　　예다가 노화시며 응당이 무ᄉᆡᆨᄒᆞ리

<표해가>가 여인의 차림새와 자태를 찬탄하였다면, <일동장유가>에서는 여인의 생김새에 대해 감탄한다. 샛별 같은 두 눈매, 붉은 입술, 백옥 같은 이, 나비 같은 눈썹, 삘기 같은 손, 매미 같은 이마 등 사람으로 이렇게 고울 수는 없다고 하면서 조비연과 양귀비도 비교가 안 될 정도라고 하였다.

---

106 정조, <훈어>, 『홍재전서』 권178, 『한국문집총간』 267, 한국고전번역원, 2001, 474면. 앞서 언급한 김윤희의 논문에 인용한 것을 재인용함. 김윤희, 위의 논문, 49~50면. 참조.

107 위의 논문, 47~8면.

뉵십니 병호옥을 초경말의 드러오니　　번화ᄒᆞ고 장녀ᄒᆞ기 대판셩과 일반일다
밤빗치 어두어셔 비록ᄌᆞ시 못보와도　　산쳔이 광활ᄒᆞ고 ᄉᆡᆼ치가 번셩ᄒᆞ며
젼답이 고유ᄒᆞ고 가샤의 샤치ᄒᆞ기　　일노의 뎨일이라 듕원의도 흔티아니니
우리나라 삼경을 가륵다 ᄒᆞ것만은　　예비ᄒᆞ여 보게되면 ᄆᆡ믈ᄒᆞ기 ᄀᆞ이업ᄂᆡ

병옥호는 번화하기가 대판성과 같다고 하였다. 산천도 광활하고 사람도 많다. 가사의 사치스러움은 중국에도 흔치 않을 정도다. 우리나라의 삼경도 좋은 곳이긴 하지만 여기에 비하면 쓸쓸하다고도 하였다. 여인의 외모와 병호옥의 풍경에 대한 높은 평가는 당대를 풍미했던 관념적 사고와는 거리가 있어 보인다. 실질적인 경험, 정확한 인식이 동반된 묘사인지는 단언할 수 없지만, 시선이 구체적이면서 부정적이지 않다는 사실은 확인할 수 있다.

믈ᄀᆞ의 셩을ᄡᆞ고 경개가 긔이ᄒᆞ다　　믈속의 슈긔노화 강믈을 ᄌᆞ아다가
홈으로 인슈ᄒᆞ여 셩안으로 드러가니　　제작이 긔묘ᄒᆞ야 법바담즉 ᄒᆞ고나야

ᄐᆞᆫᄇᆡ가 굼기나셔 믈이쌀쌀 드러오ᄃᆡ　　막을계규 바히업서 아조죽게 되엿더니
어ᄃᆡ로셔 큰ᄉᆡᆼ복이 그굼긔 브드치니　　믈이바히 아니드러 인ᄒᆞ야 사라나니
자손의게 유언ᄒᆞ야 ᄉᆡᆼ복먹디 말라ᄒᆞ매　　은혜ᄂᆞᆫ 감격ᄒᆞ나 못먹고 드리ᄂᆞ이다
드ᄅᆞ매 긔이ᄒᆞ고 비록못ᄡᅳᆯ 왜놈이나　　아븨유언 ᄃᆞᆨ히ᄂᆞᆫ양 인심이 잇다ᄒᆞᆯ다

부ᄌᆞ가 문임으로 젼후의 다와시니　　어렵다 ᄒᆞᆯ거시오 위인이 긔특ᄒᆞ야
필담이 도도ᄒᆞ고 시뉼이 편편ᄒᆞ니　　ᄇᆞᆰ도록 창화ᄒᆞ야 ᄇᆡᆨ운ᄇᆡ뉼 ᄒᆞ나히오
칠십이운 ᄒᆞ나히며 오칠일 고시절구　　합ᄒᆞ야 헤게되면 ᄉᆞ십슈나 남즉ᄒᆞ다

위 구절은 여인과 병호옥을 향한 시선보다 더 긍정적 인식이 동반된 주관적 견해를 표출하고 있다. 水機 제작이 기묘하여 본받을 만하다고

하였다. 일본의 문물을 받아들일 만하다고 한 평가는 이전에는 상상하기 힘든 판단과 이해 아니었을까. 일본에 대한 인식치고는 다소 생경하다 하겠다. 두 번째 인용문은 아버지의 유언을 지키는 모습을 보며 인심이 있다고 말하고 있다. “몹쓸 왜놈”이란 단서가 붙긴 했지만, 마음이야 우리나 일본 사람이나 별반 다르지 않음을 언급하고 있다는 면에서 부정적이지 않다.

셋째 구절은 일본인 아버지와 아들이 통신사들과 필담과 시율을 주고받는 이야기다. 창화한 시가 사십 수나 된다고 하였다. 야만인으로만 인식했던 일본인과 날이 밝도록 수창(酬唱)한 사실이 놀랍다. 보편적이고 개방적인 소중화 의식을 표출한 부분으로 해석할 수 있겠다. 그러나 기본적으로 폐쇄적이고 배타주의적인 소중화주의 시각이 전제되었음은 다음 구절에 확인된다.

한강을 얼픗건너 이릉을 지나오며　　　임진년을 ᄉᆡᆼ각ᄒᆞ니 분ᄒᆞᆫ눈물 절노난다

븟그럽고 분ᄒᆞᆫ길을 열ᄒᆞᆫ번ᄌᆡ ᄒᆞᄂᆞᆫ고나　　　한하ᄂᆞᆯ 못닐원슈 아조잇고 가게되니

날마다 언덕의셔 왜녀들 모다와셔　　　젓내야 ᄀᆞᄅᆞ치며 고개조아 오라ᄒᆞ며
념치가 바히업고 풍쇽도 음난ᄒᆞ다

문ᄌᆡ가 유여ᄒᆞᆫ놈 왕왕이 잇ᄉᆞ오나　　　시뉼은 참혹ᄒᆞ야 졔슐ᄒᆞᆯ줄 모ᄅᆞ더이다

임진왜란 이후 국교가 회복되고 11번째의 사행 길이다. 통신사는 하늘 아래 같이 살 수 없는 원수에게 가는 길이라고 하였다. 임진왜란 때 왜병은 성종과 중종의 능을 파헤쳤다. 분한 마음을 금할 수가 없다. 절대로 용서할 수 없는 원수 중의 원수가 일본이다. 나루터 주변 여인들이 성매

매하려 한다. 염치도 없고 풍속도 음란하다.

일본에 대한 기본적 인식은 야만인이다. 여기서 벗어난 사고는 애초에 불가능하지 않았을까 추측할 수 있다. 앞서 언급한 수창에 대한 것도 마찬가지다. 시를 주고받았고, 그래서 놀랍기도 했지만, 몇몇 특수한 경우에서다. 통신사 임무를 마치고 왕과 마주한 자리에서, 대체로 일본인은 시율이 참혹하고 제술도 할 줄 모른다고 하였다.

<표해가>는 폐쇄적 소중화 의식의 소산이었고, <일동장유가>는 부분적으로 보편적 소중화 의식의 발로로 볼 수 있기도 하지만, 기본적으로 폐쇄적 소중화 의식의 자장에서 나온 작품이다. 사정이 이렇기에 바다는 부정적 의미로 그려지는 경향을 보이고 있다 하겠다.

遠山에 빗긴달이 물가운데 빗최엿다　靑紅錦緞 千萬匹을 匹匹이 헷떠린듯
하날인가 물빗인가 水天이 一色이라　陶然히 醉한後에 船板치며 즐기더니
西北間 一陣狂風 忽然이 이러나니　泰山갓흔 놉흔물결 하날에 다핫고나
舟中人이 慌忙하야 措手할길 잇슬소냐　나는새 아니어니 엇지살기 바라리오
밤은漸漸 깁허가고 風浪은 더욱甚타　万頃滄波 一葉船이 가이업시 떠나가니
슬프다 무슴罪로 하(下)直업슨 離別인고　一生 一死는 自古로 例事로대
魚腹속에 永葬함은 이아니 寃痛한가　父母妻子 우는擧動 생각하면 목이멘다
죽기는 自分하나 飢渴은 무삼일고　明天이 感動하사 大雨를 나리시매
돗대안고 우러러서 落水를 먹음으니　渴한것은 鎭定하나 입에서 셩에나네
발그면 낫이런가 어두으면 밤이런가　五六日 지낸後에 遠遠히 바라보니
東南間 三大島가 隱隱히 소사낫다　日本인가 짐작하야 船具를 補緝하니
무삼일로 바람形勢 또다시 變하는고　그섬을 버서나니 다시 못보리로다
大洋에 飄盪하야 물결에 浮沈하니　하날을 부르즈져 죽기만 바라더니

<표해가> 서두, 바다 관련 구절이다. 출발은 좋았다. 달이 물 가운데 떠 있고, 청홍색 비단을 펼쳐놓은 듯하다. 흥에 취했다. 그런데 갑자기

미친 듯 바람이 분다. 당황하여 어찌 손을 써야 할지 모른다. 밤이 깊어갈수록 심해지는 풍랑 속에 배는 낙엽처럼 떠간다. 죽기만을 기다릴 수밖에 없는 상황이다. 이는 실제 벌어진 현상이면서, 당대 바다 인식을 상징하는 것으로 봐도 무방하다. 광풍은 홀연히 일어나고, 바람의 방향은 종잡을 수가 없다. 배는 정처 없이 떠돌 수밖에 없으며, 사람은 죽기만을 기다려야 하는 상황이다. 한 치 앞도 내다볼 수 없는 상황, 이런 상황이 벌어질 수밖에 없는 공간이 바다이다.

이윽고 ᄒᆡ돗거ᄂᆞᆯ 장관을 ᄒᆞ여보ᄉᆡ　　니러나 ᄇᆡ문열고 문셜쥬 잡고셔셔
ᄉᆞ면을 ᄇᆞ라보니 어와 장ᄒᆞᆯ시고　　인ᄉᆡᆼ 텬디간의 이런구경 ᄯᅩ어ᄃᆡ이실고
구만니 우듀속의 큰믈결 분이로ᄉᆡ　　등뒤흐로 도라보니 동ᄂᆡ뫼이 눈섭ᄀᆞᆺ고
동남을 도라보니 바다히 ᄀᆞ이업ᄂᆡ　　우아래 프ᄅᆞᆫ빗치 하ᄂᆞᆯ밧긔 다하잇다
슬프다 우리길이 어ᄃᆡ로 가ᄂᆞᆫ쟉고

대한해협을 건너 일본으로 건너가는 <일동장유가>의 한 대목이다. 바다에 해가 돋는 장관을 구경한다. 사면에 장한 기운이 펼쳐지는 장관을 구경하니 이런 경치가 또다시 없다. 그런데 작자는 돌연히 "슬프다 우리길이 어디로 가는가"라 탄식한다. 즐거움을 즐거움으로만 만끽할 수 없는 공간이 바다이다. 비 오고 바람 부는 바다에서 사람들은 두통과 몸살 등의 고통을 호소한다. 마음은 심란하기만 하다. 통상 '왜놈'으로 불리기에 일본에 대한 적대감은 실로 막대한 것이며, 이에 일본으로 건너가는 바다는 환영받는 공간이 아니었다.

이렇게 바다는 무지와 미지의 공간이면서 두려움의 공간이다. 바다는 일정한 방향과 목표가 설정된 항해의 공간이 아닌 정처 없이 떠도는 표류의 공간일 수밖에 없다. 산문이든 운문이든 바다를 소재로 한 조선 후기 문학은 거의 '표(漂)'를 달고 형상화될 수밖에 없었던 이유도 이러한 바다

인식과 무관하지 않다. 중원을 차지한 청나라, 섬나라 일본에 대한 인식이 부정적이기에 이들과의 연결통로로서의 바다를 표해로 형상화하는 것은 어찌 보면 당연한 결과라 하겠다.

앞서 말한 대로, 바다는 어떤 입각점에서 바라보느냐에 따라 그 인식의 편차는 사뭇 다르다. 지금 발붙이고 있는 삶의 터전을 입각점으로 할 때, 바다는 다양한 스펙트럼을 보인다. '생명의 원천 / 죽음', '풍요로움 / 삭막함', '초월 / 냉혹한 현실' 등 바다는 양과 음으로서의 성격을 동시에 지니고 있다. 질서이자 혼돈, 희망이자 두려움 등 모순 관계의 특성을 동시에 지니고 있는 것이 바다다. 그러나 지금 삶의 터전이 아닌 바다 저편을 염두에 둔다면, 바다의 상징적 의미는 단순화되는 경향을 보인다. 긍정적 요소와 부정적 요소의 혼재가 아닌, 긍정과 부정 양극화 현상을 보인다.

조선 후기 前 시기의 시가 속 바다는 관념적이며, 그래서 당대의 집단 이데올로기가 그 뒤에 버티고 있으며, 양지로서의 경향성을 띤다고 하였다. 이는 바다 저편에 대한 의식이 없는 상태에서 오는 현상이다. 조선 후기는 바다 저편에 대한 인식이 불가피한 시대였다. 청나라와 일본을 비롯한 서양 각국이 앞다투어 조선을 상대하고자 했기 때문이다. 그런데 앞서 살핀 대로 조선 후기 시가에 나타난 바다는 음지의 성향만을 띤다. 바다는 표류할 수밖에 없는 공간이었다.

불상하다 져 격군(格軍)아　　무삼 일노 임ᄉᆞ(臨死)ᄒᆞᆫ고

동구(洞口)밧 지나 셔셔 보니　　ᄒᆡᄉᆡᆨ(海色)이 망연(茫然)ᄒᆞ다
가ᄅᆡ목이 험(險)ᄒᆞᆯ셰다　　넘어가기 위ᄐᆡ(危殆)ᄒᆞ다

연도(烟島)셤이 묘연(杳然)ᄒᆞ다　　어부(漁父)다려 길을 뭇세
어젼(漁箭)그물 길을 막아　　얼거지고 트러졋ᄂᆡ

만쳡 산즁(萬疊山中) 드러간 듯 허어날 슈 젼혀 업니
모든 ᄉ격(沙格) 졍셩(精誠)드려 소ᄅ치며 노를 져어
간신 간신(艱辛艱辛) 버셔나니 일낙셔쳔(日落西天) 되어셔라

조희백(趙熙百, 1825~1900)이 고종 11년(1874) 함라태수 겸 성당창 조세 영운관에 임명되어, 고종 12년 서해안의 조세선을 이끌고 강화도에 도착하기까지의 여정을 그린 <도해가>의 구절들이다.[108] 표류를 소재로 한 작품은 아니다. "슈산장(睡山丈)이 함열(咸悅) 고을 갈ᄃ 노즁(路中)의 셔 지은 글인ᄃ, 곳곳지 경치(景致)가 됴키의 볏기다"라고 가사 필사에 앞서 쓰여 있다. 수산장은 조희백의 호다. 조세선을 이끌고 강화로 향하는 도중 경치가 좋아 서술하게 되었다는 것이다. 그래서 표류라 할 수는 없다. 그럼에도 불구하고 바다의 상황 서술은 '표해'와 마찬가지로 음지의 모습을 지니고 있다.

항해 도중 갑자기 사공의 일을 돕는 수부(水夫)가 죽었다. 바다 빛을 보니 망연하다. 앞으로 갈 길이 험하고 위태롭다. 바다를 건너는 것이 마치 만첩산중을 가는 듯 헤어날 길을 찾기가 힘들다. 모든 사공이 해가 지도록 정성을 다한 결과 간신히 벗어났다. 바다는 앞으로의 일을 가늠할 수 없는 미지의 공간이다. 갑자기 무슨 일이 일어날지는 아무도 예측할 수 없다. 그래서 험하고 위태로워, 두려운 공간이다. 조선 후기의 바다는 표류가 아니더라도 대개 미지와 무지, 그리고 두려움의 공간적 성격을 지니고 형상화된다.

108 최강현 편, 『기행가사 자료 선집 I』, 국학자료원, 1996, 420~6면.

2) 문명으로 통하는 공간, 바다

어화 이내몸이 遐鄉의 一賤夫로　　海島中 죽을목숨 天幸으로 다시사라
天下大觀 古今遺蹟 歷歷히 다보고서　　故國에 生還하야 父母妻子 相對하고
또이날 天恩입어 非分之職 하엿스니　　運數도 奇異할사 轉禍爲福 되엿도다
이벼슬 瓜滿하고 故土로 도라가서　　父母게 孝養하며 지낸實事 글만들어
豪壯한 漂海光景 後進에게 니르과져　　天下에 危險한일 지내노니 快하도다.

<표해가>의 마지막 구절이다. 미천한 사람인데, 천운으로 살아났다. 천하의 좋은 구경거리를 하고 고국으로 돌아와 부모 처자를 만나고, 임금으로부터 분에 넘치는 직분도 받았으니 전화위복이라 하였다. 위험천만했던 표류가 오히려 행운이 되었다. 표류를 겪을 때는 다시 살 수 없을 것 같았지만, 살아놓고 보니 유쾌한 일이다. 바다를 표류하는 일은 "천하에 위험한 일"이지만, 그 경험은 "쾌"하다.

"천하에 위험한 일"과 "쾌" 중 어디에 방점을 두느냐에 따라 느끼는 바는 사뭇 달라진다. 앞선 (1)에서는 전자에 중점을 두고 해석하였다. 바다 경험, 특히 표류는 천하의 위험한 일이다. 생존을 보장받을 수 없는 극한의 세계로 바다는 표상된다. 인간이 할 수 있는 일은 없고, 오직 "天幸, 天恩, 運數"에 운명을 맡길 수밖에 없는 공간이 바다였다.

그런데 "쾌"에 주목하게 되면 바다의 의미는 달라진다. 바다 경험은 특별한 행운을 주었다. 고금의 유적을 보았고, 직분도 받았기 때문이다. 표해는 이방익에게 뜻밖에 행운을 가져다준 보배로운 경험이었다. <표해가>는 최남선이 펴낸 1914년『청춘』창간호에 실려 있는데, 이는 최남선의 바다관이 투영된 결과로 보인다. 최남선은 "쾌"에 주목하였던 것으로 추측된다. "천하에 위험한 일"은 바다 밖 세상에 대한 무지 혹은 두려움의 결과였다면, "쾌"는 바다 저편 공간에 대한 긍정적 시각이 전제된다.

후자에 대해 좀 더 살펴보자.

『청춘』 창간호에는 <세계일주가>을 부록으로 게재하였는데, 최남선이 추구했던 근대화의 중심에는 '세계'가 있었다. 『청춘』 목차에는 「세계대도회화보」, 「세계문학개관」 등의 항목이 있는데, 이를 보면 '세계'에 대한 최남선의 의중을 파악할 수 있다.[109] 최남선의 '세계'는 서구를 일컫는다. 최남선은 조선이 근대화로 가기 위해선 서구 문명이 필요하다고 보았기 때문이다.

조선이 세계 속에 자리하지 않고서는 결코 근대화의 길은 오지 않는다고 판단했다.[110] 서구 문명으로 통하는 길, 그것이 바다다. <해에게서 소년에게>는 최남선의 근대화 인식을 보여 주는 단적인 노래다. 이러한 의미에서 <표해가>도 『청춘』에 실려 전한다고 볼 수 있다. 서구 문명으로 통하는 길인 바다를 소재로 한 점, 어려움을 극복하고 "쾌"함을 맛본 경험 등은 조선 민족을 계몽하기에 충분하다고 판단했을 것이다.[111]

<표해가>에 표상된 바다는 결코 긍정적 의미를 함유하고 있지는 않지만, 바다를 대상으로 쾌함을 맛보았다는 사실 자체에 최남선은 주목하였던 것이다. 최남선이 바라던 바, 바다를 세계화의 통로로 보는 시각은 <표해가>가 지어진 17세기 말에는 마련되기 어려운 것이었지만 말이다.

육당의 초기 시에는 '바다'와 '소년'으로 온 정신이 집중된다. 서구 문화의 유입은 '바다'를 통해 이루어지며, 서구문화를 받아들이는 주체는 '소년'이기 때문이다.[112]

---

109 이경현, 「『청춘』을 통해 본 최남선의 세계인식과 문학」, 『한국문화』 43집, 서울대학교 규장각 한국학연구원, 2008, 328면.

110 위의 논문, 344면.

111 성무경, 「탐라거인 이방익의 <표해가>에 대한 연구」, 『탐라문화』12, 제주대탐라문화연구소, 1992, 12면.

112 김학동, 『개화기 시가 연구』, 새문사, 2009, 224면.

터…ㄹ 썩, 터…ㄹ 썩, 텩, 쏴…아
싸린다, 부슨다, 문허바린다,
泰山갓흔 놉흔뫼, 딥태갓흔, 바위ㅅ돌이다,
요것이 무어야, 요게 무어야,
나의 큰힘 아나냐, 모르나냐, 호통싸디 하면서
싸린다, 부순다, 문허바린다.
터…ㄹ 썩, 터…ㄹ 썩, 텩, 튜르릉, 콱.

<海에게서 少年에게>에서

1908년 간행된 『소년』지에 실린 위 시는, 육당의 관심사가 '바다'와 '소년'에 있음을 보여 준다. "때리고 부수고 무너뜨려 버리"는 강력한 큰 힘, 이것이 바다다. 이 거역할 수 없는 큰 힘은 호통까지 치면서 소년에게 다가온다. '바다'는 서구문명을 의미한다. 근대화가 서구화와 정확히 일치하는 의미는 아니지만, 이러한 인식이 당대의 실상이었다.

최남선은 세계에 대한 관심을 표명한 여러 글을 통해 볼 때, 주체적인 서구문물의 수용 태도를 견지하였다.[113] 유길준이 『서유견문』에서 피력한 견해를 인용하자면, 허명개화가 아닌 실상개화를 최남선은 주장했다는 해석 또한 가능성이 충분히 있다.[114] <해에게서 소년에게>가 발표된 같은 해에 해외체험 歌辭인 김한홍(金漢弘, 1877~1943)의 <海遊歌>(일명 西遊歌)에는 실상개화에 대하여 다소 구체적으로 표출되었다.

<해에게서 소년에게>에서 "태산같이 높은 산, 집채같은 바윗돌"로 묘사된 큰 힘이 <해유가>에서는 구체적인 모습으로 그려진다. <해유가>는 김한홍이 癸卯 十二月부터 戊申 八月까지의 국내・미국을 경험하고 쓴 가

113 이경현, 위의 논문, 326~7면.

114 김학동의 책에 인용한 것을 재인용하였다. 김학동, 앞의 책, 37면.

사다. 6년간의 미국 체험을 471行으로 술회하였다.[115] 미국행 결심은 국내 사정의 여의치 않음에 1차 이유가 있었던 것으로 보인다.

近來所聞 드러본니 外國人物 充滿ᄒᆞ야
政府權利 ᄌᆞ바들고 千萬事 主管니라
二千萬 彬彬人士 ᄉᆞ람니 업서쩐가
洙泗遺風 我東方 蠻夷奴隷 되단 말가

周回를 玩賞할 ᄌᆡ 無非 다 傷心니라
光化門 六曹거리 雜草가 菲菲ᄒᆞ고
普信閣 옛집 압픽 黑服니 橫行니라.

외세가 점점 우리나라를 점령하고, 많은 일이 외세에 의해 움직인다. 그 많던 인사는 어디로 사라졌단 말인가. 유교 전통을 간직한 우리나라였는데, 이제 오랑캐의 노예로 전락할 지경에 이르렀다. 이런 심정에서 김한홍은 하여금 서울행을 결심한다.

그런데 목도한 서울의 상황은 참혹했다. 번성하던 광화문 육조거리는 잡초가 무성하고, 보신각 앞에는 흑복 입은 사람들이 횡행하고 있다. 회생키 어려운 왕조의 운명을 내다본 화자는 마침내 미국행을 결심한다. 미국에 대한 긍정적 인식이 전제된 시각이다.

崔進士 春五君니 날다려 ᄒᆞ는 마리
世界예 上等國니 英米法獨 그 안닌가
米國行 今番路가 千載예 得一時니

115 박노준, 「<해유가>의 세계인식」, 『한국학보』 64집, 일지사, 1991, 197~8면.

年富力强 니 ᄉᆞ람아 與我同伴 可如何오

최진사는 영국·미국·프랑스·독일을 상등국으로 인정하고, 미국에 갈 것을 화자에게 종용한다. 나이도 앞날이 창창하고 힘 또한 강하니 같이 가자는 것이다. 꿈처럼 몽롱한 상태에서 허락했다 한다. 박노준은 "마산포 일대에 하와이 노동자 모집 광고를 보고" 결심했다는 손자의 말을 빌려, 미국행의 목적을 확인할 수 있다고 하였다.[116]

나무 나라 求景ᄒᆞ고 古國情況 生覺ᄒᆞ니
風流ᄂᆞᆫ 뒷결지고 鬱懷가 沸騰니라
二千萬 저 人事가 長夜昏夢 깁피 드러
禮義東方 自稱ᄒᆞ고 世界大勢 拒絶ᄒᆞ야

將還鄕 ᄒᆞ는 나ᄅᆡ 海外風俗 ᄌᆞ랑ᄒᆞ면
新舊學文 兩兼으로 布衣寒士 壯觀이라

첫 번째 인용 구절은 미국의 여러 문물을 구경하고 난 다음의 생각을 술회한 부분이다. 이천만 인사들이 긴 밤 꿈에서 깨어나지 못한 상태에 있음을 언급하면서, 세계 대세를 거절한 어리석음을 말하고 있다. 해외에서 배운 것을 토대로 신구학문을 겸비하여 고국에 널리 활용하면 더없이 좋을 것이라는 선비로서의 포부를 밝히는 대목이 두 번째 구절이다. 이로 보건대, 미국행의 목적이 돈벌이와 조국의 개화 두 가지에 있다고 봐야 할 것이다. 조선이 문명 개화하기 위해서는 미국의 문명과 문물이

116 위의 논문, 207면.

필요하다.

東洋大聖 孔夫子라 遊必有方 正大訓은
이거슬 다 버리고 萬里 域外 니 왼일고
君言도 亦復佳ᄒᆞ나 知其一 未知一니라
坐井觀天 일너쓰니 海外遊覽 宜一니요

미국으로 가는 배 위에서 하얀 머리의 미국 사람을 만난다. 이름은 임무길, 나이는 60인데 한국말을 할 줄 아는 유학생이었다. 임무길이 공자의 말을 인용하며, 어찌하여 미국에 가느냐고 질문을 했다. 화자의 대답은 좌정관천에서 벗어나고자 한다는 것이었다. 우리나라의 실정을 "좌정관천"으로 보고, "해외유람"의 정당성을 밝히고 있는 구절이다. 그러면 미국이 상등국으로서 자랑삼을 만한 풍속은 무엇이었으며, 그것을 본 화자의 느낌은 어떠했을까.

金臺玉閣 數十層은 閻羅府도 不當ᄒᆞ고

途路修築ᄒᆞ는 法은 廣闊ᄒᆞ기 磨鍊ᄒᆞ야
馬車火車 通行ᄒᆞ니 男負女戴 本無로다

士農工商 平等ᄒᆞ니 行世ᄒᆞ기 從便ᄒᆞ고
與受上이 有規ᄒᆞ니 賣買ᄒᆞ기 尤好로다
人間에 別天地가 正是 此米國니라

孤兒院 濟衆院에 治療費가 豊厚ᄒᆞ니
勿論誰某 街路上에 矜惻病人 永無ᄒᆞ고

上中下 各學校에 勸學니 嚴切ᄒᆞ니
無論爾我 愚劣ᄒᆞ고 全無識을 難見니요
政府界 도라보니 堯舜世界 여ᄀᆡ로다
傳子傳孫 帝王 안코 四年式 遞任ᄒᆞ니
勿論男女 老少ᄒᆞ고 取其人才 任職니라

수십 층의 건물이 솟아있는 마천루는 염라부도 당해내지 못한다. 도로는 넓고 잘 닦여 있어 마차・화차가 잘 통행한다. 남자는 지고 여자는 이는 모습을 볼 수 없다. 문물이 한정되어 있지 않다. 신분의 경계가 분명했던 우리와는 달리, 사농공상이 평등하여 세상 살기가 편하다. 주고받는 데 규칙이 있기에 물건을 사고파는데 아주 좋다. 세상에 별천지가 있다면 바로 미국일 것이다.

복지시설도 넉넉하여 가로변에 불쌍한 환자들이 없다. 학교는 어떤가. 너나 우열을 막론하고 무식한 사람을 만나기가 힘들다. 정치도 선진적이어서 태평 시대가 있다면 바로 여기다. 우리처럼 자식에게, 손자에게 왕의 자리를 물려주지 않는다. 요순시대에나 행했던 선양(禪讓)이 이루어지고 있다. 남녀노소를 불문하고 각자 재능에 맞게 일을 맡는다. 문물을 비롯한 모든 제도가 잘 갖추어져 있기에 태평성대가 따로 없다.

港海도 奇絶ᄒᆞ고 風景도 壯觀니라

鯨濤ᄂᆞᆫ 萬頃니고 鰐浪은 千丈니라
行船ᄒᆞᆫ 一夜만에 馬關港 求景ᄒᆞ니

쉬지 안코 가ᄂᆞᆫ ᄇᆡ가 十餘日니 거의토록
山陸은 本ᄃᆡ 업고 蒼天과 碧海로다

…(중략)…

다시곰 仔細 보니 奇絶ᄒᆞ고 稀貴ᄒᆞ다

…(중략)…

其廣은 幾何오며 其長은 얼마련가

단뎡 알기 어려우나 擧大綱 斟酌ᄒᆞ니

廣不過 四五里오 其長은 千餘里라

其中에 杳茫ᄒᆞᆫ 일 人作닌가 天作닌가

電火木 每每上에 琉璃燈을 高揭로다

…(중략)…

夕夜間에 ᄇᆡ가 ᄀᆞ면 掛燈마다 明朗ᄒᆞ야

弱水海水 分間ᄒᆞ야 行路從便ᄒᆞᆷ미로다

滄波萬里 遠遠中에 火光相通 壯觀니라

吾東方 儒道로난 脫屐不及 此造化라

바다 관련 구절들인데, 부정적이지 않다. 항해는 비교할 데가 없을 정도로 기묘하고, 바라본 풍경이 볼만하다. 크고 성질 사나운 파도를 보았는데도 불안하지 않다. 배가 10여 일 동안 쉬지 않고 갔다. 보이는 것은 푸른 하늘과 바다뿐이다. 으레 걱정 섞인 토로가 나옴 직한데, 일언반구 언급이 없다. 바다의 장관을 봤으면서도, 뒤에 "슬프다 우리길이 어ᄃᆡ로 가는쟈고"라는 <일동장유가>와 비교해 볼 때 상당히 이질적이기까지 하다. 넓이가 4・5리, 길이가 100여 리나 되기에 "인간의 작품인가 하늘의 솜씨인가" 감탄 조로 그려진다.

바다 위에서 본 電火木[등대로 추정됨]은 감탄의 대상이다. 우리로서는 신발 벗고 쫓아가도 다다를 수 없는 조화라고도 하였다. <표해가>, <일동장유가>에서 보인 표류의 바다, 그래서 불안하기만 했던 바다의 모습은 찾기 어렵다. <해유가>의 바다는 긍정과 감탄의 대상으로 인식될 뿐이다.

3) 바다 인식의 전이 : '표류 공간'에서 '문명의 통로'로

조선 시대 자연은 문학적 소재로서 중요한 위치를 차지하였다. 자연은 우주 만물의 이치를 깨닫게 해 주는 공간이었다. 만물과 내가 하나가 되는 물아일체(物我一體)를 최고의 경지로 여겨 온 사대부들에게 자연은 소중한 공간일 수밖에 없다. 이때 자연 공간은 강호일 수도, 삶의 터전일 수도 있다. 우주의 질서가 있는 곳은 모두 자연이기 때문이다.[117] 조선조 사대부들은 天機가 우러나는 참됨을 몸소 깨닫고 실천하고 싶은 마음을 궁극적 목적으로 삼았다. 『대학』에 제시된 8條目 "격물 · 치지 · 성의 · 정심 · 수신 · 제가 · 치국 · 평천하"는 산과 강으로부터 삶의 터전에 이르는, 우리가 살아가는 모든 공간에서 추구해야 할 조목들을 '修己' 차원에서 '治人' 차원으로 차례대로 제시한 것이다. 모두 자연 공간에서 닦아야 할 덕목들이다.

조선조에 와서 자연이 문학적 소재로서 중요한 위치를 차지한 것은 결코 우연의 소산이 아니다. 조윤제가 제창하고 최진원이 학술어로 확고하게 정립한 '강호가도'는 조선 시대 시가의 미적 기반이었다. 그런데 왜 유독 바다는 문학적 소재로 환영받지 못했을까. 이를 조선의 바다 정책과 해외 인식과 관련하여 살펴본 것이 '3의 2)'와 '4의 1)'이었다.

조선 시대는 이전과 달리 왜구의 침입이 빈번하였고, 특히 조선 후기에 들어서면서 서양 각국이 시야에 들어오기 시작했다. 즉 바다 저편을 인식할 수 있는 시대적 환경이 조성되었다. 그런데 이들을 향한 시선은 긍정적이지 못했다. 부정적이거나, 긍정과 부정이 혼재되어 나타났다. 서양이

---

117 정요일, 「유가의 자연관」, 『어문연구』, 제38권 제4호, 한국어문교육연구회, 2010, 426면.

우리를 보는 시선 또한 다르지 않았다. 미개한 후진국으로 조선을 간주하였다. 자활 자립할 수 있는 능력이 부재한 나라로 인식하였다. 후기 조선은 우물 안 개구리였다.

조선 후기 국문시가에서, 바다가 표류의 대상이 될 수밖에 없는 이유가 여기에 있었다. 바다는 미지의 대상이기에, 혼란과 위기의 공간이었다. 바다는 정처 없이 떠돌아다닐 수밖에 없는 공간이었다. 방향을 알 수 없었던 표류는 조선 후기 국문시가의 바다 형상화 양상이며, 동시에 기울어져 가는 후기 조선의 상황을 상징하고 있다. 1796년 이방익이 지은 <표해가>를 통해 이를 살펴보았다. 1875년 지어진 <도해가> 역시 다르지 않았다.

서양 문물과 접촉이 이루어진 시기는 16세기에 접어들면서 지만, 1890년대 이후에 이르러서야 본격화된다. 그러면서 전통적인 것과 서구적인 것과의 심각한 대립과 갈등이 생긴다.[118] 그 대립과 갈등이 바다를 '미지, 혼돈, 위기, 위험' 등의 이미지로 나타나게 하였다. 그러다가 1900년대 이후에 문학적 소재로 등장한 바다는 그전과는 판이한 인식 대상이었다. 문명의 길로 표상되었기 때문이다. 즉 표류에서 문명의 공간으로 인식이 전환된다. 보편적 소중화 의식의 발로라 할 만하다. 김한홍의 1908년 작 <해유가>를 통해 이를 살펴보았다.

서양 문화와 문물의 유입에 따른 개화와 보수의 대립은, 바다를 문명과 표류로 형상화하게끔 기능하였다고 해석할 수 있다. 이렇듯 바다의 형상화 양상은 조선 후기가 안고 있었던 시대적 진통과 길을 함께했다.

118 김학동, 앞의 책, 31면.

제5장

조선적 탈중세 징후들

제5장
조선적 탈중세 징후들

연구 성과가 연구실 안에만 머물러서는 곤란한 시대가 되었다. 고전의 대중화가 시대적 화두로 떠올랐다. 지식은 공유의 폭이 넓을수록 가치가 높아진다. 불특정 다수와 공감대를 형성하고 호흡할 때에야 비로소 마땅하게 된다. 이런 면에서, 국문시가는 취약하다.

대다수의 고등학교 교과서 『문학』에는 <구지가>가 실려 있다. <구지가>를 읽으면서 학생들은 무엇을 느낄까? "거북아 거북아 / 머리를 내어 놓아라 / 만약 내놓지 않으면 / 구워 먹으리라" 나는 <구지가>를 읽으면서 지금을 생각해 본다. 가령, 연인 간의 대화에서 <구지가>를 발견하곤 한다. "○○야, 너 전화하면 받아라. 만약 한 번만 더 안 받으면, 우리 이제 끝나는 줄 알아." <구지가>의 완벽한 현대판이다.

거북이의 상징적 의미, 주술적 세계관 등을 선생님은 가르치고 학생들은 배운다. 시험에 나올 것만 가르치고, 시험에 나올 것을 예상하고 배운다. 학생들이 시험이란 굴레를 벗어나는 순간, <구지가>는 학생들의 머릿속에 어떤 작품으로 기억될까.

우리 문학사에서 정철의 <관동별곡>이 지닌 의의는 실로 막대하다. 나는 조선에서 살아가는 사대부로서 느꼈음직한 고뇌와 번민을 <관동별곡>에서 읽는다. 이 모습은 일제 강점기를 살았던 이상의 <거울>과 윤동주의 <서시>를 통해서도, 지금을 살아가는 '나'의 모습에서도 확인된다. 이는 시공을 초월한 인간 본연의 갈등이자 고민이다. 그래서 무한히 반복될 수밖에 없다.

이에 정철의 <관동별곡>은 조선 시대의 작품이면서 현재도 여전히 유효한 명품이다. 게다가 한글이 천대 시 되던 시기의 작품임에도 불구하고 우리말의 멋과 맛을 한껏 살린 작품이 아니던가. 여러모로 <관동별곡>은 고전 중의 고전이다. 그런데 고등학교 학생들에게 <관동별곡>은 난독과 짜증의 대상으로 전락해 버린 지 오래다.

상황이 이러하니, 소통의 길을 속히 마련해야 한다고 생각했고, 이런 취지에서 이 책을 쓰게 된 것이다. 우선 고전의 타 장르 혹은 근 · 현대문학과의 소통을 염두에 두고자 했다. 그런데 고전문학과 근 · 현대문학이 어떠한 성격을 띠고 연결되느냐는 항상 문제시됐던 논쟁거리다. 고전과 현대의 연속성을 주장하는 내재적 발전론 혹은 전통 계승론과 현대는 과거의 유산과는 상관없이 서구 문명의 이입으로 형성되었다고 보는 이식근대론 혹은 전통 단절론 간에 벌어진 논쟁은 해묵었지만 여전히 유효한 문제이다.

1. '전통계승론-단절론' 논쟁이 준 교훈

강압에 의한 서구와의 문호 개방과 일본의 국권 침탈은 역사적 흐름을 인위적으로 바꾸어 버렸다. 우리 문학에 대한 연구가 미천했던 시절에는 그 시대대로, 어느 정도 수준에 다다라 여유로움을 가지고 접근하던 때는 또 그때대로, 전통 논쟁은 그 구체적인 모습을 달리하면서 끊임없이 이어져 오고 있다. 지금도 사정은 그리 달라지지 않았다고 판단된다.

성기옥은 전통 논쟁과 관련된 전반적인 사항을 이광수의 도발적 발언 "朝鮮文學은 오직 將來가 有할 뿐이요 過去는 無하다."를 거론하면서 史的으로 정리했다. 1920년대 중반은 시조부흥운동과 국민문학의 제창으로 전통논의가 이루어졌다. 그 후 국민문학과 프로문학의 대결로 이어져 오다가 1930년대 중반에는 고전부흥운동이 일어났다. 이제껏 이루어진 전통 논의는 다분히 이념적이었다.

1950년대 중반에 와서야 비로소 순수한 문학론으로서 전개되었다. 1964년 『사상계』에서 기획한 심포지엄 『신문학 오십 년』 현대시 특집에서 유종호・이어령이 단절론, 조지훈・박목월 등이 전통 접맥론을 펼치면서 논의가 또다시 화두로 떠올랐다. 그러다가 1960년대 후반에 이르러 전통계승론이 대세를 이루었다. 근대문학 형성의 자생성・한국문학의 지속성 또는 동질성 확보를 위한 구체적인 증거 찾기가 이 시기의 경향이었다.

1973년 김윤식・김현의 『한국문학사』는 근대의 기원을 영정조 시대로 소급하면서, 전통계승론에 힘을 실어 주었다. 조동일의 『한국문학통사』 역시 그러하였다.[1] 이러한 흐름에 대해 김재홍은 다음과 같이 자신의 견해를 드러냈다.

> 전통단절론과 접맥론의 대립에서 출발하여 그 극복론을 거쳐, 그것이 실제로 문학연구나 문학사 기술에 연결되는 성과로 나타나는 그 전개

1 성기옥 외, 『한국시의 미학적 패러다임과 시학적 전통』, 소명, 2004, 15~44면.

과정은 바람직한 귀결이 아닐 수 없다. 이 점에서 국문학의 전통론은 생산적인 논쟁의 하나였다고 평가된다.[2]

문학 연구에서 "바람직한 귀결"이란 평어가 적절한가? 전통단절론이 극복의 대상이어야 하는가? "극복론"이 활성화된다고 하여 진정 극복은 되는가? 성기옥은 "1세기의 역사를 지닌 전통론인 만큼 우리는 계승론도 이제 방법적 전환할 시기에 이르렀다"는 것으로 결론 맺고 있다. 즉 고전문학과 현대문학의 동질성이나 연속성의 발견은 차이를 인정하는 가운데 이루어져야 한다는 것이다. '동질성 속의 연속성 발견'과 '차이 속의 연속성 발견'이 함께 이루어질 때 온전한 한국문학의 전통성을 조명할 수 있다.[3]

전통 논의는 한국문학의 정체성 찾기의 다른 이름이다. 중세에서 근대로의 이행은 한국문학은 한국문학다움을 견지하면서 이루어졌는가가 전통 논의의 요체요 기준이다. 이로 보건대, 한국문학의 전통 논쟁에는 자기모순이 존재한다. 전통론의 최종 목적지는 '근대'인데, 근대의 기준이 철저히 서구적이기 때문에 자기모순이다.

'근대'는 서구 사회의 역사적 발전 단계의 하나다. '고대 → 중세 → 근대' 역사 발전 단계는 서구의 역사적 경험을 토대로 형성된 추상적 전개 양상이다.[4] 한국 사회에서는 중세와 근대라는 역사 경험도 인식도 없었다. 기실 중세니 근대니 하는 단어는 서구의 것이다. 조선 후기 사회문화적 여러 현상을 서구의 기준에 따라 중세적 질서에 아직도 머물러 있다든가, 근대적 징후를 보이고 있다든가 하는 평가는 비서구인들에게 서구의 역사

2 김재홍, 「국문학의 전통」, 장덕순 외, 『한국문학사의 쟁점』, 집문당, 1986, 55면.

3 성기옥 외, 앞의 책, 54면.

4 강명관, 『국문학과 민족 그리고 근대』, 소명, 2007, 104면.

발전 단계를 보편적인 것으로 받아들이라는 강요에 불과할 뿐이다.

전통 논쟁은 한국문학 나아가 한국문화의 정체성 찾기인데, 이 정체성을 서구 기준을 갖고 하자는 데에 문제의 핵심이 있다 하겠다. 자기의 자기다움을 다른 사람을 기준으로 평가하는 꼴이 된 것이다. "조선 후기사에서 근대란 애당초 잘못된 문제 설정이었다. 내재적 발전은 한국사 내부에서 서구사를 찾는 것이기에 이미 문제 설정 자체가 오류이다."[5]는 것이 강명관의 견해다.

조선 전기는 중세 서구의 신 중심의 세계관과 그 모습이 유사하다. 서구 중세는 모든 것이 신 중심으로 돌아가 다른 기준은 있을 수 없어서 암흑기라 불린다. 이와 유사하게 조선 전기는 주자학과 성리학으로 대표되는 유교 이데올로기가 거의 절대적인 기준이었다.

이런 의미에서 조선 후기에 일어난 반중세적 현상은 근대로의 이행을 뜻한다. 이른바 근대적 맹아기적 의의가 있는 시기가 조선 후기다. 이상이 전통계승론과 관련된 보편적인 인식이다. 그런데 문제는 근대적 맹아기라 할 때, '근대'로 명명할 수 있는 특성 혹은 성격은 무엇인가. 거개가 서구적인 것들이다. 여기서 조선 후기 국문시가를 분석하고 그 결과를 평가한 다음 글을 보자.

> 조선 전기와는 달리 유교적 이념 및 질서가 많이 반영되지 않았다는 점과 시적 관심이 주제보다 제재·소재에 더 쏠려 있었다는 점, 그리고 통속적 체험을 재미있게 표현하여 희극적 효과를 추구하는 오락 위주의 통속예술로서의 성격을 다분히 지녔다는 점 등에서, 이전의 시가와 뚜렷이 구별되는 시가가 나타나서 발달한 것은 분명하지만, 그 점들을 곧 인간

5 위의 책, 108면.

이성에 기반을 둔 '인간중심주의'와 '합리주의', 그리고 '자연과학적 세계관' 등을 주요 속성으로 하는 '근대성'의 배태로 보기는 쉽지 않을 듯하다.[6]

조선 후기 평민시가 혹은 사설시조를 대상으로 분석한 글에서, 조선 후기 국문시가가 중세와 거리가 있음에도 근대로 나아갔다거나 근대로 나아가는 발판을 마련했다고 평가할 수는 없음을 말하고 있다. 이 논의는 객관적인 시각을 가지고 고구된 결과물일 터이다. 민족주의적 시각이라는 당위성에서 거리를 둔 연구 결과이기에 이제껏 이루어 온 연구 결과에 대한 반성적 검토라는 의의가 있는 논의이다.

중세적 세계관에서 탈피한 조선 후기의 국문시가들, 그러나 이 국문시가들이 지니고 있었던 성격은 서구적 기준에 입각한 근대화도 아니었다. 즉 중세도 근대도 아니었다. 그 고민의 흔적을 읽을 수 있었던 논의이다. 여하튼 전통 논의에서 가장 문제시되는 것은 근대의 개념이 여기가 아닌 저쪽의 시각이었다는 데에 있다. 문학이든 역사든 조선 후기에서 서구 개념의 근대적 요소를 찾는 것은 이상한 일 아닌가.[7]

윗글의 결과가 유보하는 태도를 취한 것은 현재 이루어질 수 있는 최선책이다. 그동안 우리는 비유를 통해 서구의 것과 유사한 근대의 모습을 자의적으로 찾아내고, 그것을 근대라고 우겼던 것은 아닌가.[8] 반성할 단계에 오지 않았나 하는 생각도 해 본다. 강명관은 이렇게 결론을 맺고 있다.

---

6 성호경, 「조선 후기 '평민시가'의 통속예술적 성격」, 『한국고전연구』 20집, 한국고전연구학회, 2009, 33면.

7 강명관, 앞의 책, 103면.

8 위의 책, 150면.

> 문학사는 모든 장르와 작품을 계기적 연속성이나 필연적 관계 속에 밀어 넣지 않는다. 즉 장르와 장르, 작품과 작품 사이에 계기적 연속성이나 필연적 관계를 부여할 필요는 없다. 그 연속성과 관계는 존재할 수도 있고 존재하지 않을 수도 있다. 존재하는 것은 존재하는 대로, 존재하지 않는 것은 존재하지 않는 대로 드러낼 뿐이다. 민족문학사의 이름 하에서 모든 문학현상의 흐름을 유기적 관계로 포괄할 필요가 없다는 것이다. 문학사 연구는 체계의 구축이 갖는 억압에서 보다 자유로울 필요가 있는 것이다.[9]

21세기를 사는 우리는 20세기에 펼쳐졌던 담론에서 벗어날 필요가 있다. 전통계승론을 최종 목적으로 설정하고, 이 설정의 설득력을 획득하기 위한 안간힘에 우리 힘이 소모되어서도 곤란하다. 또한 전통계승론이 가지고 있었던 당위성에 반기를 들고 끊임없이 나타나곤 했던 전통단절론에 괴로워할 필요도 없다. 전통단절론은 또 다른 형태의 사대주의이기 때문이다.

더 나아가 '근대'에 집중할 필요도 없다. 근대라는 망령된 생각에서 벗어날 때, 우리 문학에 대한 연구는 가일층 다른 모습으로 태어나리라 생각하고 판단한다. 이런 관점에서, 문학적 현상을 있는 그대로 보자는 강명관의 논의는 우리의 이제껏 이루어진 연구 행보에 또 다른 길을 열어줄 수 있는 단서를 마련했다는 점에서 의의가 인정된다. 이러한 생각에서 '조선적'이라는 수식어를 사용하였다.

---

9 위의 책, 163면.

2. 조선적 탈중세의 두 모습

이 책은 세 가지 문학적 테마를 대상으로 했는데, 근·현대에서는 중요한 주제였기 때문이다. 삶의 주체로서의 '노인', 삶의 구체적 양상이면서 정서인 '금지된 사랑, 불륜', 삶의 공간인 '바다'는 조선 후기 국문시가에서 그 이전과는 달리 새로이 주목되거나, 새로운 양상을 보였다. 그 구체적인 모습을 살폈다. 이 절에서는 여기에 더하여 근·현대에 이르러서 또 어떠한 모습으로 변했는지 간략하게 짚어보고자 한다.

사실 조선 후기 국문시가에서 이 세 테마는 중요하게 다루어지지 못했다. 작품 수에서도 많지는 않기에, 단정 지어 일반화하기도 어렵다. 선정한 이유는 국문시가가 소통력 약화를 극복하기에 유리하기 때문이다. 고전 산문 장르, 그리고 근·현대문학과 공유하고 있는 주제들이다.

18세기부터 20세기 초반까지의 국문시가는 탈중세적인 성향을 갖고 형상화되었다. 구체적으로 '통속성[10]'과 '소중화주의'의 모습을 지니고 있었다. '노년'과 '금지된 사랑, 불륜'은 통속적인 경향을 띠었고, '바다'는 소중화주의 중 배타적 혹은 폐쇄적 소중화주의적 성향을 보였다. 보편적 혹은 개방적 소중화주의적 경향은 20세기 초반에 와서야 널리 확산된 것 같다.

여기서는 먼저 2장, 3장, 4장의 내용을 요약한 후, 과문(寡聞)하지만 기존 연구자들의 성과에 의지하여 근대 혹은 현대와의 연결고리를 간단하게 서술하면서 이 책을 마무리하고자 한다.

---

10 '통속성' 개념은 이수곤의 박사논문을 참고해 주길 바란다. 이수곤, 「사설시조의 통속문학적 성격 연구」, 서강대 박사논문, 2005, 6~13면.

1) 통속성

먼저 조선 후기 국문시가에 나타난 노인을 살펴보았다. 노년에 대한 우리의 기대치는 항상 편향적이다. 신화적・초월적이거나, 적어도 규범적 존재여야 했다. 인간적인 노인이란 규범적이어서 다른 이에게 전범이 되는 성숙하고 완벽한 인간이어야 한다. 일상적 의미에서 인간다운 노인은 인간으로 대우하지 않았다. 우리가 노인을 향한 기대치는 항상 높았기 때문이다.

조선 후기로 접어들면서 인간적이면서 규범적이지 못한 노년의 삶을 노래한 국문시가가 나타나기 시작했다. 몰골은 추레하고, 행동은 추잡했기에, 동정과 비판의 대상이었다. 늙음을 한탄하면서, 놀자고 하였다. '카르페 디엠'적 성향을 띠었다.

조선 이전 노년은 신화적・초월적 존재여서 이상적 노인으로 그려졌다. 그래서 인간답지 못한 인간이었다. 이에 반해 조선 후기에 문학적으로 형상화된 노인은 인간적인 모습을 지니면서도 규범적이지 않았다. 그래서 대단히 부정적이고 비판적인 대상이었다. 인간적이어서 인간 밑의 인간으로 형상화되었다. 노인은 이래저래 인간 밖 존재였다.

물론 범상한 존재, 일상적 삶을 살아가는 노인을 긍정적 시선으로 바라보는 <기수가> 같은 노래도 있었다. 시종일관 진지한 어조를 견지하면서, 일상적 삶에서 느끼는 개인적 행복에 가치를 두는 노인상이 등장하기도 한다. 그러나 미미하게 존재하고 있을 뿐이었다. 적어도 조선 후기 국문시가에서는 잘 보이지 않는다.

인간다운 노인은 여전히 비판과 부정의 존재로 그려지기 일쑤였다. 성적 욕망을 표출하는 노인이 문학적 인물로 등장하지만, 인지상정으로 받아들여지지 않았다. 곱지 않은 시선으로 바라보았으며, 비아냥과 희화화의 대상이었을 뿐이다. 조선 후기 국문시가는 노년의 성적 욕망을 우스개로 취급하였다.

노년의 일상적 삶을 진정성 있는 목소리로, 진지하게 성찰하는 방향으로 전개되지 못했던 것이 조선 후기 국문시가의 경향이었다. 노년의 일상적 삶을 문학적 소재로 끌어왔다는 면에서 탈중세적이었고, 그 미적 기반은 웃음에 있었다.

노년에 대한 이러한 시각이 앞으로 어떠한 모습을 띠면서 변화・전개될 것인가는 중요한 문제가 아닐 수 없다. 그런데 1900년대 이후 노년 관련 담론이 자취를 감추었다. 새로운 시대의 주체로서 노년은 대단히 부적절한 존재로 여겼던 것 같다. 새로운 시대에 새로이 부각된 주체는 '청년[소년]'과 '신여성'이었다. 그들 관련 담론 속에 '노년'의 담론은 자리 잡을 틈이 없었다. 그래서 노년 담론의 출현은 시대를 건너뛰어야만 했다.

이른바 근대기는 '청년'과 '여성'의 정체성을 중요시했다. 나이를 기준으로 '청년', 젠더를 기준으로 '여성'이 새로이 부각된 개인들이었다.[11] 근대적 대중문화의 형성은 '청년'의 형성과 긴밀한 관련이 있다고 한다. 1908년 창간한 잡지 이름을 『소년』으로 정한 것은 앞으로의 시대는 '청년'이 주도해 나갈 시기임을 강조한 것으로 생각할 수 있겠다. 청년은 배워서 깨쳐야 하며 시대를 교도해 나가야 하는 책임이 있는 존재다. 『청춘』이란 잡지의 발간 역시 같은 취지이다. 최남선의 <해에게서 소년에게>는 이러한 시대적 흐름과 그 주도 세력으로서의 청년의 역할과 소임을 노래한 것이다. 이 시기를 상징하는 또 다른 단어가 舊와 대별되는 '新'이다. 新은 舊와의 단절을 의미한다. 新은 청년과 단짝이다.[12] 구세대

---

11 박숙자, 『한국문학과 개인성』, 소명, 2008, 45~8면.

12 천정환, 「식민지 시기의 청년과 문학 대중문화」, 『오늘의 문예비평』, 겨울 통권 55호, 2004, 40~2면.

를 청산하고 신세계를 열어야 하는 존재가 다름 아닌 청년이다.

新과 또 다른 단짝이 있으니 바로 여성이다. 서양식 트레머리 · 분홍색 리본 · 말쑥한 통치마 · 뾰족한 굽 달린 구두를 신고, '신여성'은 거리를 활보하였다 한다. 1920년대부터 본격화된 가정 개량 즉 남자와 여자, 어른과 아이의 엄격한 구별을 없애자는 움직임의 중심에는 '신여성'이 있었다.[13]

새로운 시대의 도래, 이전의 것이 부정되고 앞으로 다가올 것에 대한 동경, 이른바 근대의 주인공은 청년과 신여성이었다. '동양 / 서양, 과거 / 미래, 구세대 / 신세대'의 대립항이 성립되던 시기에 전자는 부정, 후자는 긍정의 대상이었고, 이런 대립항과 동격이었던 또 하나의 대립항은 '노년 / 청년'이었다. 청년 · 신여성이 도래될 새로운 세계의 주동자였다면, 노년은 근대의 주된 담론으로부터 먼 거리에 있었다. 애석하게도 조선 후기 이후 문학에 나타난 노년상의 변전 양상은 살피기가 곤란하게 되었다. 이른바 근대 혹은 개화기는 노년 실종의 시대였다.

둘째, '금지된 사랑, 불륜'에 대해 고찰했다. 조선 후기 들어서 열녀의식은 여인에게 내면화되었고, 열녀도 탄생하였다. 여성 성적 욕망은 철저히 남성에게 종속되었고, 남성의 성적 욕망은 기생과 첩을 통해 채워졌다. 내 집 여자는 열녀여야 하고, 다른 집 여자는 성적 욕망의 출구가 되어야 하는 이중 잣대가 조선 후기 양반 남성들의 생각이었다. 이는 열의식의 강화와 불륜담의 향유를 공존 가능케 하는 근거이기도 하다.

조선 후기 야담에는 불륜담이 다수 있다. 대개 성적 쾌락의 추구이지만, 끝은 유교 이데올로기로 매듭짓는다. 이러한 부조화도 알고 보면 남

13 권보드래, 『연애의 시대』, 현실문화연구, 2003, 56~66면.

성의 이중 잣대의 다른 표현이었다. 19세기 사랑의 한 유형을 다룬 <포의 교집>은 그 당대의 불륜담과 비교하여 이질적이다. 좀 과장하여 말하자면 자기 찾기로서의 불륜담이기 때문이다. 마치 노인이 용렬한 인간으로 그려지던 시대에 <기우사>와 같다.

조선 후기 국문시가의 불륜 모티프는 유락을 미적 기반으로 하고 있었다. 유희적 즐김의 대상이었다. 특히 화자로 등장하는 기혼 여성의 불륜 대상이 '남의님', '샛서방', '장사치', '스님' 등 실로 다종다기한 점은 흥미로웠다. 오직 성적 유희만이 목적인 불륜이었다. 정신적인 차원의 사랑은 조선 후기 불륜담에서는 찾기 힘들다. 정신적 차원의 사랑으로서의 불륜은 근대에 와서 본격적으로 등장한다.

1900년대 초 문학 속 불륜은 영적 교섭 즉, 정신적인 차원에서 그려지고 있다. 우리나라 최초의 서양화 여성 화가 나혜석은 이혼 후 1934년 8, 9월호 『삼천리』에서 "鮮男性心思는 異常하외다. 自己는 貞操觀念이 업스면서 妻에게나 一般女性에게 貞操를 要求하고 또 남의 貞操를 빼아실냐고 합니다."라고 그 당시 충격적인 발언을 하였다. 그 이듬해인 1935년 2월에는 <신생활에 들면서>에서 "貞操는 道德도 法律도 아모것도 아니오 오직 趣味다."라고 하였다. 파천황격 발언이다. 정종무용론이자 자유성애론에 대한 옹호다. 이러한 논의는 보편적이었던가? 권보드래의 글을 인용해 보자.

> 1920년대를 거치면서 성은 일종의 자연, 마치 식욕과도 같은 불가피한 현실이 되었다. 연애가 꽃이라면 성욕은 뿌리라는 표현도 여러 차례 등장했는데, 이처럼 남녀 불문하고 성욕을 근본적 욕구로 인정하게 된 것이야말로 크나큰 변화였다. 어쩌면 요지부동의 보수성이 더 보편적이긴 했을 터이다. 약혼 기간의 순결 여부를 묻는 질문에는 응답자 8인 중 꼭 1인만이

"순결은 지키지 못하였소"라고 했고(『삼천리』 3권 10호, 1931. 10, 62면), 산아제한의 방법을 아느냐는 질문에 대해서는 여자고보생 가운데 절반이 의미조차 해득치 못했으며 나머지에서 절반 이상이 얼굴을 붉힐 뿐이었다(『삼천리』 5권 4호, 1933. 4, 97면).[14]

자유성애론, 정조무용론은 일부 선각자들의 담론일 뿐, 보편적 견해는 아니었다. 조선으로부터 내려온 기존의 성 윤리는 여전히 건재하였다. 사회적 인식과 개인적 행위의 일치는 후대를 기다려야 비로소 가능한 일이었다. 성적 욕구의 긍정, 성적 행위의 자유로움이 고개를 들기 시작했지만, 당시 대다수의 사람은 여전히 열녀의식의 중요 관념인 정절의식에서 자유롭지 못했다. 이는 이른바 근대문학 속 불륜담에서도 확인된다.

조선 시대 남녀 만남의 장은 공식적으로 없었다. 남녀의 자유로운 만남과 교제는 개화기 시대의 결과물이다. 남녀 간의 자유로운 만남은 자유로운 연애로 이어지기 마련이다. 자유로운 연애에는 해서는 안 될 연애도 있었다. 금지된 사랑인 불륜이 그것이다.

이광수 소설 <어린 벗에게>의 '나'는 기혼이면서 친구의 누이를 사랑한다. <사랑>의 순옥은 기혼남을 헌신적으로 사랑한다. 그런데 이들의 사랑은 불륜임에도 육체를 지양하고 정신적 차원을 지향한다. <어린 벗에게>의 '나'는 "육적으로 사람을 사랑함은 사회의 질서를 문란하는 것이매 마땅히 배척하려니와 정신적으로 사랑하기야 왜 못하리이까."라고 한다.[15] 그러니 이들에게는 오직 육체적 차원에서 이루어져야 불륜이 된다. 정신적 차원의 불륜은 없다. 이는 사랑으로 인식된다.

---

14 위의 책, 176면.

15 위의 책, 154면.

육체적 지향을 보이면 결혼도 야만적 행위에 불과하다. 비문명적인 연애는 육의 쾌락을 갈구하는 것이고, 문명의 연애는 영적 요구에서 비롯된다. 靈에 기초한 자유연애는 인간의 특권이자 문명의 가치이다. 이것은 이광수의 주장이었다.[16] 그러기에 육체적 욕구를 지향하는 사랑은 불륜이며 그 끝은 파국일 수밖에 없다. 결혼한 처자로, 혹은 결혼한 사람을 사랑하면서 그 사랑을 온전히 하고 싶으면 육체는 가두어야 한다는 결론이 나온다.[17]

정리하자면 이렇다. 근대적 사랑은 자유로운 사랑이다. 가문에 의해 이루어지는 억지 계약 사랑이 아니라 개인의 감정에 충실한 사랑이다. 그리고 그 사랑은 순결에 바탕을 두어야 한다. 신성한 영적 교제가 사랑이다. 통념상 불륜이라 부르는 것도 순결주의에 바탕을 둔 영적 교섭이라면 불륜이 아니다. 영적인 만남이 아닌 육체적 만남이란 사랑이 아니라 추문일 뿐이다. 파국에 다다르는 것은 필연적 결과이다.

개화기의 시대 관념은 자유연애·자유성애·정조무용론이 고개를 들었지만, 문학적 현상은 정조와 순결을 중요시하였다. 조선 후기와는 다른 모습의 모순이 개화기에 벌어진 것이다. 열녀의식·일부일처제를 고집하면서도 성적 담론과 불륜담이 성행했던 시기가 조선 후기였다면, 자유연애가 거론되기 시작했지만 순결과 정조에 대한 결벽증을 표출하고 있는 시기가 개화기였다.

조선 후기와 개화기는 시대 인식과 문학 현상이 뒤바뀐 상태, 그것이 모순되면서도 나름의 조화롭게 공존했던 시기였다. 조선 후기는 육체적 불륜을, 개화기는 영적 불륜을 지향하고 있으며, 조선 후기 불륜담은 쾌

---

16 위의 책, 155면.

17 위의 책, 160면.

락을 중시했지만, 개화기는 진지한 태도를 보인다는 점에서 차이를 보인다. 그렇다면 지금의 문학은 불륜을 어떻게 그리고 있을까?

지금은 '금기'와 '금기 아닌 것'의 경계가 허물어지고 있는 시대이다. 연상연하커플·동성애·호모와 레즈비언·혼전동거에 대한 반감은 여전히 존재하지만, 반감의 정도는 차츰 옅어지고 있다. 불륜도 마찬가지다. 간통을 개인적 사랑의 영역으로 인정하고 합법화하자는 시각이 있다. 정당한 사랑의 한 행위로 간주하자는 것이다. 개인의 사랑을 국가 권력이 맘대로 해서는 곤란하다는 시각이 깔려 있다.

결혼은 생활의 편의를 도모하고 가부장적 질서를 공고히 하는 데는 아주 유효한 제도이지만, 개인의 영역에 들어서면 거추장스러운 제도에 불과하다. 지금의 인간은 결혼의 제도적 편리를 누리면서도 동시에 개인의 자유를 누리고 싶어 하는 이중욕망을 추구하고 있다.[18]

불륜을 범죄로 여기는 사고는 가부장적 질서 유지에서 비롯되었다는 시각이 있다. 도덕이란 원래 기득권자를 위해 존재하기 십상이다. 불륜과 사랑을 나누는 기준은 제도에 의해 생겨났다. 제도는 남성의 목소리를 대변한다. 제도는 너무도 간단히 선과 악, 아름다움과 추함을 나눈다.[19] 그러기에 불륜은 사회적 통념이자 가부장적 질서에 대한 반항의 의미가 숨겨져 있을 수 있다. 그런데 불륜 소재 작품을 많이 쓴 권지예의 <뱀장어 스튜>에서는 불륜이라는 인식 자체가 희석되어 있다. 제도적 편의[가정]와 개인의 자유[불륜] 사이에 경계가 매우 흐릿하다.

<뱀장어 스튜>의 그녀에게 불륜은 자연스러운 감정이자 행위이기에

18 안남연, 「한일 불륜소설 연구」, 『한국문예비평연구』 제19집, 한국현대문예비평학회, 2006, 184면.

19 김미정, 「불가능한 사랑, 영원히 도주하는 타자들에 대해서」, 『문학동네』 41호, 2004, 겨울호. (http://webdb.booktopia.com : 검색일자 2010. 8. 31.)

도덕적 갈등은 없다. 불륜이란 관념 자체가 없는 듯 보인다. 사회에 대한 반항 행위로도 느껴지지 않는다. 그런데 남편 혹은 '그 남자'와의 섹스는 사랑을 찾는 행위지만 결핍의 확인으로 귀결될 뿐이다.

그녀에게는 두 상처가 있다. 오른손목 자벌레처럼 오톨도톨한 흉터[자해로 인해 생긴 흉터]와 자궁에서 아이를 꺼내느라 생긴 아랫배의 철삿줄 같은 흔적이 그것이다. 이 트라우마를 지금의 남편이 따스하게 감싸 주었다.

> 그 상처를 지닌 스무 살부터 많은 남자를 만났지만, 그녀에게 모욕감을 느끼게 하지 않고도 그 상처들을 따뜻하게 핥아 주는 남자는 남편이 처음이었다. 치유되고 있는 느낌이었다. 남편은 아무 것도 묻지 않았다. 환부를 오랫동안 들여다본 의사처럼, 상처를 아주 잘 이해했다는 듯이 첫 섹스 후에 남편은 말했다.
>
> "당신은 말이야, 당신은 …… 당신은 삶을 정말 사랑할 수 있는 여자요."[20]

남편은 자기와는 상관없이 생긴 그녀의 상처를 따스하게 핥아 준다. 그녀는 상처의 치유를 느낀다. 그리고 이 남자와 결혼하였다. 그러나 결혼은 결핍의 충족과는 거리가 멀었다. 결혼한 지 오 년이 지나서 갑자기 떠나게 된 여행에서 그들 사이에 균열이 일어난다.

> 그 순간 남편이 오른손목에 입술을 오랫동안 가만히 대고 키스를 해주었으면 하고 잠깐 바랐으나 그런 일은 일어나지 않았다.[21]

---

20 권지예, <뱀장어 스튜>, 『2002년 이상문학상 수상작품집』, 문학사상사, 2002, 37면.

21 위의 책, 38면.

갑자기 떠난 여행길에서 갑자기 왼손잡이도 아니면서 왜 오른손목을 그었느냐는 질문에 대한 그녀의 느낌을 술회한 부분이다. 여행은 어그러지기 시작한다. 자식을 낳자마자 입양을 보냈는데, 여행길에서 자기 자식은 아니지만, 입양아를 만난다. 그 후 다시 이런 술회를 한다.

> 몸이 몹시 떨려서 남편의 두 팔이 그녀를 꽁꽁 묶어 주길 바랐지만 그런 일은 일어나지 않았다.[22]

사랑이 영원히 지속되리라는 희망은 환상일 뿐이다. 결혼은 결핍의 확인 과정에 불과하다. 사랑은 결핍의 충족을 위해서 한다. 사랑의 결과 중 하나가 결혼이라고 할 때, 결혼은 사랑의 결핍을 확인하고 공고히 하는 역설적 결과는 낳는다.

입양된 아이의 아빠인 '그 남자'를 그녀는 불규칙한 기간을 두고 습관적으로 찾는다. <뱀장어 스튜>의 중반부터는 이 남자와의 이야기인데, 동물원 우리에서 갑자기 사라진 암컷 원숭이와 첫사랑의 고향을 반복적으로 되뇌다가 돌아가신 어머니는 둘 다 마음속 고향을 찾는다.

> 암컷은 어디에 갔을까요. 그녀는 정말 탈출을 시도했던 걸까요. 그녀는 갇혀있는 우리 밖이 자신의 고향인 아프리카의 평원이라고 생각했던 걸까요. 어쩌면 그녀는 짧은 여행을 떠났었는지도 모르겠어요.[23]

"우리 어머니, 황혼녘만 되면 큰 형님네 집 현관문 앞에서 당신 신 내놓으라고 떼쓰셨다. 작년에 돌아가셨는데. 치매로 한 오 년 간 고생하셨지.

---

22 위의 책, 41면.

23 위의 책, 43면.

…(중략)… 어머니는 솔미재라는 우리가 알지 못하는 지명에 줄곧 집착하면서 …(중략)… 어머니가 한 동네 살던 아버지에게 시집오기 전에 남몰래 사랑한 총각이 강 건너 솔미재에 살았었다는 거야.[24]

아프리카 평원을 찾으려는 원숭이, 첫사랑의 공간인 솔미재를 무의식 중에 갈구하던 어머니는 그녀의 또 다른 나다. 원숭이가 아프리카 평원을 갈 수 없듯이, 어머니가 가려던 솔미재는 이미 갈 수 없는 공간이 되었듯이, 그녀가 습관적으로 찾는 그 남자 역시 공허한 메아리만 울리는 존재일 수밖에 없음을 깨닫는다.

여자는 다시 자신이 모래밭의 두꺼비집인 것처럼 생각됐다. 속의 공동(空洞)을 넓히느라 손을 넣어 모래를 파내고 속을 비우는 찰나 무너져 내리는 모래집. 남자는 갈퀴손처럼 여자를 한없이 비우고, 여자는 부서져 내리고. 남자는 더 깊어지는 허기로 결국엔 나가떨어질 것이다. 늘 그랬다.[25]

따스한 위안을 주던 남편과의 섹스도, 온몸이 나른해지도록 격렬했던 그 남자와의 섹스도 그녀에겐 사랑의 영원 지속 불가능성만을 확인시켜 준다.[26] 그녀는 결국 평화로움에 길들여지는 길을 택한다. 평화로움에 길들여지는 길이란 집으로의 귀환을 의미한다.

스튜 냄비처럼 "인생은 화려하지도 않고, 더군다나 장엄하지도 않으며 다만 뱀장어의 몸부림과 같은 격정을 조용히 끓여 내는 것이 아닐까."

---

24 위의 책, 49~50면.

25 위의 책, 54면.

26 김미정, 앞의 글.

집으로 돌아가 남편과 용서를 주고받는다. "그녀는 이제 집으로 돌아가"려 하고, "남편은 집으로 돌아온 그녀에게 삼계탕을 끓여 주고 싶어 한다." 그렇게 평화로움에 길들여지는 길, 이것이 사랑을 찾아 떠난 긴 여정의 종착지였다.

<뱀장어 스튜>의 작가 권지예는 불륜과 사랑을 갈라보는 이분법적 인식을 탈피하려 했다. 잣대를 도덕적 이데올로기가 아닌 개인적 삶의 열정 문제로 대체하려 한 것 같다. 불륜담이기에 흔히들 기대하는 짜릿한 육체적 향연, 금기를 깨는 것에 대한 관음적이고도 통속적 흥미는 <뱀장어 스튜>에는 없다. 사랑이라는 이름의 섹스가 그녀에게는 오직 상처를 거듭 확인하는 과정으로 이어졌기 때문이다.[27]

<뱀장어 스튜>에서는 공허한 삶의 돌파구이자 진정한 사랑 찾기로서의 불륜을 꿈꾸었다. 적어도 성적 욕망에서 비롯된 일탈행위는 아니었다. 불륜은 진정성 있는 사랑의 다른 이름이라 믿었던 것 같다. 그러나 결과적으로 결핍의 확인이 되고 만다. 영원한 사랑이란 도달할 수 없는 먼 곳에 있거나 혹은 애초에 존재하지 않는 허상일 수도 있음을 깨닫는 과정을 불륜을 통해 말하고 싶었는지도 모를 일이다.

근대와 현대문학에 대해 세세하고 정밀한 시각이 나에게는 마련되어 있지 못함에도 불구하고 용감무쌍하게 거론한 이유는 소통하고 싶은 욕심 때문이다. 중세와 개화기 나아가 현대와의 관계를 살피고자 했었기 때문이다. 극히 일부분의 작품을 통한 논의였으며, 몇몇 한정된 현대문학 연구자들의 성과에 기대었다. 장님 코끼리 만지기 식의 논의에 그쳤다는 생각이 나의 머리에서 떠나질 않는다. 결국, 범박한 논의가 되고 말았다.

27 권영민 심사평, 『2002년 이상문학상 수상작품집』, 19~20면.

2) 소중화주의

조선 후기 국문시가에 나타난 바다 인식을 살펴보았다. 조선은 유교적 사유가 지배했던 시대이다. 유가에서 자연은 상당히 중요한 공간이다. 당연히 국문시가에서 자연은 가장 빈번하게 출현하는 문학적 배경이자 주제였는데, 유독 바다는 제외되었다. 이 현상 역시 유가적 사유에서 비롯되었음을 살펴보았다.

유가적 사유에서 바다 밖은 대개 무질서와 혼란을 뜻했다. 오랑캐가 존재하는 공간이었기 때문이다. 바다 밖을 오랑캐 공간으로 여기면서 '부정과 혼란'으로 규정되었고, 조선 전기부터 후기까지 줄곧 海禁 정책을 일관되게 시행했다.

그런데 조선 후기에 접어들면서 바다 밖은 무관심의 대상일 수는 없었다. 일본은 항상 노략질의 기회를 호시탐탐 노리고 있었으며 서양도 개항을 요구하고 나섰기 때문이다. 해금정책을 더욱 강화할 수밖에 없었으면서도, 강압으로 서서히 문호를 개방해야 하는 상황이었다. 통상수교거부정책[일명 쇄국정책]은 이러한 움직임의 대응 결과였다고 할 수 있다. 바다 인식도 부정적이었다. 상황이 이러했기에 조선 후기 국문시가에 바다는 소재나 배경으로써 그리 환영받지 못했으며, 그려지더라도 표류의 의미를 지니고 있었다. 이는 최남선의 <해에게서 소년에게>의 바다와는 너무도 이질적이었다. 1908년에 지어진 조선 후기 가사 <해유가>는 <해에게서 소년에게>의 바다를 구체화한 작품이다. 조선 후기 바다는 표류의 공간이었다가, 1900년대 들면서 돌연 문명으로의 통로가 되었다. 이상이 앞서 살펴본 내용의 대강이다.

청나라가 중원을 차지하면서 조선에서는 소중화주의가 본격적으로 고개를 들기 시작하였다. 중국과의 관계에 변화가 생기는데, '중화 관념 – 화이 질서'를 부정하는 인식이 싹텄다. 이제 중국은 떠받들어야 하는 나라가 아니라 한낱 오랑캐에 불과하며, 국가 이익을 위해 교섭해야 하는 나라에 불과하였다. 대원군의 주요 대외정책인 통상수교거부정책도 중화 관념에 기초한 것이 아니었다.[28]

소중화주의는 조선의 자주 독립적 성격을 지닌다. 중국과 일본, 그리고 서양의 압박으로 문호를 개방해야 하는 조선에 필요한 것은 힘이었다. 독립된 나라로서 외부 침략에 대항할 힘이 절실했다. 이런 의미에서 소중화주의는 조선식 근대화의 실마리로 보기도 한다. 소중화주의는 정약용, 박제가, 홍대용 등 실학자들에 의해 개진되었던 인식이고 보면, 근대를 18세기로 끌어올리려는 전통계승론자들의 주장도 어느 정도의 설득력은 있다.

그런데 소중화 의식에는 폐쇄성[배타성]과 개방성[보편성] 두 가지 성향이 내재한다. 소중화 의식이 폐쇄성을 지니고 있을 때 바다는 부정적 의미를 띠고, 개방적 성격을 지니고 있을 때 바다는 긍정적으로 형상화되는 경향을 보인다. 이방익의 『표해가』는 폐쇄적 소중화 의식의 소산이라면, 김인겸의 <일동장유가>는 폐쇄적 성향이 우세를 보이면서 개방적 성격을 다소 지니고 있는 시각이 전제되었다. 즉 폐쇄와 개방이 혼재된 가사가 <일동장유가>이다. 김한홍의 <해유가>는 개방적 소중화 의식의 발현이다. 그런데 개방적 소중화 의식은 자주 독립 국가로서의 모습이 갖추어질 때 진정한 의미를 지닐 수 있는 사상이다.

ᄃᆡᄉᆞ업을 경영컨ᄃᆡ 학문업시 엇지ᄒᆞ리
우리나라 아직미ᄀᆡ 학문발달 불견이라
문명한문 ᄇᆡ랴ᄒᆞ면 셰계즁에 구미제국

28 김혜승, 「19세기 조선에서의 근대 형성 : 내재적 발생과 도달점」, 『한국정치외교사논총』 제31집 2호, 한국정치외교사학회, 2010, 43~50면.

읏뜸이오 제일이라 윤션길로 슈만여리
멀기도오 멀거니와 각ᄉᆡᆨ물싸 고등ᄒᆞ야
여간ᄌᆡ산 가지고ᄂᆞᆫ 가랴ᄒᆡ도 극난인즉
무젼ᄌᆞ로 ᄉᆡᆼ의엇지 다시ᄉᆡᆼ각 ᄒᆞ야보니
가직ᄒᆞ고 편리ᄒᆞ고 문명ᄒᆞ고 부강ᄒᆞ고
학문발달 ᄒᆞᄂᆞᆫ곳시 일본국이 져기잇에
일본국과 우리나라 밀졉관계 더우크며
글도갓고 씨도갓고 풍쇽습관 ᄃᆡ동소이

1904년에 쓰인 것으로 추정되는 <일본유학가>이다. 작자는 당시 유학생 유정하(尹定夏)이다. 내용을 보면, 일본을 통하여 선진 문물과 학식을 받아들이려 하였음을 알 수 있다.[29] 선진문물은 세계에서 구미 제국이 으뜸이지만, 거리도 멀고 돈도 많이 들기에 문명을 배워 오기 힘들다고 하였다. 그래서 찾은 차선책이 일본국이다. 일본이 관계도 밀접하고 풍속도 대동소이하며, 문명국으로서 부강하고 학문도 발달했기 때문이다. 일본을 향한 시선이 얼마 전과 비교하여 상당히 달라졌음을 확인할 수 있다.

단정 지어 말할 수는 없지만, 소중화 의식은 폐쇄에서 개방 쪽으로 전개되어 나갔던 듯하다. 동아시아 삼국 중 조선이 폐쇄적 성향을 좀 더 강하게 지니고 있었고, 청나라와 일본은 발 빠르게 서양을 수용하였다. 그만큼 조선이 중국과 일본보다 뒤처졌다. 조선은 자주독립 국가로서 갖춰야 할 힘이 턱없이 미흡했고, 이에 조금씩 개진되고 있었던 개방적 소중화 의식은 빛을 발할 수가 없었던 것으로 판단된다.

유길준은 『서유견문』에서, 청국은 '미개화'에 속하고 조선의 자주독립

---

29 정재호, 『한국 가사문학의 이해』, 고려대학교출판부, 1998, 517면.

과 문명개화를 방해하여 '타도의 대상'임에 비해, 일본은 '혁신에 따라 할 문명국'으로 보고 있다.[30] 서양을 문명국으로 보고 선망의 대상으로 삼았다. 서구 열강의 제국주의적 발상에서 나온 전쟁을 국제 공법에 따른 선의의 행동으로 보고 있을 정도로 서구에 대해 맹목적이었다.[31] 서양과 일본의 제국주의적 침략에 대한 본질을 인식하지 못한 소치라 할 수 있겠다. 조선을 미개한 나라로, 일본을 선진 문명국으로 규정하는 인식이 몇몇 개화 지식인에게 자리하고 있었다. 그래서 1900년대를 거치면서 개방적 소중화주의는 차츰 소멸의 길을 가게 된 것이라 여겨진다.

조선 후기 마련된 소중화 의식은 '폐쇄'적 성향을 보였다가 '폐쇄와 개방'의 혼재를 거쳐, 소중화 의식 자체가 서서히 소멸하는 방향으로 전개되어 간 것이다. 부국강병을 이루어 대외적 독립을 주장할 근거 마련에 조선은 실패하였기에, 조선 후기에 내재적으로 마련되었던 소중화 의식이라는 탈중세적 성향이 역사적 결실을 보기도 전에 일본 침략에 직면하게 되면서[32] 차츰 소멸의 길을 걷게 되었다. 최남선의 <해에게서 소년에게>, 김한홍의 <해유가>에서 형상화된 바다관, 즉 '문명으로 통하는 공간'이란 바다 인식은 선언적 의미만을 지닌 채 실천적 의미를 가지는 데에까지 이르지 못하고 말았다.

조선 후기 국문시가에 나타난 바다는 무질서, 혼란을 뜻하는 부정적 공간에서 문명으로 통하는 공간으로 이미지가 급격히 변화하였다. 그러나 문명 공간으로서의 바다 이미지는 생산적인 방향으로 나아가지 못했다. 문명으로 통하는 공간이란 이미지만을 획일적이고 비판 없이 반복

---

30 김혜승, 앞의 논문, 67면.

31 위의 논문, 68면.

32 위의 논문, 69면.

재생만 하다가 말았다. 이른바 문명국들의 제국주의적 속성을 파악하지 못한 맹목적인 추종으로 인해, 조선은 종말을 맞이했기 때문이다.

세 문학적 테마의 조선 후기 국문시가 속 모습은 '통속성과 소중화주의'로 드러났다. 이전과 비교하여 명백히 생소하고 이질적이었다. 이른바 중세적 성격으로부터 일정 정도 벗어나 있었기 때문이다. 이것이 근대로 향하는 길이었는가? 단정할 수 없다. 대단히 거친 논의가 되고 말았음을 인정할 수밖에 없다. 혹여 다른 기회가 주어진다면 정치한 해석과 깊은 천착을 통해 좀 더 설득력 있는 논의를 하고 싶다.

참고문헌

제1장

가스통 바슐라르, 곽광수 옮김, 『공간의 시학』, 동문선, 2003.

강명관, 『국문학과 민족 그리고 근대』, 소명, 2007.

고영근・남기심 공편, 『중세어 자료 강해』, 집문당, 2002.

고전연구실 신서원 편집실, 『북역 고려사』, 신서원, 2008.

김명호, 「근대 문학론의 기본 쟁점」, 한국고전문학연구회 편, 『근대문학의 형성과정』, 문학과 지성사, 1983.

김윤식・김현, 『한국문학사』, 민음사, 1973.

김흥규, 「한국 고전시가 연구와 주제사적 탐구」, 『한국시가연구』 제15집, 한국시가학회, 2004.

_____, 『한국문학의 이해』, 민음사, 1986.

성호경, 『조선 시대 시가 연구』, 태학사, 2011.

이재선, 『한국문학 주제론』, 문학과 지성사, 2009.

_____, 『현대소설의 서사주제학』, 문학과 지성사, 2007.

이찬욱, 「시조문학 텍스트의 문화콘텐츠화 연구」, 『우리문학연구』 제21집, 우리문학연구, 2007.

정병욱, 「이조후기시가의 변이과정고」, 『창작과 비평』 31호 봄호, 1974.

정지아 글, 정성화 그림, 『춘향전』, 창비, 2005.

조남현, 「한국문학의 주제사 문제」, 김열규 외, 『<한국 문학사>의 현실과 이상』, 새문사, 1996.

제2장

강명관, 「사설시조와 여항한시의 대비적 고찰」, 『한국한문학연구』 제22집, 한국한문학회, 1998.

_____, 『조선 사람들, 혜원의 그림 밖으로 걸어나오다』, 푸른역사, 2001.

고정옥 저, 김용찬 교주・해설, 『교주 고장시조선주』, 보고사, 2005.

김도련・정민, 『꽃피자 어데선가 바람불어와』, 교학사, 1993,.

김성기, 「공무도하가의 해석」, 장덕순 외, 『한국문학사의 쟁점』, 집문당, 1986.

김성배 외 3, 『주해 가사문학전집』, 집문당, 1981.

김열규, 「향가 탐구의 새로운 패러다임 전환을 위한 제언」, 『향가의 어문학적 재조명』(충남대 인문과학연구소 1996년 추계학술회의 발표지), 1996.
_____, 『노년의 즐거움』, 비아북, 2009.
_____, 『시적 체험과 그 형상』, 대방출판사, 1984.
김진아, 「<미치광이 노인일기>와 노인의 성」, 『일본학보』 제53집, 한국일본학회, 2002.
_____, 「다니자키 준이치로[谷崎潤一郎] 문학과 노인의 성」, 동덕여대 석사논문, 2002.
김흥규 역주, 『사설시조』, 고려대 민족문화연구소, 1993.
_____, 「사설시조의 시적 시선 유형과 그 변모」, 『한국학보』 68, 일지사, 1992.
_____, 『한국문학의 이해』, 민음사, 1994.
류정월, 『오래된 웃음의 숲을 노닐다』, 샘터, 2006.
박혜숙, 「정약용 <노인일쾌사>와 노년의 양식」, 『민족문학사연구』 41권, 민족문학사연구소, 2009.
서영숙, 『조선후기 가사의 동향과 모색』, 역락, 2003.
성기옥, 「<공무도하가>와 한국 서정시의 전통」, 박노준 편, 『고전시가 엮어 읽기 상』, 태학사, 2003.
_____, 「<헌화가>와 신라인의 미의식」, 백영정병욱선생10주기추모논문집 간행위원회, 『한국고전시가작품론1』, 집문당, 1992.
성호경, 「조선 후기 '평민가사'의 통속예술적 성격」, 『한국고전연구』 20집, 한국고전연구학회, 2009.
송효섭, 『문화기호학』, 민음사, 1997.
_____, 『설화의 기호학』, 민음사, 1999.
_____, 『초월의 기호학』, 소나무, 2002.
시몬느 드 보부아르, 홍상희·박혜영 옮김, 『노년』, 책세상, 2002.
신승운 외 옮김, 『고전읽기의 즐거움』, 솔, 1997.
신연우, 『사대부 시조와 유학적 일상성』, 이회, 2000.
윤영옥, 「시조에 나타난 노인의 모습」, 『한민족어문학』 제39집, 한민족어문학회, 2001.
이재선 엮음, 『문학주제학이란 무엇인가』, 민음사, 1996.
_____, 『한국문학 주제론』, 서강대출판부, 2009.
이창영, 「노인과 성」, 『사목』 262, 한국천주교중앙협의회, 2000.
이철우, 「노인관의 변화와 대응방안 모색」, 『한국사회』 제1집, 고려대 한국사회연구소, 1998.
일연, 리상호 옮김, 『사진과 함께 읽는 삼국유사』, 까치, 1999.
임헌규, 「노년문제에 대한 동양철학적 접근(1)」, 『철학연구』 제108집, 대한철학회, 2008.

임형택 · 고미숙 엮음, 『한국고전시가선』, 창비, 1997.
정병욱 · 이어령, 『고전의 바다』, 현암사, 1977.
정재호, 『주해 초당문답가』, 박이정, 1996.
정하영, 「<공무도하가>의 성격과 의미」, 백영정병욱선생10주기추모논문집 간행위원회, 『한국고전시가작품론1』, 집문당, 1992.
Ruth Finnegan, *Oral Poetry*, Cambridge University Press, 1977.
츠베탕 토도로프 · 베르나르 포크볼 · 로베르 르그로, 전성자 역, 『개인의 탄생』, 에크리, 2006.
한테로테 슐라퍼, 김선형 옮김, 『노년의 미학』, 경남대출판부, 2005.

제3장

강명관, 『열녀의 탄생』, 돌베개, 2009..
_____, 「조선 시대의 성담론과 성」, 『한국한문학연구』 제42집, 한국한문학회, 2008.
_____, 『조선 사람들, 혜원의 그림 밖으로 걸어나오다』, 푸른역사, 2001.
게르티 잼어, 함미라 옮김, 『불륜의 심리학』, 소담출판사, 2009.
고정옥 저, 김용찬 교주 · 해설, 『교주 고장시조선주』, 보고사, 2005.
김경미 · 조혜란 역주, 『19세기 서울의 사랑 절화기담, 포의교집』, 여이연, 2003.
김경미, 「서울의 유교적 공간 해체와 섹슈얼리티의 공간화」, 『고전문학연구』 제35집, 한국고전문학회, 2009.
김흥규, 「'장사치-여인 문답형 사설시조'의 재검토」, 김학성 · 권두환 편, 『신편 고전시가론』, 새문사, 2002.
_____, 『사설시조』, 고대민족문화연구소, 1993.
_____, 「사설시조의 시적 시선 유형과 그 변모」, 『한국학보』 68집, 일지사, 1992.
_____, 「조선 후기 시조의 '불안한 사랑' 모티프와 '연애 시대'의 前史」, 『한국시가연구』 제24집, 한국시가학회, 2008.
_____, 『한국 고전문학과 비평의 성찰』, 고려대출판부, 2002.
_____, 『한국문학의 이해』, 민음사, 1986.
김흥규 · 권순회, 『고시조 데이터베이스의 계량적 분석과 시조사의 지형도』, 고려대민족문화연구원, 2002.
류정월, 『오래된 웃음의 숲을 노닐다』, 샘터, 2006.
류해춘, 「상행위를 매개로 한 사설시조의 성담론」, 『우리문학연구』 22집, 우리문학회, 2007.
문학사상자료연구실 편, 이어령 교주, 『이상수필전작집』, 갑인출판사, 1977.
민찬, 「파계승 사설시조 <어흠아 그 뉘옵신고>의 유흥적 단면」, 백영 정병욱 선생 10주기추모논문집 간행위원회, 『한국고전시가작품론2』, 집문당, 1992.
박종성, 『권력과 매춘』, 인간사랑, 1996.
박지원 외, 이민수 역주, 『호질 양반전(외)』, 범우사, 1991.
박현욱, 『아내가 결혼했다』, 문이당, 2006.
서대석, 「한국 전통 소화에 나타난 웃음의 성격 - 性笑話를 중심으로」, 『한국의 웃음문화』(김유정탄생100주년기념사업추진위원회편), 소명, 2008.
쇼펜하우어, 이동진 옮김, 『사랑은 없다』, 해누리, 2004.
양옥경 외 4, 「혼외관계를 사유로 하는 이혼에 관한 연구」, 『한국사회복지학』 제57권 제3호, 한국사회복지학회, 2005.
에릭 홉스봄 외, 박지향・장문석 옮김, 『만들어진 전통』, 휴머니스트, 2004.
이수곤, 「사설시조의 거리두기 양상에 대한 고찰」, 『시학과 언어학』 제5호, 시학과 언어학회, 2003.
이우성・임형택 편역, 『이조한문단편집』, 일조각, 1996.
이형대, 「사설시조와 여성주의적 독법」, 정출헌 외, 『고전문학과 여성주의적 시각』, 소명출판, 2003.
정지영, 「조선 후기의 첩과 가족 질서」, 『사회와 역사』 제65권, 한국사회사학회, 2004.
조혜란, 「<포의교집> 여성주인공 초옥에 대한 연구」, 『한국고전여성문학연구』 제3집, 한국고전여성문학회, 2001.
최기숙, 「'관계성'으로서의 섹슈얼리티 : 성, 사랑, 권력」, 『여성문학연구』 제10집, 한국여성문학학회, 2003.
황혜진, 『영화로 보는 불륜의 사회학』, 살림, 2005.
J. 호이징하, 김윤수 옮김, 『호모 루덴스』, 까치, 1981.

제4장

강주진, 「≪해행총재≫에 대하여」, 소재영・김태준 역, 『여행과 체험의 문학 - 일본편』, 민족문화문고간행회, 1985, 27면.
금장태, 『한국유교의 과제』, 서울대출판부, 2004.
『국역 연행록선집』, 민족문화추진회.
김병국, 『한국 고전문학의 비평적 이해』, 서울대학교출판부, 1995.
김열규, 『노년의 즐거움』, 비아북, 2009.
김용옥, 『동양학 어떻게 할 것인가?』, 민음사, 1985.
김윤희, 「<표해가>의 형상화 양상과 문학사적 의의」, 『고전문학연구』 제34집, 한국고전문학회,

2008.
김창경, 「중국 고전문헌에 보이는 '바다(海)'의 의미」, 『동북아 문화연구』 제12집, 동북아시아 문화학회, 2007.
김학동, 『개화기 시가 연구』, 새문사, 2009.
김학준, 『서양인들이 관찰한 후기 조선』, 서강대출판부, 2010.
김현미, 『18세기 연행록의 전개와 특성』, 혜안, 2007.
김흥규, 「<어부사시가>에서의 '흥'의 성격」, 백영정병욱선생10주시추모논문집간행위원회 편, 『한국고전시가작품론2』, 집문당, 1992.
_____, 「16·17세기 강호시조의 변모와 전가시조의 형성」, 『어문논집』 35, 고려대 국어국문학연구회, 1996.
_____, 「강호자연과 정치현실」, 김학성·권두환 편, 『고전시가론』, 새문사, 1984.
_____, 『한국문학의 이해』, 민음사, 1986.
나정순, 『고전시가의 전통과 현재성』, 보고사, 2008.
박노준, 「<해유가>의 세계인식」, 『한국학보』 64집, 일지사, 1991.
박완식 편저, 『대학 대학혹문 대학강어』, 이론과 실천, 1993.
박천홍, 『악령이 출몰하던 조선의 바다』, 현실문화연구, 2008.
『辭源』, 북경 : 상무인서관, 1998.
성기옥 외 4, 『한국시의 미학적 패러다임과 시학적 전통』, 소명출판, 2004.
_____, 「<도산십이곡>의 구조와 의미」, 『한국시가연구』 제11집, 한국시가학회, 2002.
_____, 「고전 시가에 나타난 자연인식의 기본 틀」, 『고산연구』, 1권, 고산연구회, 1987.
성무경, 「탐라거인 이방익의 <표해가>에 대한 연구」, 『탐라문화』12, 제주대탐라문화연구소, 1992.
성백효 역주, 『대학·중용 집주』, 전통문화연구회, 1991.
_____, 『시경전서 하』, 전통문화연구회, 1998.
『세종실록』, 세종 8년 4월 19일 기사.
_____, 세종 25년 7월 23일 기사.
_____, 세종 25년 7월 29일 기사.
소재영·김태준 역, 『여행과 체험의 문학 - 일본편』, 민족문화문고간행회, 1985.
안병주, 「유교의 자연관과 인간관」, 상허안병주교수정년기념논문간행위원회 편, 『동양철학의 자연과 인간』, 아세아문화사, 1998.
야마구치 마사오, 김무곤 옮김, 『문화의 두 얼굴』, 민음사, 2003.
오세영, 「자연시의 전개」, 『우상의 눈물』, 문학동네, 2005.

우인수, 「조선 후기 해금정책의 내용과 성격」, 이문기 외, 『한・중・일의 해양인식과 해금』, 동북아역사재단, 2007.
유봉학, 「18・19세기 대명의리론과 대청의식의 추이」, 『한신논문집』 5, 한신대학교출판부, 1988.
윤유숙, 「17세기 후반 ~ 18세기 초두 왜관통제와 한일교섭」, 한일관계사연구논집 편찬위원회 편, 『통신사・왜관과 한일관계』, 경인문화사, 2005.
이경현, 「『청춘』을 통해 본 최남선의 세계인식과 문학」, 『한국문화』 43집, 서울대학교 규장각 한국학연구원, 2008.
이승훈, 『문학으로 읽는 문화상징사전』, 푸른사상사, 2009.
이재선, 『현대소설의 서사주제학』, 문학과 지성사, 2007.
일연, 리상호 옮김, 『사진과 함께 읽는 삼국유사』, 까치, 1999.
임영정, 「조선전기 해금정책 시행의 배경」, 『동국사학』 31권, 동국사학회, 1996.
임형택・고미숙, 『한국고전시가선』, 창비, 1997.
장한철, 정병욱 옮김, 『표해록』, 범우사, 1979.
정민, 『죽비소리』, 마음산책, 2005.
정병욱, 『고전 탐구의 뒤안길에서』, 신구문화사, 1982.
정요일, 「유가의 자연관」, 『어문연구』 38집, 한국어문교육연구회, 2010.
정조, <훈어>, 『홍재전서』 권178, 『한국문집총간』 267, 한국고전번역원, 2001.
조성을, 「한국과 일본의 화이관의 변화와 상호인식」, 한일관계사연구논집 편찬위원회 편, 『통신사・왜관과 한일관계』, 경인문화사, 2005.
조윤제, 『조선시가사강』, 동광당서점, 1937.
주경철, 『대항해시대』, 서울대학교출판문화원, 2008.
최강현 편, 『기행가사 자료 선집 Ⅰ』, 국학자료원, 1996.
최광식 외 4명, 『한국해양사자료집 1・2・3』, 해상왕장보고기념사업회, 2004.
최진원, 『국문학과 자연』, 성균관대학교출판부, 1977.
______, 『보증판 한국고전시가의 형상성』, 성균관대학교 대동문화연구원, 1996.
츠베탕 토도로프・베르나르 포크롤・로베르 르그로, 전성자 옮김, 『개인의 탄생』, 기파랑, 2006.
한국문화상징사전편찬위원회, 『한국문화상징사전』, 동아, 1992.
한지선, 「홍무년간의 대외정책과 '해금'」, 『중국학보』 60권, 한국중국학회, 2009.
한태문, 「통신사 왕래를 통한 문화교류」, 한일관계사연구논집 편찬위원회 편, 『통신사・왜관과 한일관계』, 경인문화사, 2005.

홍성구, 「청조 해금정책의 성격」, 이문기 외, 『한・중・일의 해양인식과 해금』, 동북아역사재단, 2007.
홍순학, 이석래 교주, 『기행가사집 - 연행가』, 신구문화사, 1976.
J. C. Cooper, 이윤기 역, 『그림으로 보는 세계 문화 상징사전』, 까치, 1994.

제5장

강명관, 『국문학과 민족 그리고 근대』, 소명, 2007.
권보드래, 『연애의 시대』, 현실문화연구, 2003.
권지예, <뱀장어 스튜>, 『2002년 이상문학상 수상작품집』, 문학사상사, 2002.
김미정, 「불가능한 사랑, 영원히 도주하는 타자들에 대해서」, 『문학동네』 41호, 2004.
김재홍, 「국문학의 전통」, 장덕순 외, 『한국문학사의 쟁점』, 집문당, 1986.
김혜승, 「19세기 조선에서의 근대 형성 : 내재적 발생과 도달점」, 『한국정치외교사논총』 제31집 2호, 한국정치외교사학회, 2010.
박숙자, 『한국문학과 개인성』, 소명, 2008.
성기옥 외, 『한국시의 미학적 패러다임과 시학적 전통』, 소명, 2004.
성호경, 「조선 후기 '평민시가'의 통속예술적 성격」, 『한국고전연구』 20집, 한국고전연구학회, 2009.
안남연, 「한일 불륜소설 연구」, 『한국문예비평연구』 제19집, 한국현대문예비평학회, 2006.
이수곤, 「사설시조의 통속문학적 성격 연구」, 서강대 박사논문, 2005.
정재호, 『한국 가사문학의 이해』, 고려대학교출판부, 1998.
천정환, 「식민지 시기의 청년과 문학· 대중문화」, 『오늘의 문예비평』, 겨울 통권 55호, 2004.

찾아보기

ㄱ

가부장적 사회 122
강호가도(江湖歌道) 165
개방적 소중화 의식 199
격물 161
격물치지 164
경계로서의 바다 174
공무도하가 54
관념화된 바다 181
관동별곡 182
규범적 가치 173
규범적 존재 51
근대적 맹아기 235
근대화 207
금지된 사랑 14
기수가 98

ㄴ

남의님 136
낮잠 86
내방가사 113
노년의 성 88
노부인가라 75
노인 14
노인가 73
老人一快事 98
님이 오마 하거늘~ 132

ㄷ

댁들에 동난젓사오~ 147
도해가 218

ㄹ

로고스 56

ㅁ

문명 219
문명의 통로 227
문학주제학 14
문화기호학적 45
문화콘텐츠 19
물리 161
뮈토스 56
미치광이 노인일기 85

ㅂ

바다 14
바다 밖 공간 177, 186
바다 정책 185
배타적 소중화 의식 195
뱀장어 스튜 245
보편적인 소중화 의식 195
본남편 그 놈 붉은 말총 벙거지~ 141
불륜 14, 109
비대칭성 45
비대칭적 양항 대립 50

ㅅ

사람마다 못할 것은~ 137
삼국유사 45
상투어구 80
샛서방 136
서경별곡 23
서유견문 221
성수패설 87
성적 욕망 85
소유욕 109
소중화 의식 193
소중화주의 157
수기 162
수기(修己)의 공간 159
스님 150
시집살이요 72
신문명 186
신문명의 공간 186
신여성 241
쌍화점 15

ㅇ

아내가 결혼했다 104
아자 나 쓰던 황모필을~ 137
약호 45
양항성 45
어부가 184
어부사시사 184
에헴 그 뉘오신고~ 152
여성 240
열녀 113
열녀 의식 106, 111
열녀함양박씨전 114
영적 교섭 242
영적 불륜 244
영적인 만남 244
오우가(五友歌) 171
욕망의 존재 51
용비어천가 181
용산차부 120
유가적 사유 250
유교적 이데올로기 117
遊樂 128
유락적(遊樂的) 즐거움 101
유표화 50
유흥 154
육체적 만남 244

음탕한 노인 85
인간 범주 밖 존재 58
인간적 존재 47
일동장유가 212
일본유학가 252
일부일처제 109

ㅈ

자연 162
자유연애 244
장사치 143
장사치-여인 문답형 사설시조 147
장삼 뜯어 중의 적삼 짓고~ 153
전통계승론 14
전통단절론 14
정절 의식 113
정조무용론 243
鄭和 189
중놈도 사람인 양하여~ 153
중화주의 194
집단 이데올로기 174

ㅊ

천계령(遷界令) 190
첩 111, 116
청년 240
청산별곡 181
청울치 육날 미투리 신고~ 153
초당문답 83
초월적 존재 47

ㅋ

카르페 디엠 81
쾌락 154

ㅌ

탄로가 65
탈중세 31, 229
탈중세적 238
태촌집 50
통속성 238

ㅍ

폐쇄적 소중화주의 199
포의교집 111, 123
표류 204
표류 공간 227
표해가 210
표해록 205
避雨 118

ㅎ

해금정책 188
해에게서 소년에게 220
해유가 221
향락 77
헌화가 58
혈의 누 187

華夷觀 189
흥취의 공간 184
희화화 88, 239
힐녀방마(詰女放馬) 12
Nature 163
Self-so 163